Deutschbuch

Arbeitsheft

Neue Ausgabe

*Für den Abschluss der Sekundarstufe I
in Klasse 9 an Gymnasien*

9

Arbeitstechniken
Texte schreiben
Grammatik
Rechtschreibung
Texte erschließen
Lernstand testen

Herausgegeben von
Cordula Grunow und Bernd Schurf

Erarbeitet von
Jan Diehm, Christel Ellerich,
Cordula Grunow, Angela Mielke,
Vera Potthast und Andrea Wagener

Inhaltsverzeichnis

☆ Aufgaben mit erhöhtem Schwierigkeitsgrad.
Du kannst dieses Arbeitsheft auch bei der **Freiarbeit**
verwenden.
Mit dem **Lösungsheft** kannst du deine Lernergebnisse
selbst überprüfen.

Ein Portfolio anlegen – Beispiel: Berufsbild

!

Ein Portfolio ist eine sorgfältig angelegte **Mappe,** in der
- ☐ **wichtige Quellen** (z. B.: Buchauszüge, Zeitungsfotos, Tabellen – immer **mit genauer Quellenangabe**) und
- ☐ **eigene Materialien** (z. B.: Texte, Bilder, Grafiken)

zu einem bestimmten Thema und nach einem festgelegten Arbeitsplan gesammelt werden.

Diese Mappe dokumentiert deinen persönlichen **Arbeitsprozess:** Wie du dein Thema inhaltlich erschlossen hast (Leitfragen, Recherche) und welche Zwischen- und Endergebnisse du erreicht hast.

Ganz wichtig sind **Reflexionen,** also Texte, in denen du über deinen Erkenntnisstand nachdenkst und weitere Arbeitsschritte planst.

Werte deine Arbeit am Schluss aus **(Evaluation):**
- ☐ Was ist dir klar geworden?
- ☐ Wo hast du noch Informationslücken?
- ☐ Was ist dir eher leichtgefallen?
- ☐ Was war besonders aufwändig?

Was verlangt das Thema? – Leitfragen formulieren

In diesem Kapitel legst du beispielhaft ein Portfolio zum Berufsbild „Gärtner/in der Fachrichtung Garten- und Landschaftsbau" an.

1 *In der folgenden Liste findest du einige Leitfragen zum Erschließen eines Berufsbildes.*
a) Überlege, welche anderen Informationen rund um diesen Beruf interessant sein könnten.
   Ergänze drei weitere Fragen.
b) In welcher Reihenfolge möchtest du diese Fragen für dein Portfolio bearbeiten?
   Nummeriere sie.

TIPP

Verwende die nummerierten Leitfragen für die Gliederung deines Portfolios.

☐	*Wo arbeiten Gärtner/innen der Fachrichtung Garten- und Landschaftsbau?*
☐	*Wie ist die Ausbildung aufgebaut?*
1.	*Was bedeutet „Fachrichtung Garten- und Landschaftsbau"?*
☐	
☐	
☐	

Den Arbeitsprozess dokumentieren: Eine Mappe anlegen

2 *a) Gestalte ein Deckblatt deines Portfolios.*
Du kannst es z.B. nach nebenstehendem Muster anordnen:
b) Dokumentiere jeden Arbeitsschritt: Lege anhand deiner Gliederung
aus Aufgabe 1, S.3, eine Planung für deinen Arbeitsverlauf an. Du kannst
sie aufbauen, wie das folgende Muster zeigt.

Portfolio
zum Berufsbild

Gärtner/in
der Fachrichtung Garten-
und Landschaftsbau

Von: …
Klasse: …, Fach: …
Erstellt im Zeitraum: …

Fragestellung	Datum der Bearbeitung	Recherche: Medium/Ort	Arbeits-ergebnis: Portfolio S. …	Reflexion: Portfolio S. …
…	…	…	…	…

Recherchieren: „Gärtner/in – Garten- und Landschaftsbau"

ARBEITSTECHNIK

Internetrecherche
Das Internet liefert über die Stichwortsuche per Suchmaschine viele Hinweise zu einem Thema.
Als Informationsquelle ist es weniger zuverlässig als gedruckte Medien, weil im Netz alles von jedem
veröffentlicht werden kann. Hilfreich ist jedoch die hohe Aktualität.

3 *Rufe folgende URL-Adressen (URL = uniform resource locator = Internetadresse) auf.*

A http://berufenet.arbeitsagentur.de   B www.machs-richtig.de

a) Notiere für jede URL kurz, wie du zur Berufsbeschreibung „Gärtner/in – Garten- und Landschaftsbau" gelangst.
Schreibe in dein Heft. Zu A – Homepage/Suchleiste: Berufsbezeichnung „Gärtner/in" eingeben; nächste Seite: Link
mit genauer Berufsbezeichnung anklicken …
b) Vergleiche die beiden Startseiten, die in dein Berufsbild einführen: Welche spricht dich eher an? Begründe deine
Wahl schriftlich im Heft.

4 *Recherchiere das Berufsbild über www.machs-richtig.de.*
a) Beantworte die folgenden Fragen in Stichwörtern. Sie erschließen
einige Informationen zum Berufsbild. Schreibe in dein Heft.
b) Ordne die Informationen deiner Gliederung zu: Trage die Nummer der
passenden Leitfrage (Aufgabe 1) ein, zu deren Beantwortung sie beitragen.

1 Was ist die Hauptaufgabe von Gärtner/innen im Garten- und Landschaftsbau? ☐

2 Welche schulischen Voraussetzungen werden für diese Ausbildung verlangt? ☐

3 Wie lange dauert sie? ☐

4 Welche Kosten könnten entstehen? ☐

5 Auf welche Arbeitszeiten muss man sich einstellen? ☐

6 Welche Vergütung erhält man während der Ausbildung? ☐

7 Welchen Nutzen hat die Arbeit für die Öffentlichkeit? ☐

Deutschbuch
Arbeitsheft
Neue Ausgabe

Lösungen **9**

Seite 3

1 a) + b) Mögliche Lösung:
2. Wo arbeiten Gärtner/innen der Fachrichtung Garten- und Landschaftsbau?
4. Wie ist die Ausbildung aufgebaut?
1. Was bedeutet „Fachrichtung Garten- und Landschaftsbau"?
3. Welche Tätigkeiten verrichten Gärtner/innen der Fachrichtung Garten- und Landschaftsbau hauptsächlich?
6. Gibt es Aufstiegschancen in diesem Beruf?
5. Wie sind die Aussichten, nach der Ausbildung auch eine Anstellung zu finden?

Seite 4

3 a) **zu A:** In der Suchleiste die Berufsbezeichnung „Gärtner/in – Garten- und Landschaftsbau" eingeben; die nächste Seite zeigt die Berufsbezeichnung als Link an. Den Link aktivieren; die erscheinende Seite gibt eine Kurzinformation zum gewählten Berufsbild.
zu B: In der Kopfleiste der Seite den Link/Button „Berufe finden" aktivieren; auf der dann aufgerufenen Seite den Link „Wunschberuf, Alternativen starten" anklicken; auf der nächsten Seite in der Alphabetleiste den Buchstaben „G" anklicken; auf der aufgerufenen Seite mit dem Cursor die Berufsbezeichnung „Gärtner/in, Fachrichtung Garten und Landschaftsbau" anklicken.

b) Möglicher Vergleich:
Die über „berufenet" ansteuerbare Seite ist sehr sachlich aufgebaut (Farbgebung, inhaltlicher Aufbau): Der Haupttext gibt eine Kurzinformation über das Berufsbild und seine Fachrichtungen. In der linken Task-Leiste werden Oberbegriffe als Links angeboten, die sachorientiert speziellere Informationen zum Berufsbild anwählbar machen.
Die „Machs-richtig"-Seite ist bunt in der Aufmachung. Die Merkmale des gewählten Berufsbildes werden durch eine Bebilderung sinnfällig gemacht. Rechts gibt es Erklärungshinweise, wie man mit den Berufsmerkmalen weiterarbeiten kann. Links gibt es eine Menü-Leiste, die nicht unbedingt zu weiteren Informationen zum Berufsbild führt. Eine überblicksartige Kurzbeschreibung des Berufsbildes vorab wird nicht angeboten.

4 a) + b) Gliederung bezogen auf die Musterlösung aus Aufg.1, S.3:
1 Was ist die Hauptaufgabe von Gärtner/innen im Garten- und Landschaftsbau? [1, 3]
Die Gestaltung von Außenanlagen aller Art (z.B. Hausgärten, Parks …)

2 Welche schulischen Voraussetzungen werden für diese Ausbildung verlangt? [4]
Es gibt keine bestimmten schulischen Voraussetzungen. Die meisten Auszubildenden verfügen über einen mittleren Bildungsabschluss.
3 Wie lange dauert sie? [4]
Drei Jahre
4 Welche Kosten könnten entstehen? [4]
Für den Berufsschulunterricht und für Lehrgänge könnten Fahrt- und Unterbringungskosten entstehen.
5 Auf welche Arbeitszeiten muss man sich einstellen? [4]
Grundsätzlich arbeitet man von montags bis freitags, aber auch samstags. Saisonal bedingt muss mit Arbeitszeitschwankungen und Überstunden gerechnet werden.
6 Welche Vergütung erhält man während der Ausbildung? [4]
Das hängt davon ab, wie alt man ist und wo man wohnt. Die Vergütung beträgt zwischen 399,84 € monatlich für Auszubildende unter 18 Jahren im ersten Ausbildungsjahr in den neuen Bundesländern und 646,80 € monatlich für Auszubildende über 18 Jahren im dritten Ausbildungsjahr in den alten Bundesländern.
7 Welchen Nutzen hat die Arbeit für die Öffentlichkeit? [1, 3]
Mit der Gestaltung von Außenanlagen sorgen die Gärtner/innen für eine bessere Lebensqualität, schaffen Möglichkeiten zur Kommunikation, zum Ausruhen, zur Freizeitgestaltung (z.B. Parks), helfen Luft und Klima zu verbessern oder auch Lärmschutzanlagen anzulegen. Sie leisten praktizierten Umwelt- und Naturschutz.

Seite 5

5 a) + b) Musterlösung:
aufgerufene URL: http://www.beruf-gaertner.de/
Information: Informationen über die Berufsausbildung im Deutschen Gartenbau; über Beruf, Bildungswege, weiterführende Adressen, Berufs-/Karrierechancen und aktuelle Job-Börse
Datum: …
Bewertung: Verfasser ist genannt (Institution: Zentralverband), keine Hinweis auf Aktualisierung, Links sind aktiv, vermutlich (da Zentralverband) längerfristig greifbar, übersichtlich und ansprechend aufgebaut, verständliche Darstellung, gute Auswahl an Informationen, vermutlich Originalbeiträge

6 Musterlösung:
Kluth, Wolf-Rainer: Kalkulation im Garten- und Landschaftsbau. Thalacker, Braunschw‹eig 2006
Seipel, Holger: Prüfungsbuch Garten- und Landschaftsbau. Holland & Josenhans, Stuttgart 2005

Seite 7

8 a) + b)
1. Spielt Teamfähigkeit in Ihrem Beruf eine Rolle und klappt das immer unproblematisch? [D]
2. Wie gestaltet sich Ihr Arbeitstag? [zu Frage 2]
3. Sie glauben sicher auch, dass man in diesem Beruf nicht alt wird? [A]
4. Hören Sie mittlerweile schon das Gras wachsen? [C]
5. Welche Rolle spielt es, dass Sie eine Frau in einem eher männertypischen Beruf sind? [zu Frage 4]
6. Gibt es auch mal Pausen in Ihrem Job? [C]
7. Was würden Sie jemandem empfehlen, der Ihren Beruf auch erlernen möchte? [zu Frage 5]
8. Das ewige Dreckigsein macht Ihnen sicher auch zu schaffen, oder? [E]
9. Warum sind Sie gerade auf diesen Beruf gekommen? [Frage 3]
10. Finden Sie die blöden Sprüche über Frauen in Ihrem Beruf nicht auch unmöglich? [A]
11. Was macht eine Gärtnerin im Garten- und Landschaftsbau? [zu Frage 1]

c) Die Antworten sind umfassend, weil Heinze ausschließlich offene Fragen (W-Fragen) stellt.

9 Mögliche Fragen:
2. Habe ich durch meine Fragen erfahren, was ich wissen wollte?
3. Gab es Antworten, bei denen ich hätte nachhaken sollen?
4. War die Reihenfolge der Fragen schlüssig?
5. Bin ich ausreichend auf Frau Behl eingegangen oder habe ich nur meinen Fragenkatalog abgearbeitet?
6. Wie habe ich mich während des Interviews gefühlt? (War ich unsicher, aufgeregt, hektisch oder ausgeglichen und souverän?)

Seite 8

10 Veranstaltung: Interview mit Rieke Behl (Gärtnerin im Garten- und Landschaftsbau)

Datum: 27.07.2007

Uhrzeit: 12.00 Uhr bis 12.30 Uhr

Ort: Gartenbaubetrieb Hansen & Welter GbR, Schneverdingen

Gesprächsteilnehmer: Rieke Behl, Katharina Heinze

Thema: Berufsbild …

Protokollant/in: _____

TOP 1: Berufsbeschreibung
Das Berufsbild umfasst sämtliche Außenarbeiten, die bei der Garten- und Landschaftsgestaltung anfallen (u.a. Pflanz-, Pflaster-, Asphaltierarbeiten, Zaunmontage, Baumfällerarbeiten, Dachbegrünungen, Teichanlagen). Diese Arbeiten sind bei jedem Wetter durchzuführen.

TOP 2: Typischer Arbeitstag
Es liegt ein 8-Stunden-Tag vor (7:00 Uhr bis 16:00 Uhr). Darin enthalten ist eine halbstündige Frühstücks- und Mittagspause. Je nach Auftragslage kann es zu Überstunden oder verkürzten Arbeitstagen kommen. Manchmal werden mehrere Baustellen pro Arbeitstag angefahren.

TOP 3: Berufsmotivation
Frau Behl wurde durch ein dreiwöchiges Schulpraktikum auf ihren Beruf aufmerksam. Aber erst nach einem Ausflug in die soziale Richtung habe sie sich wieder dem Garten- und Landschaftsbau zugewandt, und das auch nur, weil als Tischler oder Mechaniker für Zweiräder keine Stellen zu bekommen waren. Ihr Beruf mache ihr Riesenspaß.

TOP 4: Frau im Männerberuf
Extrem kraftaufwändige Tätigkeiten können Frauen in diesem Beruf nicht ausführen. Aufgrund der körperlichen Konstitution von Frauen hält Frau Behl es nicht für möglich, ihren Beruf bis zur Rente auszuführen. Sie fühle sich von ihren männlichen Kollegen aber als gleichwertig behandelt.

TOP 5: Empfehlungen
Berufsinteressenten empfiehlt Frau Behl, vorab ein Praktikum im Ausbildungsbetrieb zu machen und vor Berufsantritt für sportliche Kondition zu sorgen, da die ersten Wochen die schwersten seien.

_____

Datum, Unterschrift Protokollant/in

Seite 9

1 a) Mögliche Themenformulierungen:
3. Zeige auf, warum man seinen Haaren nicht so viel Chemie zumuten sollte.
4. Wie freizügig darf Kleidung in der Schule sein?
5. Welche Art von Schmuck ist auch für Männer tragbar?
6. Zeige auf, welche Art von Kleidung deiner Meinung nach für Abiturientinnen und Abiturienten auf dem Abiturball angemessen ist.

b) Mögliche Thesen:
2. Turnschuhe und Anzüge gehören zu zwei unterschiedlichen Stilrichtungen.
3. Färben und Dauerwellen bedeuten für Haare eine auf Dauer schädigende chemische Belastung.
4. In der Schule sollten Bauch, Brust und Po auf jeden Fall bekleidet sein.
5. Männer können grundsätzlich die gleichen Schmuckstücke tragen wie Frauen: Ringe, Ketten, Armbänder, Ohrringe, Uhren.
6. Die Kleidung auf dem Abiturball sollte elegant und dem Anlass entsprechend sein.

Seite 10

2

a) *Mögliche Gewichtung:*
AA: 2; AB: 3; AC: 1; AD: 4
BA: 4; BB: 2; BC: 3; BD: 1

b) + c)

These A: Vor der Pubertät sollten sich Kinder im Alltag nicht schminken.	*zu b): Stütze*	*zu c): Art der Stütze*
In einem Handbuch zur Kinderge-sundheit heißt es: „Bei Kindern ist besonders die oberste Hautschicht noch sehr dünn und bedarf deshalb eines besonderen Schutzes."	*AB*	*Zitat*
Die siebenjährige Lena ist ein blas-ser Typ mit hellgrauen Augen und sehr weißer Haut – und alle finden sie süß!	*AA*	*Beispiel*
Die gesellschaftliche Praxis belegt dies: Allenfalls in bestimmten Fernsehshows treten Kinder ge-schminkt auf, im Kindergarten und in der Grundschule findet man so etwas in der Regel nicht vor.	*AC*	*Beleg*
Junge Mädchen fangen häufig in der Pubertät an sich zu schminken, wenn sie einem Jungen gefallen wollen.	*AD*	*Beleg/ Beispiel*

d) *Mögliche Stützen:*
BA: In Krankenhäusern und Kantinen sorgen zum Bei-spiel Kittel, Handschuhe und Mundschutz für die not-wendige Hygiene. (Beispiel)
BB: In dem Theaterstück „Der Hauptmann von Köpe-nick" wird gezeigt, wie allein das Tragen einer Uniform die gesellschaftliche Position eines Menschen grundle-gend verändert. (Beleg/Beispiel)
BC: In der Kleiderordnung eines Fast-Food-Restaurants heißt es zum Beispiel: „Alle Mitarbeiterinnen und Mit-arbeiter haben zum Dienstbeginn die zur Verfügung ge-stellte Firmenkleidung anzuziehen." (Zitat)
BD: Ich ziehe mich zum Beispiel auch am Wochenende gern mehrmals am Tag um, weil ich Spaß daran habe, mich zu stylen. (Beispiel)

Seite 11

3

Mögliche Einleitung:
„Kleider machen Leute" heißt ein gern zitiertes altes Sprichwort, das auch heute noch Gültigkeit hat. Denn ob-wohl sich die Mode ständig wandelt und die Kleidungsvor-schriften in den letzten Jahrzehnten lockerer geworden sind, gilt immer noch: Der Eindruck, den eine Person macht, hängt ganz wesentlich davon ab, wie sie sich kleidet.

4

Möglicher Hauptteil:
Im Beruf kleidet man sich anders als in der Freizeit: Als Erstes lässt sich dazu anführen, dass es langweilig wäre, den ganzen Tag dasselbe anzuhaben. Ich ziehe mich zum Beispiel auch am Wochenende gern mehrmals am Tag um, weil ich einfach Spaß daran habe, mich zu stylen. Dabei spielt eine wichtige Rolle, was ich gerade vorhabe, denn unterschiedliche Lebensbereiche oder soziale Rollen wer-den auch durch Kleidung markiert. In dem Theaterstück „Der Hauptmann von Köpenick" wird in diesem Sinne gezeigt, wie allein das Tragen einer Uniform die gesell-schaftliche Position eines Menschen grundlegend verän-dert. Aber keineswegs nur beim Militär, sondern auch bei vielen modernen Unternehmen werden Kleidungsnormen vorgegeben. In der Kleiderordnung eines Fast-Food-Restaurants heißt es zum Beispiel: „Alle Mitarbeiterinnen und Mitarbeiter haben zum Dienstbeginn die zur Verfü-gung gestellte Firmenkleidung anzuziehen." Teilweise geht es dabei darum, ein Gemeinschaftsgefühl, eine gemein-same Identität zu erzeugen. Ausschlaggebend ist jedoch vor allem, dass viele berufliche Tätigkeiten aus praktischen Gründen eine spezielle Kleidung erfordern, sei es zur Si-cherheit der Arbeiter und Angestellten oder aus Gründen der Hygiene. In Krankenhäusern sorgen zum Beispiel Kittel, Handschuhe und Mundschutz für die notwendige Sterili-tät.

5

Der erste Satz ist als Schlusssatz ungeeignet, weil dadurch die vorangegangene Argumentation überflüssig erscheint.

Seite 12 – Teste dich!

1

1: richtig	4
2: falsch	
3: falsch	
4: richtig	

2 *Satz 1: S, Satz 2: E, Satz 3: H, Satz 4: S* — 4

3 *Mögliche These:*
Schönheitsoperationen sind in den meisten Fällen nicht empfehlenswert. — 1

4 *A: 1, B: 3, C: 4, D: 2* — 4

5 *Beleg 1: Argument C, Beleg 2: Argument A* — 2

Seite 13

1 *Mind-Map*

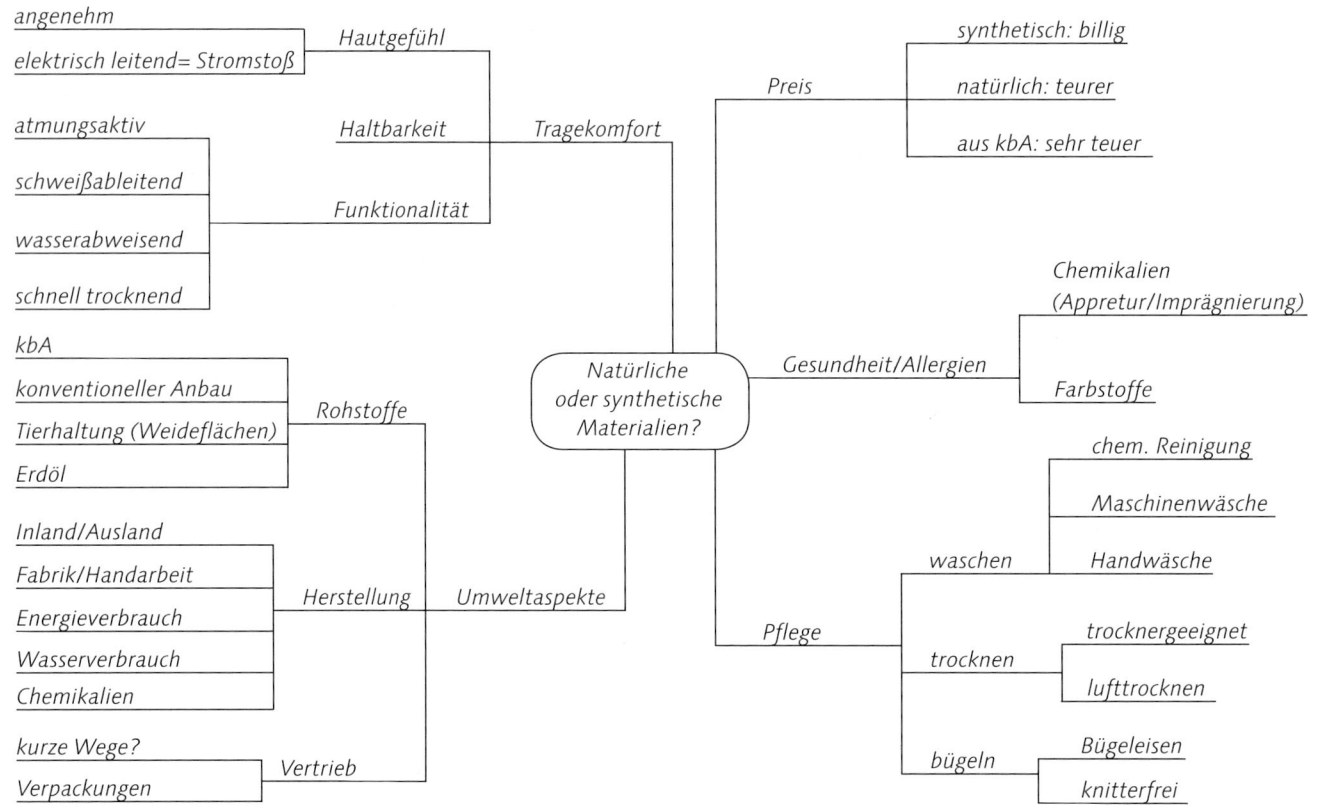

Seite 13	Seite 14

2 a) + b)

Kontra	Pro
Natürliche Textilfasern wie Baumwolle oder Leinen tragen sich angenehmer auf der Haut als künstliche Stoffe.	Viele synthetische Materialien sind in der Herstellung weniger aufwändig und die daraus gefertigten Kleidungsstücke deshalb preiswerter.
Bei der Herstellung von synthetischen Materialien werden umweltbelastende und gesundheitsschädliche Chemikalien verwendet.	Synthetische Materialien können auf spezielle Funktionalitätsanforderungen zugeschnitten werden.
Synthetische Materialien basieren zum größten Teil auf Erdöl, das immer knapper und damit immer teurer werden wird.	Kleidung aus synthetischen Materialien ist meistens pflegeleicht.
Im Gegensatz zu Naturfasern können sich synthetische Stoffe elektrostatisch aufladen und unangenehme „Stromstöße" verursachen.	Für die Herstellung von synthetischen Materialien werden keine landwirtschaftlichen Anbauflächen oder Weiden benötigt, diese stehen dann zur Nahrungserzeugung zur Verfügung.

3 a) Pro-Argumente: B, E, F; Kontra-Argumente: A, C, D

b) Argument A – Beispiel: Ein einfaches T-Shirt aus kbA kostet mindestens 20 Euro.
Argument B – Stütze b
Argument C – Beleg: Bei den großen Handelsketten und Kaufhäusern findet man keine Textilien aus kbA.
Argument D – Stütze a
Argument E – Stütze c
Argument F – Beispiel: Kleidung aus kbA ist sauber genäht und durchläuft meistens eine zusätzliche Qualitätskontrolle.

4 Mögliche These und Gegenthese:
Es ist sinnvoll und wichtig, bei der Kleidung darauf zu achten, dass die Materialien möglichst aus kontrolliert biologischem Anbau stammen.
Das Merkmal „aus kontrolliert biologischem Anbau" spielt beim Kauf von Kleidung keine Rolle.

Seite 15

5 **Sanduhr-Prinzip**, mögliche Gewichtung:
These (Gegenposition): Das Merkmal „aus kontrolliert biologischem Anbau" spielt beim Kauf von Kleidung keine Rolle.
Argument 1: Es gibt nur wenige Firmen und Geschäfte …
Argument 2: Kleidung aus kbA ist deutlich teurer.
Argument 3: Eigenschaften wie Haltbarkeit und Formstabilität …

These (eigene Position): Es ist sinnvoll und wichtig, bei der Kleidung darauf zu achten, dass die Materialien möglichst aus kontrolliert biologischem Anbau stammen.
Argument 1: Kleidung aus kbA wird hochwertig verarbeitet …
Argument 2: Die konventionelle Herstellung von Textilfasern …
Argument 3: Kleidung aus kbA schädigt den Organismus nicht …

Pingpong-Prinzip, mögliche Gewichtung:

These (Gegenposition):	**These (eigene Position):**
Das Merkmal „aus kontrolliert biologischem Anbau" …	Es ist sinnvoll und wichtig …
Argument 1: Kleidung aus kbA ist deutlich teurer.	
	Gegenargument 1: Kleidung aus kbA wird hochwertig verarbeitet …
Argument 2: Eigenschaften wie Haltbarkeit oder Formstabilität …	
	Gegenargument 2: Die konventionelle Herstellung von Textilfasern …
Argument 3: Es gibt nur wenige Firmen und Geschäfte, …	
	Gegenargument 3: Kleidung aus kbA schädigt den Organismus nicht …

6 Zwar werden bei Kleidung aus kbA ausschließlich nichtallergene Farbstoffe verwendet, aber manche Menschen können die natürlichen Fasern, z. B. Wolle, nicht auf der Haut vertragen.
Obwohl gesetzliche Regelungen gesundheitsschädliche Substanzen in Textilien verhindern sollen, werden solche Substanzen bei Stichproben immer wieder einmal entdeckt.
Textilrohstoffe aus kbA sind auf dem Weltmarkt knapp, deshalb kann es zu Lieferengpässen kommen.

7 a) Ordnung nach dem Pingpong-Prinzip:

These (Gegenposition):	**These (eigene Position):**
Vieles spricht für Kleidung aus synthetischen Materialien.	Kleidung aus natürlichen Fasern ist solcher aus Synthetik eindeutig vorzuziehen.
Argument 1: Viele synthetische Materialien sind in der Herstellung weniger aufwändig und die daraus gefertigten Kleidungsstücke deshalb preiswerter. Stütze: Ein einfaches T-Shirt aus Synthetik kostet manchmal nur fünf Euro.	
	Gegenargument 1: Synthetische Materialien basieren zum größten Teil auf Erdöl, das immer knapper und damit immer teurer werden wird. Stütze: Polyester, eine der gebräuchlichsten Kunstfasern, wird aus Erdöl gewonnen.
Argument 2: Synthetische Materialien können auf spezielle Funktionalitätsanforderungen zugeschnitten werden. Stütze: Für Sportbekleidung können die verwendeten Kunstfasern z. B. besonders atmungsaktiv und schweißableitend gemacht werden.	
	Gegenargument 2: Natürliche Textilfasern wie Baumwolle oder Leinen tragen sich angenehmer auf der Haut als künstliche Stoffe. Stütze: Nicht umsonst besteht gerade Baby- und Kinderkleidung überwiegend aus natürlichen Materialien.
Argument 3: Kleidung aus synthetischen Materialien ist meistens pflegeleicht. Stütze: T-Shirts mit Elastan leiern z. B. nicht aus und knittern nicht.	
	Gegenargument 3: Im Gegensatz zu Naturfasern können sich synthetische Stoffe elektrostatisch aufladen und unangenehme „Stromstöße" verursachen. Stütze: Das hat gewiss schon jeder einmal am eigenen Leib erfahren.
Argument 4: Für die Herstellung von synthetischen Materialien werden keine landwirtschaftlichen Anbauflächen oder Weiden benötigt, diese stehen dann zur Nahrungserzeugung zur Verfügung. Stütze: Kunstfasern werden in Textilchemiefabriken hergestellt	
	Gegenargument 4: Bei der Herstellung von synthetischen Materialien werden umweltbelastende und gesundheitsschädliche Chemikalien verwendet. Stütze: Bei der sogenannten „Veredelung" und

5

*„Ausrüstung" von Fasern
entstehen Chemieabfälle,
die sowohl in die Luft als
auch in das Abwasser ge-
langen. Zudem bleiben
Rückstände dieser Chemi-
kalien in den Fasern und
können die Gesundheit des
Trägers schädigen.*

b) *Mögliche Ausformulierung:*
*Synthetische Materialien sind in der Herstellung weni-
ger aufwändig als Naturfasern, daher sind die aus ihnen
gefertigten Kleidungsstücke preiswerter. So kostet z.B.
ein einfaches T-Shirt aus Synthetik manchmal nur fünf
Euro oder sogar noch weniger. Allerdings basieren
synthetische Materialien wie Polyester – eine der
gebräuchlichsten Kunstfasern – zum größten Teil auf
Erdöl, das in Zukunft immer knapper und damit auch
teurer werden wird. Der Preisvorteil wird also nicht
mehr allzu lange erhalten bleiben.
Befürworter synthetischer Materialien argumentieren
damit, dass diese auf spezielle Funktionalitätsanforde-
rungen zugeschnitten werden können. Kunstfasern für
Sportkleidung werden z.B. so konzipiert, dass sie besonders atmungsaktiv und schweißableitend sind. Doch
Baby- und Kinderkleidung besteht nicht umsonst überwiegend aus natürlichen Materialien. Natürliche Textilfasern wie Baumwolle oder Leinen tragen sich einfach
angenehmer auf der Haut als künstliche Stoffe. Kleidung aus synthetischen Materialien ist zwar meistens
pflegeleicht (T-Shirts mit Elastan leiern z.B. nicht aus
und sind knitterfrei), kann sich jedoch elektrostatisch
aufladen und unangenehme „Stromstöße" verursachen.
Diesen Nachteil hat gewiss schon jeder einmal am
eigenen Leib erfahren.
Trotzdem könnte für Kleidung aus synthetischen Materialien sprechen, dass keine landwirtschaftlichen
Anbauflächen (Baumwolle) oder Weiden (Schafwolle)
benötigt werden, um die erforderlichen Rohstoffe zu
erzeugen. Kunstfasern werden in Textilchemiefabriken
hergestellt, die Anbauflächen können folglich zur Nah-
rungserzeugung genutzt werden. Doch in diesen Textil-
fabriken werden Chemikalien verwendet, die die Umwelt belasten und gesundheitsschädlich sein können.
Bei der so genannten „Veredelung" und „Ausrüstung"
von Fasern entstehen Chemieabfälle, die sowohl in die
Luft als auch in das Abwasser gelangen. Rückstände von
Chemikalien verbleiben in den Fasern und können die
Gesundheit des Trägers schädigen und z.B. Allergien
auslösen. Gerade deshalb ist Kleidung aus natürlichen
Fasern solcher aus Synthetik eindeutig vorzuziehen.*

c) *Mögliche Einleitung:*
*Kleidung aus synthetisch hergestellten Materialien gibt
es seit über 70 Jahren, und heutzutage werden weltweit bereits mehr Chemiefasern als Baumwolle produ-
ziert. Doch ist das, was weit verbreitet ist, auch auto-
matisch gut? Was spricht für, was gegen Kleidung aus
Kunstfasern?*

Möglicher Schlussteil:
*Die Fasern sollten allerdings nicht nur natürlich sein,
sondern auch aus kontrolliert biologischem Anbau
stammen, denn erst dadurch wird der größtmögliche
Nutzen für unsere Gesundheit und die Umwelt erreicht.*

Seite 16

1 b) *Dürfen Männer bei ihrer Kleidung die Farbpalette voll
ausschöpfen? (Z.13f.)*

2 a) *1: f, 2: f, 3: r, 4: f, 5: r, 6: r*

b) *1: Die meisten der befragten Personen bringen keine
Argumente gegen farbenfrohe Kleidung für Männer
vor
2: Der Text setzt sich aus nicht miteinander verbundenen Aussagen verschiedener Personen zusammen.
Jede Äußerung enthält ihre eigene Argumentation.
4: Die Verfasserin bietet nur eine Einleitung und lässt
die Aussagen der Personen unkommentiert für sich
sprechen.*

Seite 17

3 a) *blau: Z.36–42; rot: Z.23–26,52–56;
grün: Z.19–22, 31f., 44–46*

b) *Mögliche Zuordnungen:
1 „Aber am Ende gilt immer …" (Z.33f.)
2 „Warum soll das beim Menschen so anders sein?"
(Z.55)
3 „Zu einem dezent anthrazitfarbenen …" (Z.18f.)
4 „Dennoch können wir uns nicht so ohne Weiteres …"
(Z.44ff.)
5 „Erlaubt ist, was gefällt!" (Z.23f.)*

Seite 18

4 *1 Dieser Aussage kann wohl kaum jemand **nicht** zustimmen, denn gleichgültig, wohin man blickt, findet man sie
bestätigt: Maschinenbaustudenten kleiden sich anders
als ältere Geschäftsleute, und Joschka Fischer trägt heute
auch keine Turnschuhe mehr.
2 Tatsächlich werden Rosa- und Pink-Töne immer noch
meistens von Frauen getragen, aber bei bestimmten Kleidungsstücken sind auch diese Farben für Männer absolut
nicht ungewöhnlich, zum Beispiel bei Hemden und Kra-
watten.
3 Zwar ist es zutreffend, dass Beruf und Kleidung in einem
bestimmten Verhältnis stehen, aber damit ist eben nur
ein Teilbereich der Kleidung angesprochen, und man
muss auch bedenken, wie es in der Freizeit mit der Män-
nermode aussieht.
4 Dieses Argument kann man so grundsätzlich nicht stehen
lassen, denn auch Frauen haben einen unterschiedlichen
Geschmack und sicherlich gibt es Frauen, die einen farb-
lich dezent gekleideten Mann attraktiver finden.*

5 + 6 *Bezüglich der Gliederung und Ausformulierung der
dialektischen Erörterung kannst du die Musterlösung
zu Aufgabe 7, Seite 15 heranziehen.*

Seite 19 – Teste dich!

1 a) *falsch – falsch – richtig – richtig* 6

b) *Bei einer Pro- und Kontra-Erörterung geht es darum,
Argumente und Gegenargumente gegeneinander abzu-
wägen, um zu einer begründeten Position zu kommen.
In einer dialektischen Erörterung sollte das stärkste
Argument für die eigene Position am Schluss stehen.*

2 a) 1 persönliche Erfahrung 6
2 historischer Rückblick
3 Definition

b) Beispiele für mögliche Schlusssätze:
1 Beim nächsten Stadtbummel werde ich also gewisse
Kompromisse beim perfekten Sitz zugunsten der bes-
seren – nämlich natürlicheren – Qualität machen.
2 Gerade weil es heutzutage eine so große Vielfalt an
Textilfasern gibt, sollte man sich gut informieren, um
beim Kauf von Kleidungsstücken eine bewusste
Entscheidung treffen zu können.
3 Es lohnt sich also, beim Kauf von Kleidung auf
den Hinweis „kbA" zu achten.

3 1 + 2: weil, da; 2 + 3: aber/jedoch/zwar … aber 2

Seite 20

1 b) 1: C (oder A); 2: A; 3: A; 4: B; 5: C (oder D); 6: B;
7: B; 8: A; (zu E s. S.23)

Seite 22

2 Mögliche Beschreibung des Arbeitsplatzes:
Die Buchhandlung hat eine Fläche von 300 m². Es findet
sich dort in vielen langen Bücherregalen ein breites Sorti-
ment vor allem an Belletristik, Kinder- und Jugendbüchern,
Reiseliteratur und Ratgebern sowie ein großes Angebot an
Gesetzestexten und betriebswirtschaftlicher Fachliteratur.
Der Laden liegt im Erdgeschoss und kann bequem mit Roll-
stuhl oder Kinderwagen besucht werden. Für Kinder gibt
es eine Spielecke, Sitzplätze laden zum ruhigen Lesen und
Entspannen ein. Die Beleuchtung gibt ein angenehmes
Licht.

3 Möglicher Tagesbericht:
Mein Arbeitstag in der Buchhandlung begann um
9:00 Uhr. Eine Vollzeitkraft wies mich gleich in meine erste
Tätigkeit ein: Buchpakete öffnen, die Bücher auspacken
und anschließend auszeichnen (also Preise anbringen).
Neue Bücher musste ich auf die Tische für Neuzugänge verteilen, die anderen in die Regale einräumen. Dabei sollte
ich auch kontrollieren, ob alle Bücher in der gewünschten
Ordnung stehen. War dies nicht der Fall, räumte ich die
Regale auf. Ich lernte dabei auch, dass für das Einsortieren,
aber auch schon für die Bestellung und den späteren Verkauf die ISBN besonders wichtig ist.
Um 10 Uhr wurde die Buchhandlung geöffnet. Ich ver-
suchte, im Verkauf mitzuhelfen. Bei den Jugendbüchern,
z.B. von Cornelia Funke, kenne ich mich schon gut aus und
konnte einige Kundengespräche erfolgreich führen. So
äußerte sich eine Mutter mit ihrer Tochter im Grundschul-
alter sehr positiv über die Beratung. Ein Mitschüler von mir
lobte die übersichtliche Homepage des Geschäfts. Ich er-
fuhr, dass bei den Verkaufsgesprächen sowohl Fachwissen
als auch ein sicheres, freundliches und kundenorientiertes
Auftreten gefragt sind. Nach einer einstündigen Mittagspause dauerte mein Tag noch bis 17 Uhr, der Laden hatte
bis 19.30 Uhr geöffnet. Von der Chefin bekam ich noch
eine Hausaufgabe.

Der Tag war sehr abwechslungsreich. Ohne weitere Vorkenntnisse konnte ich direkt mitarbeiten und fühlte mich
sofort im Team integriert. Die Verkaufsgespräche mit den
Kunden machten mir Spaß. Eine ältere Dame zum Beispiel
lobte die große Buchauswahl. Allerdings bekam ich auch
ein wenig Magenschmerzen, weil zwei Kunden nicht zufrieden waren. Einer Kundin war die Wartezeit an der Kasse zu lang, ein Kunde zog sogar seine Bestellung zurück,
weil das Buch nach Tagen noch nicht eingetroffen war.

Seite 23

4 Mögliche Antworten:
Wie funktioniert die Buchpreisbindung?
Die Buchpreisbindung ist die gesetzliche Auflage, eine fest-
gelegte Preisbindung einzuhalten. Sie verpflichtet Verlage
bzw. Buchimporteure, einen Verkaufspreis festzusetzen.
Verschiedene europäische Staaten haben ein Gesetz zur
Buchpreisbindung, vor allem im deutschsprachigen Raum
(Deutschland, Österreich) sowie Frankreich. Wer mit
Büchern geschäftsmäßig handelt, ist verpflichtet, die gebundenen Ladenpreise einzuhalten. Die Einhaltung der
Buchpreisbindung überwachen so genannte Preisbindungs-
treuhänder (PB-Treuhänder). Von der Preisbindung ausge-
nommen sind gekennzeichnete Mängelexemplare mit tatsächlichen Mängeln, gebrauchte (schon einmal zum
gebundenen Preis verkaufte) Bücher oder Altauflagen, die
länger als 18 Monate am Markt sind und für die der Verlag
die Preisbindung aufgehoben hat. So genannte Remit-
tenden unterliegen nur dann nicht der Preisbindung, wenn
die Bücher tatsächlich beschädigte oder verschmutzte und
gekennzeichnete Mängelexemplare sind. Buchgemein-
schaften, die Bücher nur an Mitglieder verkaufen, sind von
der Buchpreisbindung nicht betroffen.

*Welche Tätigkeiten muss eine Buchhändlerin/ein Buch-
händler ausüben können?*
Buchhändler und Buchhändlerinnen
– kaufen, verkaufen und präsentieren Bücher, Zeitschriften und elektronische Medien,
– beraten ihre Kunden über die Produkte,
– recherchieren Kundenwünsche mit Hilfe von Compu-
tern und spezifischen Verzeichnissen,
– sind im Rechnungswesen tätig, wo sie für einen rei-
bungslosen Betriebsablauf sorgen.
– Im Schwerpunkt Sortiment (Verkauf) sind sie zudem
für die Pflege des Lagerbestands zuständig.

Was ist ein Buchgrossist?
Ein Grossist ist ein Großhändler. Er beliefert die verschiedenen Buchhandlungen auf Grund ihrer Bestellungen. Die
Lieferungen vom Grossisten erfolgen meist von einem auf
den anderen Tag. Direkte Verlagsbestellungen dauern etwa
eine Woche.

5 b) Mögliche Beurteilung:
Stefans Text müsste überarbeitet werden. Er ähnelt
dem mündlichen Sprachgebrauch und enthält zu viele
umgangssprachliche Ausdrücke („so'n Kram"). Man
erhält allerdings einen konkreten Einblick in den Tages-
ablauf und die Erfahrungen.

Janas Text ist sprachlich angemessen, bleibt jedoch zu
allgemein.

Seite 24 – Teste dich!

1 1 Berufsbilder und Ausbildungswege, 2 Informationen zum Unternehmen, 3 Mein Arbeitsplatz und meine Tätigkeit, 4 Tagesberichte, 5 Praktikumserfahrungen: Persönliche Zusammenfassung — 5

2 zutreffend: — 6
– sachliche Sprache
– Verwendung von Fachbegriffen
– Verständlichkeit, z.B. durch klare Satzstrukturen

3 a) ☐ Schulungen für alle; für Lehrer/Eltern: — 11
Informationen zum Unternehmen
☐ Motto: lokal, informativ, werbefrei:
Informationen zum Unternehmen
☐ Träger: Gemeinnütziger Verein für Medienkultur:
Informationen zum Unternehmen
☐ Medienpädagogische Betreuung von Schüler-/
Jugendgruppen/Studenten: Informationen zum
Unternehmen
☐ Grundgedanke: demokratisches Sprachrohr auf
lokaler Ebene: Informationen zum Unternehmen
☐ Stadtradio Göttingen: lokales Bürgerradio: Informa-
tionen zum Unternehmen
☐ Besonderheiten: hauptamtliche Redaktion (aktuelles
Tagesprogramm) und ehrenamtlicher Bürgerfunk
(individuelle Programmpunkte): Informationen zum
Unternehmen

b) Berufsbilder und Ausbildungswege, Mein Arbeitsplatz und meine Tätigkeit, Tagesberichte, Praktikumserfahrungen: Persönliche Zusammenfassung

Seite 25

1 a) zugewunken/zugewinkt, verdungen/verdingt, wandte/wendete, pries, gehauenen, erloschen, besonnen, glitt, erbleichte, erschreckt, geheißen

b) **Präsens:** liegt, sind, ist, Reißt, willst… niederreißen lassen, lege
Perfekt: hat … gesandt, hast … erschreckt, hat … geheißen
Präteritum: saß, erfuhren, wendete/wandte, ritt, eilte, verneigte, pries, rief, entgegnete, fasste, jauchzte, wandte … ein, trat, glitt, sprach, erbleichte, brach, kam, sah, sägte
Plusquamperfekt: hatten … zugewunken/zugewinkt, verdungen/verdingt hatten, erloschen … waren, besonnen … hatte
Futur I: werde … erweitern, werde … anlegen lassen

c) Mögliche Lösung:
Infinitiv: reiten, preisen, erlöschen, jauchzen, gleiten
Präsens: er reitet, sie preist, es erlischt, sie jauchzt, er gleitet
Perfekt: er ist geritten, sie hat gepriesen, es ist erloschen, sie hat gejauchzt, er ist geglitten
Präteritum: er ritt, sie pries, es erlosch, sie jauchzte, er glitt
Plusquamp.: er war geritten, sie hatte gepriesen, es war erloschen, sie hatte gejauchzt, er war geglitten
Futur I: er wird reiten, sie wird preisen, es wird erlöschen, sie wird jauchzen, er wird gleiten

Futur II: er wird geritten sein, sie wird gepriesen haben, es wird erloschen sein, sie wird gejauchzt haben, er wird geglitten sein

Seite 26

1

Infinitiv	Konjunktiv I		
	1. Pers. Sg.	2. Pers. Sg.	3. Pers. Sg.
müssen	ich müsse	du müssest	er, sie, es müsse
wollen	ich wolle	du wollest	er, sie, es wolle
werden	ich werde	du werdest	er, sie, es werde
haben	ich habe	du habest	er, sie, es habe
scheinen	ich scheine	du scheinest	er, sie, es scheine

Infinitiv	Konjunktiv I		
	1. Pers. Pl.	2. Pers. Pl.	3. Pers. Pl.
müssen	wir müssen	ihr müsset	sie müssen
wollen	wir wollen	ihr wollet	sie wollen
werden	wir werden	ihr werdet	sie werden
haben	wir haben	ihr habet	sie haben
scheinen	wir scheinen	ihr scheinet	sie scheinen

2 a) Möge die Arbeit gelingen! Wunsch
Er bewahre nur die Ruhe! Wunsch
In Ordnung: Sei es, wie es sei! Wunsch
Komme, was wolle! Wunsch
Wage es nur! Aufforderung
Verzweifle nicht! Aufforderung

Seite 27

1 a) + b)
Mögliche Antworten:
Hätte ich 1 Million Euro, dann kaufte ich mir ein Schloss.
Wäre ich Bundespräsident, dann änderte ich vieles.
Könnte ich ein Jahr Ferien machen, so reiste ich um die Welt.
Besäße ich den Segelflugschein, flöge ich zu dir.
Wenn ich drei Wünsche frei hätte, wünschte ich mir 1. …, 2. … und 3. ….

2 Richtig sind:
Ich **hätte** nichts dagegen, wenn man etwas gegen die Langeweile **unternähme**.
Wenn jetzt Sommer **wäre**, dann **schwämme** ich im See.
Wenn du mich nur **ließest**, dann **hülfe** ich dir.
Wüsste ich mehr, **verstände/verstünde** ich mehr, **begriffe** ich mehr.
Meldete ich mich häufiger im Unterricht, **bekäme** ich eine bessere Note.
Hieltest du mich für begabt, **zeichnete** ich häufiger.

3 verschluckte, steckte, bekäme, herumspränge, würgte, aufsprängest, klopftest, käme … hervor, verschluckte

Seite 28

1 a) + b)
Pabel behauptet, ich würde mir mehr Anteilnahme von dir wünschen.

Ich glaube, wenn du meine Sprache <u>sprichst</u>, <u>verstehen</u> wir uns.
Ich glaube, wenn du meine Sprache sprächest, verstünden wir uns.
Ich glaube, wenn du meine Sprache sprechen würdest, würden wir uns verstehen.

An deiner Stelle, betont Mareike, <u>mache</u> ich mir keine Sorgen.
An deiner Stelle, betont Mareike, machte ich mir keine Sorgen/würde ich mir keine Sorgen machen.

Sie <u>können</u> es schaffen, wenn Sie sich <u>anstrengen</u>, verheißt das Tagesmotto.
Sie könnten es schaffen, wenn Sie sich anstrengten/ wenn Sie sich anstrengen würden, verheißt das Tagesmotto.

2 a) Die Kinder flohen. – flöhen/<u>würden fliehen</u>
Die Zeugen schworen. – schworen/<u>würden schwören</u>
Die Zeit drängte. – drängte/<u>würde drängen</u>
Sie trafen sich. – träfen/<u>würden sich treffen</u>

Seite 29

1 Z.6–7: Schätzwert: 50 Millionen Euro lautete die Auskunft. (Par)
Z.13–15 **„Wir nutzen intime Kontakte bis in den schwarzen Markt hinein."** (dR)
Z.15–17: Etwa 1000 geraubte Objekte pro Monat <u>registriere sie weltweit per Mail und Fax, bis zu 30 Diebstähle täglich.</u> (indR)
Z.17–20: **„Wir erfassen die Verluste über 400 Versicherungsgesellschaften, von geschädigten Privatsammlern und Polizeidienststellen, vom LKA, BKA und vom FBI."** (dR)
Z.21–24: **„Wir machen keine Polizeiarbeit. Wir kennen uns lediglich in einem hochspezialisierten Segment aus und arbeiten der Polizei zu."** (dR)
Z.26–28: **„Was glauben Sie, wie viele Picassos derzeit gesucht werden? Mehr als 600 Werke von ihm sind derzeit als gestohlen gemeldet. Eine gigantische Zahl!"** (dR)
Z.32–40: Allein in Deutschland <u>kämen</u> bis zu sieben Werke täglich weg, vom kostbaren Beuys bis hin zur antiken Taufkanne. Auf Kunstbörsen und Trödelmärkten <u>werde</u> so viel heiße Ware angeboten wie nie zuvor. Seit Öffnung der Ostgrenzen <u>sei</u> die Bundesrepublik zu einer der „<u>Drehscheiben des internationalen Kunstschwarzmarktes</u>" aufgestiegen. (indR + Zit)
Z.40–43: Die Kunst beim Kunstraub besteht darin, Beute in Bares zu verwandeln, erläutert Seegers, denn berühmte Werke gelten als unverkäuflich. (Par)
Z.43–44 „<u>Art-Napping</u>" lautet eine pikante Variante. (Zit)
Erpresser <u>böten</u> Museen die Bilder gegen Lösegeldzahlungen wieder an. (indR)
Z.48–52: Die Hamburger Kunsthalle musste 2006 für die Rückkehr eines Caspar David Friedrichs eine „<u>Aufwandsentschädigung</u>" von 250 000 Euro zahlen. (Zit)
Z.54–58: Geradezu als „<u>Glücksfee</u>" empfindet sich Ulli Seegers, wenn sie mithelfen kann, eine Kostbarkeit wie die

„<u>Winterlandschaft</u>" (1629) des flämischen Malers Esaias van de Velde zu lokalisieren. (Zit)

Seite 30

2 Seegers betont, dass sie die Verluste über 400 Versicherungsgesellschaften, von geschädigten Privatsammlern und Polizeidienststellen, vom LKA, BKA und vom FBI erfassten.

Ulli Seegers stellt klar, sie machten keine Polizeiarbeit, sondern würden sich lediglich in einem hochspezialisierten Segment auskennen und der Polizei zuarbeiten.

Seegers fragt den Reporter, was er glaube, wie viele Picassos derzeit gesucht würden. Sie informiert ihn darüber, dass derzeit mehr als 600 Picassos als gestohlen gemeldet sind/seien. Sie sagt, das sei eine gigantische Zahl.

3 a) 1 Ulli Seegers <u>empfindet</u> sich geradezu als Glücksfee, wenn sie <u>mithilft</u>, eine Kostbarkeit wie die „Winterlandschaft" (1629) des flämischen Malers Esaias van de Velde zu lokalisieren.

3 Ulli Seegers erklärt, sie <u>empfände</u> sich geradezu als Glücksfee, wenn sie mithelfen <u>kann</u>, eine Kostbarkeit wie die „Winterlandschaft" (1629) des flämischen Malers Esaias van de Velde zu lokalisieren.

b) Erklärung: Satz 2 ist richtig, Redebegleitsatz ist hinzugefügt, danach folgen die Verben im Konjunktiv I (empfinde ... könne).

4 Manchmal hat Seegers es durchaus mit „halbseidenen Gestalten" zu tun. (Zit)
„Aber in dem Moment, in dem es brenzlig wird, halte ich mich da schön raus." (dR)

Seite 31

1 a) unterstrichen= Konjunktiv I
halbfett= Konjunktiv II

Der Theologe Klaus Eberl fragt sich, worin der Reiz des Krimis <u>liege</u>. Er erläutert, dass dem Philosophen Ernst Bloch zufolge der Reiz zunächst in der Spannung des Ratens zu suchen <u>sei</u>. Mit der Lektüre <u>beginne</u> ein Wettlauf zwischen Autor und Leser. Der Autor <u>habe</u> seine Fährten <u>ausgelegt</u>. Sie **sollten** den Leser in die Irre führen, **sollten** ihn verzweifeln lassen bei der Suche nach dem versteckten Wer. Wahrheitsfindung <u>sei</u> die unendlich seltene Möglichkeit. Oft <u>werde</u> jemand als Täter entlarvt, der von allem Verdacht frei schien. Denn Menschen **tarnten** sich im Spiel der Welt.

b) Sie wurden verwendet, weil sich die Konjunktiv-I-Formen nicht vom Indikativ unterscheiden würden.

2 Zum Zweiten reize das apokalyptische Moment. Die kleinen Zeichen und Indizien seien wichtig. Sie offenbaren den wahren Sachverhalt. Die Detektive gingen unterschiedlich vor. Sherlock Holmes liebe es naturwissenschaftlich. Die Lupe sei seine Waffe. Aus dem Straßenschmutz identifiziere er die Herkunft seiner Besucher. Hercule Poirot verlasse sich lieber auf seine Intuition. Rationales Pathos liege ihm fern.

3 Richtig sind:
reize es, nehme, habe, bleibe, würde ... bewähren, ist, können, werde ... erweisen

Seite 32

4 sei, fördere, begünstige

5 a) Endlich sagte der Alte, dass sein Gegenüber sich jetzt wohl Gastmann nenne. [...] Der andere antwortete [...], das wisse er, Bärlach, schon seit einiger Zeit ganz genau. Er habe ihm den Jungen auf den Hals geschickt, diese Angaben stammten von ihm, Bärlach. [...] Er werde nie aufhören, ihn zu verfolgen, sagte Bärlach schließlich, es werde ihm einmal gelingen, seine Verbrechen zu beweisen. Da müsse er sich beeilen, war die Antwort des anderen, denn Bärlach habe nicht mehr viel Zeit. Die Ärzte gäben ihm, Bärlach, nur noch ein Jahr, wenn er sich jetzt operieren ließe. Der Alte sagte, er, Gastmann, habe recht, noch ein Jahr sei es, aber er könne sich jetzt nicht operieren lassen, er müsse sich stellen. Es sei seine letzte Gelegenheit. Der andere bestätigte, dass es die letzte sei.

b) Mögliche Antwort:
Wenn man stets indirekte Rede benutzt, muss man mitunter Namen wiederholen, um deutlich zu machen, wer gemeint ist. Alles wirkt noch stärker in der Schwebe. Bei der direkten Rede werden das Hin und Her zwischen den beiden Gesprächsteilnehmern und die brisante Situation klarer.

Seite 33 – Teste dich!

1 Das vorherrschende (Erzähl-)Tempus der Novelle ist das Präteritum. `1`

2 a) sei, sei, habe, dulde `6`

b) Konjunktiv I

c) Der Konjunktiv wird verwendet, weil der Erzähler die Äußerung von anderen Figuren indirekt wiedergibt.

3 Dürrenmatt schrieb in der indirekten Rede, hier der Originaltext: `5`
Lambert [...] erklärte [...], er _sei_ am Tode seiner Frau schuldig, weil er die oft unter schweren Depressionen Leidende immer mehr als Fall statt als Frau _behandelt habe_, bis sie, nachdem ihr seine Notizen über ihre Krankheit durch Zufall zu Gesicht gekommen, kurzerhand das Haus _verlassen habe_, nach der Meldung der Hausdame nur in ihrem roten Pelzmantel, über einen Jeansanzug geworfen und mit einer Handtasche, seitdem _habe_ er nichts mehr von ihr _gehört_, doch _habe_ er auch nichts _unternommen_, von ihr etwas zu erfahren [...]" `R`

Seite 34

1 a) + b)
Die Universität Valle del Momboy in Venezuela |
Wer oder was? Subjekt

schickt | wöchentlich | „Biblio-Mulis" |
Präd. Wann? adv. Best. Zeit Wen oder was? Akk.-Obj.

in die Anden. | „Mulis" | sind |
Wohin? adv. Best. Ort Wer oder was? Subjekt Präd.

eine Kreuzung zwischen Pferd und Esel. |
Prädikativ

Die Lasttiere | bleiben | meist ruhig | und |
Wer oder was? Subj. Präd. Prädikativ (Konjunktion)

sie | sind | geduldig. |
Wer? Subj. Präd. Prädikativ

Biblio-Mulis | sollen | Kindern und Erwachsenen |
Wer oder was? Subj. Präd. Wem? Dativ-Obj.

Bücher | in deren Bergdörfer | bringen. |
Wen? Akk.-Obj. Wohin? adverb. Best. Ort Präd.

Mit großem Engagement | betreut | Cristina Vieras |
Wie? adv. Best. Art u. Weise Präd. Wer oder was? Subj.

das Projekt. | Demnächst | wird | sie |
Wen? Akk.-Obj. Wann? adv. Best. Zeit Präd. Wer? Subj.

zusätzliche Lasttiere | in die Berge | entsenden. |
Wen oder was? Akk.-Obj. Wohin? adverb. Best. Ort Präd.

Diese | werden | elektronisches Gerät |
Wer? Subj. Präd. Wen oder was? Akk.-Obj.

befördern. | Die neuen Laptops | sollen |
Präd. Wer oder was? Subj. Präd.

Kommunikationsmöglichkeiten | eröffnen.| Sie |
Wen oder was? Akk.-Obj. Präd. Wer? Subj.

verfügen | über einen drahtlosen Internetzugang. |
Präd. Worüber? Präp.-Obj.

Die Andenbewohner | erhalten | bessere
Wer oder was? Subj. Präd. Wen oder

Kontakt- und Informationsmöglichkeiten. |
was? Akk. -Obj.

Christina Vieras' Arbeit | ist | sehr wichtig. |
Wer? Subj. Präd. Prädikativ

Seite 35

2 a) Metropolen | findet | man | in den Winkeln.
Wen o. was? Prädikat Wer o. was? Wo?
Akk.-Obj. Subj. adv. Best. Ort

Atlantis | steht | für Bauten.
Wer oder was? Prädikat Wofür?
Subj. Präp.-Obj.

Rom | verzaubert | auch heute noch | Touristen.
Wer oder was? Prädikat Wann? Wen oder was?
Subj. adv. Best. Zeit Akk.-Obj.

b) Metropolen modernster Architektur findet man in den schönsten Winkeln der Erde. Atlantis, der geheimnisvolle Ort mit magischem Klang, steht für versunkene Bauten. Rom, die Ewige Stadt aus Marmor, verzaubert auch heute noch Touristen aus aller Welt.

c) modernster Architektur: Genitivattribut
schönsten: Adjektiv
der Erde: Genitivattribut
der geheimnisvolle Ort: Apposition
mit magischem Klang: präpositionales Attribut
versunkene: Partizip
die Ewige Stadt: Apposition
aus Marmor: präpositionales Attribut
aus aller Welt: präpositionales Attribut

3 Mitten im malariabelasteten Gebiet von Nordkambodscha steht eine der größten Tempelanlagen **der Welt,** das Urwaldheiligtum Angkor Wat. Die Tempelanlage **Vishnus,** einer vierarmigen Gottheit, umgibt ein kilometerlanger

Wassergraben mit Lotusblüten. 600000 Besucher aus dem In- und Ausland kommen jährlich hierher.
Bereits vor dem 12. Jahrhundert wurde mit dem Bau **dieser großartigen Anlage** begonnen. Auf einem 1000 Quadratkilometer großen Areal entstand um die Dschungelkathedrale ein kompliziertes Netzwerk aus inneren Wasserkanälen, Bebauungsflächen für Reis und Wohngebieten. Dem Urteil **der Archäologen** zufolge lebten 20000 Menschen in Angkor Wat. Emsige Reisbauern, feilschende Fischhändler und kunstfertige Bambustischler zierten das Bild **der Straßen**. Und die kahl geschorenen Dienerinnen **des Bauherrn und Königs Suryavarman II.** beeilten sich, den Köchen **des Herrschers** Bauchfleisch vom Krokodil zum Braten zu bringen.
Die Ausmaße **der Gesamtanlage** wurden eher zufällig entdeckt: Erst Radarfotos aus dem Weltall machten ein Forscherteam aus Australiern und Franzosen darauf aufmerksam.

Adjektiv (oder Partizip-)attribute, **Genitivattribute**, präpositionale Attribute, Appositionen

Seite 36

1 a) + b) + c)

Die Zahl der Lkws auf deutschen Straßen ist hoch, denn man kann Frachten so flexibler und kostengünstiger transportieren als per Bahn. Trotzdem bestreitet niemand, dass Lkw-Fahren eine monotone Angelegenheit ist. Auf Autobahnen gibt es ein striktes Tempolimit, die Trucker sollen möglichst rechts fahren (,) und die Überholspur darf nur in Ausnahmefällen benutzt werden. Baustellen schränken das Fahrtempo ein (,) und zahlreiche Staus verderben die Freude am Fahren. Da erstaunt es kaum, dass so mancher Berufsfahrer seine Zeit hinterm Steuer sinnvoll nutzen möchte.
Seitdem die Karlsruher Autobahnpolizei mit einem umgebauten Wohnmobil in die Fahrerkabinen der Trucker spähen kann, wird die Öffentlichkeit immer genauer über das Leben hinter dem Brummilenkrad informiert. Manch einer telefoniert beim Fahren oder liest hinter seinem Steuer die Zeitung und trägt dabei seine Lesebrille auf der Nase. Andere arbeiten beim Fahren gerade ihre neue Route aus (,) und Experten haben ihre Beine in einiger Entfernung vom Bremspedal auf der Ablage liegen, während der eingebaute Tempomat die 100 km/h hält. Dass hierdurch Reaktionszeiten in brenzligen Fahrsituationen eingeschränkt sind, das leuchtet jedem ein. Natürlich führen die meisten Fahrer ihre Sattelschlepper und Trucks sehr verantwortungsbewusst, aber es wäre wünschenswert, dass sich auch die schwarzen Schafe unter ihnen stärker an die Regeln halten würden.

Hauptsätze sind einfach unterstrichen,
Nebensätze gepunktet,
Personalform des Verbs unterlegt.

Seite 37

1 A: Wenn/Falls/Sofern
B: Indem
C: Obwohl/Obgleich/Wenngleich

Seite 38

2 D: Tour-Direktor Christian Prudhomme muss die richtigen Worte finden, damit das verlorene Vertrauen zurückerobert wird.
E: Da im Radsport ständig Dopingverdachtsfälle bestehen, soll die diesjährige WM in Stuttgart womöglich nicht stattfinden.
F: Sobald die Unterschrift des Radsport-Weltverbandes unter die Anti-Doping-Vereinbarungen vorliegt, wird die Stuttgarter Sportbürgermeisterin die WM nach Stuttgart holen.
G: Die öffentlich-rechtlichen Sender übertragen keine Wettkämpfe mehr, sodass die Radprofis verärgert sind.

3

	Adverbialsatz	Frage
A	Konditionalsatz	Wann/Unter welcher Bedingung wird der spanische Radprofi in die Offensive gehen?
B	Modalsatz	Wie soll er sich einen körperlichen Vorteil verschafft haben?
C	Konzessivsatz	Trotz welcher Gegengründe wollen die Betreiber der Tour de France weitermachen?
D	Finalsatz	Zu welchem Zweck muss Christian Prudhomme die richtigen Worte finden?
E	Kausalsatz	Aus welchem Grund soll die diesjährige WM womöglich nicht stattfinden?
F	Temporalsatz	Wann wird die Stuttgarter Sportbürgermeisterin die WM nach Stuttgart holen?
G	Konsekutivsatz	Mit welcher Folge übertragen die öffentlich-rechtlichen Sender keine Wettkämpfe mehr?

Seite 39

4 a) + b)

Nachdem in den USA und Kanada 2007 ein mysteriöses Bienensterben aufgetreten war, [...]
Wann? – **Temporalsatz**
Obwohl sie keinen Bienentod feststellen konnten, [...]
Trotz welcher Gegengründe? – **Konzessivsatz**
[...], damit uns die fleißigen Blütenbestäuber auch weiterhin erhalten bleiben.
Mit welcher Absicht? – **Finalsatz**
Wenn die Insekten von einer asiatischen Milbensorte befallen werden, [...]
Unter welcher Bedingung? – **Konditionalsatz**
Während die amerikanischen Imker ihre Verluste noch betrauerten, [...]
Wann? – **Temporalsatz**
Weil Felder mit Pestiziden besprüht werden, [...]
Warum? – **Kausalsatz**
Weil durch rigorose Forstwirtschaft immer mehr natürliche Nistplätze in hohlen Astlöchern verloren gehen, [...]
Warum? – **Kausalsatz**

[…], indem sie immer wieder Auswahl- und Verbesserungsprozesse in ihren Bienenvölkern durchführen.
*Auf welche Weise? – **Modalsatz***
[…], sodass sie zusätzlichen Stress ertragen müssen.
*Mit welcher Folge? – **Konsekutivsatz***
Obgleich in Deutschland noch keine Wanderimker aufgetreten sind, […]
*Trotz welcher Gegengründe? – **Konzessivsatz***
Wenn auch hier die Bewirtschaftung von Wald und Feld zu noch ausgedehnteren Eingriffen in den natürlichen Lebensraum der Bienen führt, […]
*Unter welcher Bedingung? – **Konditionalsatz***

Seite 40

5 *Trotz nicht feststellbaren Bienentods gingen sie zur Erhaltung der fleißigen Blütenbestäuber sofort an die Ursachenforschung.*
Bei Befall mit einer asiatischen Milbensorte verenden die Insekten.
Noch während der Trauer der amerikanischen Imker um ihre Verluste erhielten …
Wegen des Einsatzes von Pestiziden auf den Feldern …
Bei zunehmendem Verlust von natürlichen Nistplätzen in hohlen Astlöchern durch rigorose Forstwirtschaft …
Durch Auswahl- und Verbesserungsprozesse in ihren Bienenvölkern …
Mit der Folge zusätzlichen Stresses werden die amerikanischen Bienen zudem …
Trotz des Fehlens von Wanderimkern in Deutschland …
Bei noch ausgedehnteren Eingriffen in den natürlichen Lebensraum der Bienen durch Feld- und Waldbewirtschaftung …

6 *A Die Honigbiene ist ein nützliches Tier, sofern sie Blütenpflanzen bestäubt. – **Konditionalsatz***
*B Während 40 Millionen Jahre vergangen sind, haben die Honigbienen ein unentbehrliches Werk verrichtet. – **Temporalsatz***
*C Wenngleich die Honigbienen zart und zerbrechlich wirken, bringt ein Bienenvolk im Sommer 30 kg Pollen nach Hause. – **Konzessivsatz***
*D Wissenschaftler verwenden bei Bienen Mikrochips, damit die Tiere eindeutig identifiziert werden können. – **Finalsatz***

Seite 41

1 *2 Wer oder was ist bekannt? – **Subjektsatz***
*3 Wer oder was wurde im Gesetzesentwurf vorgesehen? – **Subjektsatz***
*4 Wen oder was fürchten Raucher? – **Objektsatz***
*5 Wer oder was ist Rauchern kaum bewusst? – **Subjektsatz***
*6 Wer oder was freut Nichtraucher? – **Subjektsatz***

Seite 42

2 *Dass Kegeln im 21. Jahrhundert eine Renaissance erlebt, **(dass-Satz – Objektsatz)** zeigen unlängst die gefüllten Auftragsbücher der Kegelbahnvermieter. Wer von jetzt auf gleich eine Bahn mieten möchte, wird merken, wie schwierig das geworden ist. **(indir. Fragesatz – Objektsatz)** Die bewegende Frage ist allerdings, wer die Kegler von*

*heute sind. **(indir. Fragesatz – Objektsatz)** Früher übliche Motivationen zu kegeln **(Infinitivsatz – Subjektsatz)** (,) scheiden heute aus. Im Vordergrund steht nicht mehr, das Kegeln als Anlass für eine zünftige Bierrunde zu nehmen. **(Infinitivsatz – Subjektsatz)** Das Klischee der spießigen Altherrenrunde hat ausgedient. Der moderne Kegler ist Anfang bis Mitte zwanzig, besitzt keinen Bierbauch und findet, dass Kegeln absolut cool und zeitgemäß ist. **(dass-Satz – Objektsatz)** Sven Obermann (25), Gründungsmitglied vom Klub „Wertmarke", erläutert, dass Kegeln eine gute Gelegenheit zur Geselligkeit biete. **(dass-Satz – Objektsatz)** Wer seinen Freundeskreis unproblematisch und unbürokratisch zusammenhalten möchte, **(indir. Fragesatz – Subjektsatz)** sollte seiner Meinung nach kegeln. Regelmäßige Treffen ohne strikte Anwesenheitsverpflichtung sind da ein guter Anreiz. Wichtig ist auch, dass der Kegelsport in der Regel für jedermann erschwinglich ist. **(dass-Satz – Subjektsatz)** Diejenigen, die sich vor zu bewegungsintensiven Sportarten scheuen, können hier auch mitmachen. Dass Kegeln zum Volkssport Nummer eins avancieren könnte, **(dass-Satz – Objektsatz)** hält Obermann durchaus für möglich.*
*Ob die von Obermann favorisierte Traditionssportart auch etwas für echte Sportfreaks sein kann, **(indir. Fragesatz – Subjektsatz)** fällt dem Kegel-Vizeweltmeister Stephan Stenger aus Alsdorf leicht zu beantworten. Unter Wettkampfbedingungen 240 Kugeln in insgesamt 96 Minuten über die Kegelbahn zu jagen (,) **(Infinitivsatz – Subjektsatz)** verlangt schon die Konstitution eines Leistungssportlers. Aber als Ansporn gilt ihm, dass alle zwei Jahre Europameisterschaften und alle vier Jahre Weltmeisterschaften im Kegeln stattfinden. **(dass-Satz – Subjektsatz)** Wie er bei dem bald in Brasilien stattfindenden Weltcup abschneiden wird, **(indir. Fragesatz – Objektsatz)** weiß Stenger zwar noch nicht, aber er hofft, dass er diesmal vielleicht sogar den Vizeweltmeister knackt. **(dass-Satz – Objektsatz)** Wir würden es ihm wünschen.*

Seite 43

1 *Um heutzutage als Karotte, Apfel, Kartoffel oder Steak von den Kunden akzeptiert zu werden, schickt es sich, das deutsche sechseckige Bio-Siegel zu erwerben. Aber wie geht das? An erster Stelle gehört dazu ein Landwirt, der, anstatt auf gentechnisch verändertes Saatgut, chemische Düngemittel, Pestizide oder Antibiotika bei der Tierhaltung zu setzen, bereit ist (,) alternative Wege zu gehen. Außer Saatgut und Jungtiere aus ökologisch arbeitenden Betrieben zu nehmen, geht da erst einmal gar nichts. Beim Pflanzenanbau gilt es, möglichst natürliche Schädlingsbekämpfung und Düngung zu betreiben. Eine Positivliste möglicher Produkte gibt an, was der Landwirt einsetzen darf. Damit kann man es vermeiden, Fehler zu machen. Erkrankt ein Tier auf einem Biohof, wird der Tierarzt vorrangig pflanzliche und homöopathische Mittel einsetzen, um es zu behandeln. Um auch weiterverarbeitete Lebensmittel mit dem Bio-Siegel auszeichnen zu können, müssen weitere Punkte berücksichtigt werden. So ist bei der Haltbarmachung von Lebensmitteln auf die Bestrahlung mit ionisierenden Strahlen zu verzichten. Statt auf die ganze Palette synthetischer und naturidentischer Geschmacks-, Farb- und Konservierungsstoffe zugreifen zu können, beschränken sich die Hersteller von Lebensmitteln mit dem Bio-Siegel auf eine Liste von rund 50 zugelassenen Zusatzstoffen. Sämtliche Bestimmungen des deutschen Bio-*

Siegels entsprechen den Anforderungen der EG-Öko-Verordnung und gelten damit innerhalb der gesamten Europäischen Union.
Gibt aber der Erwerb eines Bio-Siegel-Produkts eine Garantie darauf, *gesünder zu leben*? – Die Verfechter ökologischer Landwirtschaft hoffen darauf, *in einigen Jahren mit entsprechenden Langzeitstudien aufwarten zu können*, die dies bestätigen werden.

2   Die Kundin bat den Verkäufer eindringlich, **die Inhaltsstoffe des Produkts zu erläutern.**
Die Kundin bat den Verkäufer, **eindringlich die Inhaltsstoffe des Produkts zu erläutern.**

Seite 44

1   1   Den Blick für die Risiken des Klimawandels schärfend (,) plädiert Prof. Andreas Troge für eine aktive Begrenzung ihrer Auswirkungen.
Indem Prof. Andreas Troge den Blick für die Risiken des Klimawandels schärft, plädiert er für eine aktive Begrenzung ihrer Auswirkungen.
     2   Die meisten Forscher reagierten, die längeren Trockenperioden, stärkeren Regenfälle und zerstörerischeren Stürme berücksichtigend, höchst alarmiert.
Die meisten Forscher reagierten höchst alarmiert, nachdem sie die längeren Trockenperioden, stärkeren Regenfälle und zerstörerischeren Stürme berücksichtigt hatten.
     3   Man verbessert Deichbau und Hochwasserschutz in Deutschland, zukünftige volkswirtschaftliche Schäden vermeidend.
Man verbessert Deichbau und Hochwasserschutz in Deutschland, damit zukünftige volkswirtschaftliche Schäden vermieden werden.

2   Mögliche Umformulierung:
Viele Bürger machen sich gern ein romantisches Bild, was den Klimawandel in Deutschland betrifft. Während sie noch unter Palmen im heißen Süden Cocktails am Pool genießen, träumen sie bereits vom Urlaub zu Hause. Wenn man jüngsten wissenschaftlichen Ergebnissen folgt, ist diese Vorstellung leider völlig falsch. Obwohl wir heißere Sommer und kältere Winter erwarten, werden uns stattdessen Großwetterlagen überraschen, die sich in Windeseile ändern, Extremwetterlagen mit katastrophalen Auswirkungen. Flüsse, die gerade noch ruhig dahinflossen, verwandeln sich in kürzester Zeit in Jahrhundertfluten. Wind, der eben noch sanft wehte, wird zu einem unberechenbaren Orkan. Wenn man dem Bericht des Umweltbundesamtes vertraut, hätte vor allem der Nordosten Deutschlands verschärfte Sommer mit ausgeprägten Dürren zu erwarten. Meteorologen machen bereits darauf aufmerksam, indem sie auf eine erhöhte Waldbrandgefahr, große Ernteeinbußen und Wasserknappheit hinweisen.

Seite 45

1   1   Alek Wek, die aus dem Sudan kommt, ist ein 30-jähriges Model.
Alek Wek ist ein 30-jähriges Model, das aus dem Sudan kommt.
     2   Ihr Teint, der dunkler als der von Naomi Campbell oder Tyra Banks ist, erregt Bewunderung.

     3   Journalisten schreiben über sie, sie sei ein Model von wilder Schönheit, das mitten in Afrika entdeckt wurde.
     4   Tatsächlich wurde Alek Wek, die damals Kunststudentin war, mit 19 Jahren im Londoner Crystal Palace Park entdeckt.

2   Alek Weks Geschichte, (das/*die*) vor 30 Jahren im Sudan begann, ist einmalig und fast unglaublich. Ihre Eltern, Geschwister und Verwandten gehören zum Stamme der Dinka, (*deren*/dessen) Mitglieder für ihre eindrucksvolle Körperlänge sowie ihren majestätischen und kerzengeraden Gang bekannt sind. Ihr erstes Leben, (das/*dem*) sie durch die Bürgerkriegswirren bedingt im Alter von neun Jahren entfloh, verbrachte sie in der Kleinstadt Wau, (*die*/das) im Süden des Sudans liegt. Nach der Flucht zu Verwandten, während (*der*/denen) sie quer durch die heiße Steppe laufen musste, begann ihr zweites Leben. Mit zwölf Jahren musste sie dann erneut mit ihrer Familie fliehen, diesmal nach Karthoum, der Stadt, in (die/*der*) ihr Vater an einem einfachen Hüftbruch verstarb. Ihr drittes Leben begann. Aleks Schwester Ajok, (*die*/der) damals bereits in London verheiratet war, verhalf der Halbwaisen zu einem Visum. Mit dem Flug zu Ajok, (*der*/die) für Alek einen Aufbruch in eine neue Welt bedeutete, startete sie in ihr viertes Leben – als Model. Aber die Zeiten, in (den/*denen*) sie auf Leopardenfellen als wilde Tarzanschönheit abgebildet wurde, sind vorbei. Alek Wek zählt seit zehn Jahren zu den absoluten Topmodels.

Seite 46 und 47 – Teste dich!

1   Kalkutta, ein riesiger Moloch im Herzen von Indien,   26
ist eine Stadt mit fast 15 Millionen Einwohnern, die sich täglich durch den Gestank, den Lärm und die Enge der Stadt schieben.
Kaum jemand weiß, dass im Norden der Stadt, in dem einst bengalische Kaufleute, Babus genannt, mit den britischen Kolonialherren einen florierenden Handel führten, herrliche Prachtbauten mit exotischen Gärten dem schleichenden Verfall anheimgestellt sind. Wenn sich abends die Sonne über Kalkutta senkt (,) und wenn die Nacht über die Stadt hereinbricht, wenn die Straßenhändler ihre Stoffe, goldenen Armreifen, Plastikschüsseln und Gewürze am Bürgersteigrand zusammenpacken, erheben sich über der in Schlaf verfallenden Stadt an ihrem Nordrand wunderschöne Säulen mit korinthischen Kapitellen sowie Venusstatuen, malerisch gehauene Blütenfriese und mächtige Stucklöwen, die ihre Vorderpfoten nach uns ausstrecken. In ein goldenes Abendrot getaucht (,) prägen sie die Silhouette der Stadt.
Warum noch nie jemand so richtig auf den Gedanken gekommen ist, diese glorreichen Anwesen von einst retten zu wollen, kann sich Kamalika Bose, die 26-jährige Geschichtsstudentin, kaum erklären. Mit ihr zusammen wandern wir bei 45 Grad im Schatten die Chitpur Road, die Verkehrsader im Norden Kalkuttas, entlang. Entlang dieses Boulevards liegen die kleinen exotischen Paläste verstreut, aber auch in den Seitenstraßen sind einige zu finden, und all das wollen wir kennen lernen.

2   1   Kalkutta war so prächtig, dass es im Britischen   8
Empire London fast als ebenbürtig galt.
Begründung: Es handelt sich um einen durch „dass" eingeleiteten Konsekutivsatz/Nebensatz, der durch Komma vom Hauptsatz abgetrennt werden muss.

2 Wegen ihrer regen Handelstätigkeit waren die bengalischen Babus im 18. Jahrhundert zu unermesslichem
Reichtum gelangt.
Begründung: Hier liegt kein Satzgefüge vor, sodass kein
Komma gesetzt werden muss.
3 Sie ließen Paläste erbauen, die äußerlich die klassizistischen Fassaden der Kolonialherren nachempfanden.
Begründung: Es liegt ein durch „die" eingeleiteter Relativsatz vor, der durch Komma vom Hauptsatz abgetrennt werden muss.
4 Mit den aufwändigen Hausfassaden versuchten sie (,)
ihre englischen Besatzer zu beeindrucken.
Begründung: Hier muss kein Komma gesetzt werden,
weil ein Infinitivsatz vorliegt, der nicht in den Hauptsatz eingeschoben ist und auch nicht in irgendeiner
Weise eingeleitet wird.

3 1: Satzreihe, 2: Satzreihe, 3: Satzgefüge, 4: Hauptsatz 4

4 **Adjektivattribut:** historischen, vergessenen, zentrale, 14
großem, ruhmreiche, gewaltige, britische, östlichen
Genitivattribut: der vergessenen Reichtümer Kalkuttas,
der Ansiedlung, des Sepoy-Aufstandes, Indiens
Präpositionales Attribut: von großem Einfluss
Apposition: der gewaltige Subkontinent

5 Adverbialsatz: 1, 4 9
Inhaltssatz: 2, 8
Relativsatz: 3, 5, 7
Infinitivsatz: 6
Partizipgruppen: 5

Seite 48

1 der Zweite Weltkrieg, schwarzer Tee, das Weiße Haus,
Salzburger Festspiele, Freie und Hansestadt Hamburg,
badische Spezialität, französischer Käse, Vereinigte Staaten
von Amerika, Johann Wolfgang von Goethe, Schwarzwälder Schinken, die Bonner Bevölkerung, der Schiefe Turm
von Pisa, Westfälischer Friede, Walther von der Vogelweide, der Französische Dom in Berlin, der Heilige Vater,
Holländer Käse, der beste italienische Wein, Großer Wagen
(Sternbild), Katharina die Große, das bayerische Bier

Seite 49

2 **K**ölner Doms, **g**riechischen Inseln, **S**chweizer Alpen,
Vereinten Nationen, **E**uropäische Gemeinschaft, **b**rasilia-
nischen Wälder, **K**anarischen Inseln, **a**frikanischen Steppe,
wirtschaftliche, **ö**kologischen Interessen, **s**auerländischen
Waldes, **f**ränkischen Städte, **O**stfriesischen Inseln, **a**rkti-
schen Gewässern, **S**ibirische Tiger, **G**roßen Barriere-Riff

3 1 Die Schwarze Witwe ist ein Fachbegriff der Zoologie
und bezeichnet eine Spinne.
2 Auf der Roten Liste sind die vom Aussterben bedrohten
Tier- und Pflanzenarten aufgeführt.
3 Eine Gelbe Karte bedeutet eine Mahnung bei einem Re-
gelverstoß im Fußballspiel.
4 Die Weiße Rose ist der Name für eine Widerstands-
gruppe im Nationalsozialismus.
5 Der grüne Star ist ein Fachbegriff der Medizin und bezeichnet eine Augenkrankheit.

Seite 50

4 am Donnerstagnachmittag, seit Wochen, donnerstagabends, montagnachmittags, von heute auf morgen, Freitag gegen Abend, morgen Abend, seit Tagen, am Samstag,
bis zum Mittag, am nächsten Mittwoch, Samstagnachmit-
tag, Der Sonntag, vor Monaten, jeden Tag, in der nächsten
Woche, heute Nachmittag, gegen fünfzehn Uhr, heute als
morgen

5 tagsüber, spätabends, Sonntagnachmittag, vor Mitternacht, in aller Frühe, am Samstagvormittag, allerfrühes-
tens

Seite 51 – Teste dich!

1 b) 1 In mehrteiligen Eigennamen schreibt man das 5
erste Wort und alle Wörter außer Artikeln,
Präpositionen und Konjunktionen groß.
2 Ableitungen von geografischen Namen auf -er
schreibt man groß.
3 siehe Regel 1.
4 Ableitungen von Eigennamen auf -isch werden kleingeschrieben, wenn sie nicht Bestandteil fester Namen
sind.
5 Adjektive, die nicht Bestandteil eines Eigennamens
sind, werden kleingeschrieben.

2 Meißener Porzellan, erzgebirgischen Spielzeuge, 16
Staatlichen Kunstsammlungen, typischen Trödelmarkt,
zahlreichen Antiquariate, Sächsischen Werk-Kunst-Stube,
kulinarische Genüsse, Dresdner Christstollen, sächsischem
Wein, Sächsischen Winzergenossenschaft Meißen,
kulinarische Spezialitäten, sächsische Kartoffelsuppe,
Elsässer Schneckensuppe, grünen Spreewaldgurken,
größtem Wochenmarkt, Deutschen Hygiene-Museum

3 1 heute Nachmittag 3
2 dienstagmorgens
3 Sonntagabend

Seite 52

1 Staunen erregen, gehen/lassen, sprechen lernen, Geschichten erzählen, laufen/lassen, Texte bearbeiten, Theater spielen, haften/bleiben, Karaoke singen, rechnen üben, stand-
halten, Expertenrunden durchführen, Referate halten,
hängen/bleiben, teilhaben

Seite 53

2 großgeschrieben, häufig eingefordert, schwarzsehen,
schnell flüchten, wund/schreiben, sauber/fegen, laut zu
sprechen, gut zuzureden, nahezubringen, alleinstehen,
leichtfallen, fertig/gemacht, krumm/gemacht, wichtig-
gemacht, glattgehen

3

zusammengeschriebene Verbindungen	übertragene Bedeutung
klarmachen	verdeutlichen
schleifenlassen/ schleifen lassen	einer Sache kaum noch Beachtung schenken
richtigstellen	korrigieren, verbessern
steckenbleiben/ stecken bleiben	stocken (Rede, Vortrag)
verrücktspielen	außer Kontrolle geraten
(sich) leichttun	keine Probleme mit etwas haben

Seite 54

4 Lesenlernen, Langsamlesen, schwerfallen, Texte lesen, schriftlich übermittelt

5 a) + b) + c)
Vertrauen erwecken: Nomen u. Verb i.d.R. getrennt
freundlich begegnen: richtig
Stillsitzen: Nominalisierung – Adj. u. Verb zusammen u. groß
Orientierenlernen: Nominalisierung – Verb u. Verb zusammen u. groß
Mülleinsammeln: richtig
Hausaufgabenmachen: Nominalisierung – Nomen u. Verb zusammen u. groß
schwergefallen: zusammen, wenn neue Bedeutung bei Adj. u. Verb
Aufsätze zu schreiben: Nomen u. Verb getrennt
Gleichungen zu lösen: Nomen u. Verb getrennt, Verb kleinschreiben
Karten zu zeichnen: richtig
Theaterspielen: Nominalisierung – Nomen u. Verb zusammen u. groß
ernst genommen: richtig
liegen lassen: auch liegenlassen möglich, neue Bedeutung bei Verb u. „lassen"
Pantomimen einzustudieren: richtig
betonen zu üben: Verb. u. Verb i.d.R. getrennt
nassgespritzt: auch nass gespritzt möglich, Adj. bezeichnet Ergebnis
laut lachen: Adj. u. Verb i.d.R. getrennt
Rat suchst: Nomen u. Verb i.d.R. getrennt
schnell und gut helfen: Adj. u. Verb i.d.R. getrennt

Seite 55

6 Prüfe bei der Überarbeitung des Textes insbesondere die Zusammenschreibung von Partikel und Verb.

7 Auf dem Klassenausflug wollen die Schüler zuerst schwimmen und hinterher laufen.
Der Klassenlehrer möchte den Eintrittsgeldern fürs Schwimmbad nicht hinterherlaufen.

Am Projekttag möchte die 9b gerne mit der 9c zusammenarbeiten.
Erst wollen sie gemeinsam frühstücken, dann zusammen arbeiten.

Beim Skatwettkampf der Spiel-AG müssen die Zehntklässler wieder geben.
Eine Schülerin sagt: „Du musst mir mein Kartenspiel nachher wiedergeben!"

Die Ergebnisse der Vorträge zum Thema „Der menschliche Körper" werden zusammengetragen.
Das mannsgroße Skelett müssen die Schüler zusammen tragen.

Seite 56 – Teste dich!

1 r = richtig, f = falsch   11
Die Jahrgangsstufe 9 hat es tatsächlich **fertiggebracht (r)**: eine Party in der Schule! Mit den Austauschschülern aus England ist die Freundschaft nicht **schwer gefallen (f)** und nun sollen die Gäste **angemessen verabschiedet (r)** werden. Da an diesem besonderen Abend nichts **schief gehen (f)** darf, muss von den Schülerinnen und Schülern alles **gutgeplant (f)** werden. Es ist z. B. **klar festgelegt (r)**, welches Team kocht und backt oder kleine Geschenke bastelt. Die Küchengruppe darf ein Chili con Carne **starkwürzen (f)** und Törtchen mit Guss **blau färben (r**, auch: blaufärben), weil Blau als Schulfarbe der Gäste ihrer Stimmung **guttun (r)** wird. Für Fotocollagen als Andenken wurden Illustriertenbilder **kleingeschnitten (r**, auch: klein geschnitten) und auf Pappen **eng aufgeklebt (r)**.

Korrekturen: schwergefallen, schiefgehen, gut geplant, stark würzen

2 Richtige Schreibweisen: wieder bekommen,   4
zusammengerückt, quer gestellt, herabhängen

3 1 Am Fetenabend haben sich tatsächlich alle   13
blicken/lassen.
2 Im Stehen wurde **Kuchen gegessen** und **Cola getrunken,** was die meisten **leicht/nahmen,** auch wenn manch einer lieber **dabei sitzen** wollte.
3 Bereits nach kurzer Zeit war das Büfett **leer/gefegt,** doch das fröhliche **Zusammensein** konnte dies leicht wieder **wettmachen.**
4 Durch das gemeinsame **Herumtanzen** und **Schlagersingen** haben sich Gastgeber und Gäste noch besser **kennen/gelernt.**
5 Nach diesem Partyerfolg wollten sich alle dafür **starkmachen,** dass noch viele Austauschgruppen ihre Schule **besuchen kommen.**

Seite 57

1 b) senkrecht:
instruktiv (lehrreich), intrigant (hinterlistig), die Garage (Einstellraum für Autos), die Exposition (einführender Teil des Dramas), das Interview (Befragung), die Investition (Kapitalanlage), passiv (untätig, teilnahmslos), die Blamage (Beschämung), formell (der Vorschrift nach), die Legation (Gesandtschaft)
waagerecht:
die Integration (Einbürgerung, Eingliederung)

2 Astronomie (Stern- und Himmelskunde), legislativ (gesetzgebend), finanziell (geldlich, wirtschaftlich), Uniform (einheitliche Dienstkleidung)

Seite 58

3 2 Explosion, 3 Intervention, 4 Interrogativsatz, 5 Industrie, 6 Monokultur

4 Richtig sind:
inoffiziell, nummerieren, Sabotage, Kommission, aktuell, Regisseur

5 Grafik (Zeichnung), Delfin (eine Walart), Spagetti (lange, dünne Teigware), Jachten (leichte, schnelle Schiffe), Sketsche (kurze, effektvolle Szenen), Tunfische (eine Fischart), substanziell (stofflich, dinghaft, gegenständlich), Mikrofon (Übertragungsgerät für Töne), Parfüm (Flüssigkeit mit intensivem Duft)

Seite 59

1 a) + b)
Alphons Clenin, (1) der in Twann Polizist war, (2) fand (3) am Morgen des dritten November neunzehnhundertachtundvierzig dort, (4) wo die Straße von Lamboing (eines der Tessenbergdörfer) aus dem Walde der Twannbachschlucht hervortritt, (5) einen blauen Mercedes, (6) der am Straßenrande stand. Es herrschte Nebel, (7) wie oft in diesem Spätherbst, (8) und eigentlich war Clenin am Wagen schon vorbeigegangen, (9) als er doch wieder zurückkehrte. Es war ihm nämlich im Vorbeischreiten gewesen, (10) nachdem er flüchtig durch die trüben Scheiben des Wagens geblickt hatte, (11) als sei der Fahrer auf das Steuer niedergesunken. Er glaubte, (12) daß der Mann betrunken sei, (13) denn als ordentlicher Mensch (14) kam er auf das Nächstliegende. Er wollte daher dem Fremden nicht amtlich, (15) sondern menschlich begegnen. Er trat mit der Absicht ans Automobil (,)(16) den Schlafenden zu wecken, (17) ihn nach Twann zu fahren (18) und im Hotel Bären bei schwarzem Kaffee und einer Mehlsuppe nüchtern werden zu lassen. Ⓡ
(1 = R 1), (2 = R 1), (3 = kein Komma), (4 = R 1), (5 = R 1), (6 = R 1), (7 = R 1), (8 = R 3), (9 = R 1), (10 = R 1), (11 = R 1), (12 = R 1), (13 = R 3), (14 = kein Komma), (15 = R 4), (16 = R 2), (17 = R 2), (18 = kein Komma)

2 In Satz 1 und 3 gibt es keine Adverbialsätze.
Adverbialsätze sind unterstrichen:

2 Nachdem Clenin einen Blick durch die beschlagenen Scheiben ins Wageninnere geworfen hatte, erkannte er eine männliche Person. (Temporalsatz) Weil diese in gekrümmter Haltung dasaß, öffnete er sehr behutsam die Wagentür. (Kausalsatz)

4 Da eine gelbe Brieftasche aus der Manteltasche herausragte, stellte Clenin ohne Mühe die Identität des Toten fest. (Kausalsatz)

Seite 60

1 a) Zitatfehler: „dass", im Originaltext steht „daß"

b) Nach kurzem Zögern steht für ihn fest, dass er dem Fahrer **„nicht** amtlich" (Z.10) begegnen will. **Clenin nähert sich dem Wagen, um den Fahrer zu wecken** („Er trat […] ans Automobil", Z.11).

2 Korrigierter Text (Beispiel):
Der Roman „Der Richter und sein Henker" von Friedrich Dürrenmatt beginnt mit der Darstellung des Dorfpolizisten Clenin, der durch sein Verhalten schwere Fehler bei der Tatortsicherung verursacht. (Zitat überflüssig, da keine auffällige Formulierung)
Der Erzähler charakterisiert Clenin als einen „ordentliche[n] Mensch[en]" (Z.9), der an Stelle eines Toten zuerst einen betrunkenen Fahrer vermutet („kam er auf das Nächstliegende", Z.10) und „nicht amtlich, sondern menschlich" (Z.10–11) handelt, indem […].

Seite 61 – Teste dich!

1 Richtig sind: Biographie und Biografie, Courage, Frisör und Friseur, soufflieren, potentiell und potenziell   8

2 1 Zwischen Haupt- und Nebensatz steht ein Komma.   3
(vorangestellter Kausalsatz)
2 Ein Komma steht vor der entgegenstellenden Konjunktion „sondern".
3 Bei Infinitivsätzen kann das Komma gesetzt werden, falsch ist es nie.

3 Goethe legt Mephisto im Drama „Faust" eine philosophische Definition über die Kraft des Wortes in den Mund. „Worte", so Mephisto, „ersetzen Begriffe" (V.2). Mit Worten könne man streiten (V.3), ein System bestreiten (V.4), glauben (V.5) und alles klar ausdrücken (V.6).

Richtig ist:
[…] Laut Mephisto stellen sich Worte ein, „wo   5
Begriffe fehlen" (V.1). Mit Worten könne man „streiten" (V.3), „ein System bestreiten" (V.4) und an Worte könne man „glauben" (V.5).

4 P. für Anführungszeichen,
1 P. für Streichung des falschen Zitats.

Seite 63

2 4 5 6 a) 7

.... = grün unterstrichen (Gr)

_____ = rot unterstrichen (R)

---------- = blau unterstrichen (Z)

░░░░░ = gelb markiert

⬭ = „dann" und „irgendwie"

Berufskleidung und Freizeitkleidung unterscheidet sich – und das ist gut so! Zu dieser Meinung   Gr, Z
unterscheiden

bin ich durch mein Berufspraktikum in einer Bankfiliale gekommen. / Schon für das Bewerbungs-

gespräch um den Praktikumsplatz hatten meine Eltern mir geraten, statt der Hängehose (so

nennt meine Mutter meine Lieblingshose, die immer so aussieht, als rutscht sie mir gleich über   Z, Z, Gr
rutsche/würde rutschen

den Hintern) eine normale Jeans, und dazu ein Hemd anzuziehen. Und das sollte ⬭dann⬭ auch   Z

während den Praktikumswochen meine tägliche Kleidung bleiben. Ich habe mir ⬭dann⬭ sogar   Gr
der

noch eine Stoffhose und ein Sakko gekauft (was meine Freundin und meine Clique allerdings

heftig begrinst haben). / Das ich mit dieser Umstellung auf andere Klamotten ⬭irgendwie⬭ keine   R
Dass   Kleidung

Probleme hatte, sondern sie sogar nach kurzer Zeit völlig in Ordnung fand, hat folgende Gründe: Z, Z, Z

Erstens, in einer Bank laufen alle Angestellten so rum, also, ziemlich gut gekleidet, vielleicht ein   Z, Z
kleiden sich

bisschen spiessig ⬭irgendwie⬭, aber voll korrekt. Wenn ich mich in der Bank so anziehen würde,   R, Z, Z
spießig

wie in der Schule, komme ich mir ⬭dann⬭ als Aussenseiter vor, weil, keiner würde ⬭dann⬭ meinen,   Gr, R, Z, Gr
käme   Außenseiter

dass ich auch in der Bank arbeite, sondern alle denken ⬭dann⬭, ich wäre nur ⬭irgendwie⬭ so da, ein   Gr, Z, Z
dächten

Kunde eben. Also zweitens, wenn du die richtigen Sachen anhast, fühlst du dich auch gleich   Gr, Z

besser, ⬭irgendwie⬭ wichtiger, auch selbstbewußter, weil, du wirst anerkannt und man begegnet   R, Z, Gr, Gr
selbstbewusster

dir mit einem gewissen Respekt. Und ⬭dann⬭ noch wegen dem Feierabend: Es war ⬭irgendwie⬭

echt eine gute Erfahrung, das man so einen echten Wechsel zwischen zwei Welten hat. Über   R
dass

Tag das arbeiten in der Bank, und ⬭dann⬭ Nachmittags das heim kommen, man zieht sich um und   R, R, R
Arbeiten   nachmittags Heimkommen

entspannt, Freizeit eben. Es ist ein bisschen so, wie zwei Leben, in dem Einen bist du ganz du   Z, Z, R
einen

selbst, in dem Anderen übernimmst du mehr eine Rolle, für die du dich in gewisser Weise „verklei-   R, Z, Gr
anderen   gewisserweise

dest". / Ich habe nach dem Praktikum überlegt, ob dass mit der Schule nicht auch so geht. aber   R, Gr
das   ginge

das ist ⬭irgendwie⬭ anders. Hier geht man eben doch lockerer hin. Aber ich werde später sicher

keine Probleme damit haben, wenn mein Beruf eine spezielle Kleidung erfordert.

Seite 63

3 *Die Zitate sind umgangssprachlich formuliert.*
Grammatisch ist der Satzbau zu korrigieren:
„Erstens laufen in einer Bank alle Angestellten so rum [...]"
„Wenn ich mich in der Bank so anziehen würde wie in der Schule, komme ich mir dann als Außenseiter vor, weil keiner dann meinen würde, dass ich auch in der Bank arbeite, [...]"
„[...], wenn du die richtigen Sachen anhast, fühlst du dich auch gleich besser, [...] weil du anerkannt wirst und man dir mit einem gewissen Respekt begegnet [...]."

Bessere Formulierungsbeispiele für die Schriftsprache:
„Erstens sind in einer Bank alle Angestellten gut gekleidet [...]"
„Würde ich mich in der Bank so kleiden wie in der Schule, käme ich mir als Außenseiter vor, weil niemand glauben würde, dass ich ebenfalls in der Bank arbeite, [...]"
„Wenn du die richtige Kleidung trägst, fühlst du dich besser, weil du anerkannt wirst und man dir mit einem gewissen Respekt begegnet [...]"

6 *b) Die beiden Füllwörter „dann" und „irgendwie" werden viel zu häufig und an Stellen benutzt, an denen sie keine Aussagekraft haben. „Irgendwie" vermittelt den Eindruck von Ungenauigkeit.*

Seite 65

2 *a) **Mögliche Schlüsselwörter und Fachbegriffe:***
23. Juli 2007, Bertelsmann-Stiftung Umfrage, repräsentativen Befragung unter 1000 Erwachsenen, großer Mehrheit, Jugendliche sympathisch, Lebensführung ... nicht einverstanden, Alkohol, fremdes Eigentum nicht respektieren, negative Eigenschaften, Gewaltbereitschaft, Konsum illegaler Drogen, Vandalismus, konsumorientiert, auf persönlichen Vorteil aus, Kreativität,

Toleranz, Fleiß und Ehrgeiz, soziales Engagement, Pflichtbewusstsein, Familienorientierung, positiveres Bild von der eigenen als von der jüngeren Generation, hohe Kompetenz ... Jugendliche ... in technischen Fragestellungen, gut mit anderen Menschen umgehen, Finanzielle Kompetenz ... abgesprochen, negativer Befund, politischer Kompetenz, gesellschaftliche Engagement, Defizit, familiären Bereich ... hohes Mitspracherecht, nicht für den öffentlichen Bereich, ... Wahlrecht ab 16 Jahren ab, Votum gegen ... Führerscheins ab 16 Jahren

3 *b) Mögliche unbekannte Fremdwörter:*
repräsentativ (Z.5): verschiedene Gruppen in ihrer Besonderheit, typischen Zusammensetzung berücksichtigend
illegal (Z.10): gesetzwidrig, ungesetzlich
der Vandalismus (Z.11): Zerstörungswut
rangieren (Z.12): hier – einen Rang innehaben (vor oder hinter jemandem oder etwas)
konsumorientiert (Z.12): einseitig auf den Erwerb von Waren/Dienstleistungen ausgerichtet, nur nach Genuss strebend
die Kreativität (Z.13): schöpferische Kraft
das Engagement (Z.14): persönlicher Einsatz, vor allem im gesellschaftlichen Bereich
die Familienorientierung (Z.15): geistige Einstellung, Ausrichtung auf die Familie
die Kompetenz (Z.18): Fähigkeit, Fertigkeit, Können, Qualifikation
finanziell (Z.20): geldlich, wirtschaftlich
das Defizit (Z.26): Mangel
sich engagieren (Z.27): sich für eine Aufgabe verpflichten
das Votum (Z.30): Urteil, Stimme, Überzeugung, Standpunkt

4 *Satz 1: A und D, Satz 2: A und D, Satz 3: B*

Seite 66

4 *Satz 3: B*

5 *Mind-Map*

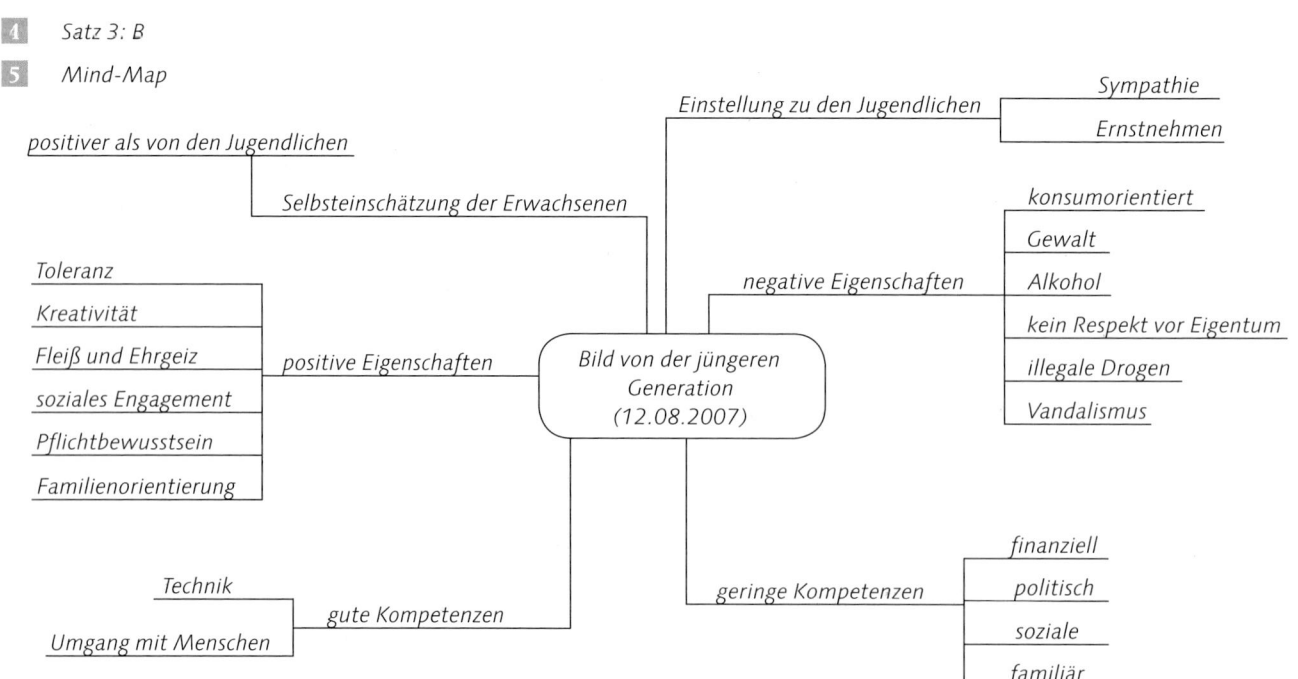

6   a) + b)

Z.1–4: Einleitung, Zusammenfassung der wichtigsten W-Fragen: Presseerklärung, Juli 2007, Umfrage der Bertelsmann-Stiftung über Jugendliche, befragt 1000 Erwachsene Fazit: positive Sichtweise, aber auch Skepsis gegenüber Jugendlichen

Z.5–15: Umfrageergebnisse im Detail, Lebensführung und positive und negative Eigenschaften der Jugendlichen

Z.16–23: Selbsteinschätzung der Erwachsenen, sehen eigene Generation positiver als die jüngere, Jugendliche sind in Technik und Umgang mit Menschen kompetent, haben in Finanzen, Politik und gesellschaftlichem Engagement wenig Kompetenz

Z.24–31: Mitspracherecht der Jugendlichen: darf in Familie hoch sein, in Öffentlichkeit nur gering, Wahlrecht und Führerschein ab 16 werden von Mehrheit abgelehnt

7   Schlagzeile B (oder C)

8   Mögliche Zusammenfassung:

Eine im Jahr 2007 durchgeführte Befragung der Bertelsmann-Stiftung unter 1000 Erwachsenen über 34 Jahre zum Thema Jugend ergab, dass Erwachsene die Jugendlichen mit großer Mehrheit sympathisch finden, aber gleichzeitig ihre Lebensführung kritisieren. Jugendliche trinken nach Meinung über der Hälfte der Erwachsenen zu viel Alkohol, respektieren fremdes Eigentum nicht, neigen zu Vandalismus, sind gewaltbereit und nehmen Drogen. Zudem seien sie in erster Linie konsumorientiert und egoistisch. Immerhin 75 Prozent der Befragten halten die Jugend zwar für kreativ, 60 Prozent für tolerant und 53 Prozent für fleißig und ehrgeizig, doch weniger als 50 Prozent finden, dass sich junge Menschen durch soziales Engagement, Pflichtbewusstsein und Familienorientierung auszeichnen. Von der eigenen Generation haben die befragten Erwachsenen ein viel besseres Bild. Die meisten Erwachsenen sprechen den Jugendlichen zwar große Kompetenz in Technik und im Umgang mit Menschen zu, halten die finanzielle und politische Kompetenz und das gesellschaftliche Engagement junger Leute jedoch für gering. Die Mehrheit der Erwachsenen lehnt größere öffentliche Mitbestimmung der Jugendlichen – wie das Wahlrecht und den Führerschein ab 16 – ab.

Seite 67

9   b)

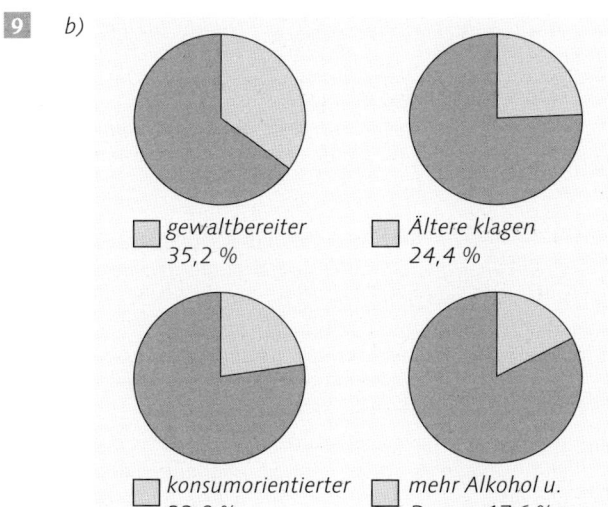

☐ gewaltbereiter 35,2 %	☐ Ältere klagen 24,4 %
☐ konsumorientierter 22,8 %	☐ mehr Alkohol u. Drogen 17,6 %

c) Im Durchschnitt hält ein Viertel der Befragten den Lebensstil der Jugendlichen heute für bedenklicher als früher, während fast ein Viertel der Meinung ist, dass die ältere Generation stets negativ über Jugendliche denkt.

10   Jugend, heute, gewaltbereiter; ältere Generation, schimpft, über Jugendliche; Jugend, konsumorientierter; mehr Probleme, Alkohol, Drogen

Seite 68

11   a) Mögliche Ergänzung der Mind-Map:
Bei dem Ast „Selbsteinschätzung der Erwachsenen" könnte folgende Verästelung hinzugefügt werden: sind sich bewusst, dass ältere Generationen die jüngeren stets negativer sehen
Bei „negativen Eigenschaften" könnte der Vergleich zu „früher" hervorgehoben werden.

b) Abweichungen:
In der Bertelsmann-Umfrage sind 70,5 bzw. 57,7 Prozent der befragten Erwachsenen der Meinung, dass Jugendliche Probleme mit Alkohol und Drogen haben, in der WZ-Umfrage nur 17,6 Prozent.
Außerdem halten in der Bertelsmann-Umfrage 57,7 Prozent der befragten Erwachsenen die Jugend für gewaltbereit und 91 Prozent für konsumorientiert, während in der WZ-Umfrage nur 35,2 Prozent bzw. 22,8 Prozent der Erwachsenen dieser Meinung sind.

12   Für die Bertelsmann-Umfrage wurden 1000 Erwachsene befragt, an der WZ-Umfrage nahmen nur 307 Erwachsene teil, somit ist die Bertelsmann-Umfrage repräsentativer. Zudem gibt es bei der WZ-Umfrage keine Angaben zur Altersgruppe der Befragten, während bei der Bertelsmann-Umfrage von Erwachsenen ab 34 Jahren die Rede ist. Ziehe dazu den Text heran, den du für Aufgabe 8, S.66, formuliert hast.

Seite 69 – Teste dich!

1   A   1

2   C   1

3   Reihenfolge: E, B, D, C, A   5

Seite 71

1   Mögliche Schlüsselwörter:
Straßencafé, Männer, schauen herüber, Sonnenbrille, denkt an Liebesfilme, schnell gehen, rot … werden, Mittagspause, angesprochen, lachen, ausweichende Antwort, Gestern, angesprochen, Abendessen, Vater, meine es nur gut, Mutter, Angst, Mittagspause, ungefährlich; gelernt, sich nicht zu entscheiden; Mittagspause anstrengender, beobachtet, spielt … Handtasche, Katastrophe, sehr verspäten, sehr verlieben, Schreibmaschine, Zeit, Katastrophe, Ohne, Mittagspause, langweilig

3   B, C

4   Z.21–28: Die junge Frau spielt in Gedanken die Kontaktaufnahme mit einem Mann durch.
Z.29–32: Die junge Frau beruhigt ihre besorgten Eltern.
Z.33–51: Die Hoffnung auf eine interessante Kontaktaufnahme ist ein wichtiger Anreiz im Alltag der jungen Frau.

5 a) *Richtig sind:*
Die Gedanken und Gefühle des Mädchens werden teil-
weise aus der personalen Erzählperspektive wiederge-
geben.
Der auktoriale Erzähler beleuchtet die Innen- und Au-
ßensicht der jungen Frau und beurteilt stellenweise
ihren Charakter.

b) *Beispiel für die Begründung:*
Die personale und die auktoriale Erzählperspektive bie-
ten dem Leser/der Leserin die Möglichkeit, die Gedan-
ken- und Gefühlswelt der Hauptfigur kennen zu lernen.
Die Wertungen des auktorialen Erzählers fordern die
Leserin/den Leser zu einer Auseinandersetzung mit der
Hauptfigur heraus.

Seite 72

6 *Beispiele für Stichworte zum Handlungsverlauf:*
1. Abschnitt: Mädchen mit Sonnenbrille sitzt in Mittags-
pause in überfülltem Straßencafé, bestellt Kaffee, denkt
an Liebesfilme
2. Abschnitt: Mädchen überlegt sich Reaktion auf mög-
liche Kontaktaufnahme durch Mann. Am Tag zuvor:
wurde angesprochen, war froh, als Mittagspause vorbei
war
3. Abschnitt: Eltern des Mädchens drücken Verständnis
und Angst aus, Mädchen beruhigt sie
4. Abschnitt: Mädchen findet Mittagspause anstrengender
als Arbeit, ist verlegen, spielt mit Handtasche, denkt
über „Katastrophen" nach: die Möglichkeit, sich zu ver-
lieben, sich zu verspäten

7 a) *A: Angaben zu Autor und Entstehungszeit fehlen. Es ist*
zwar richtig, dass der Beruf die junge Frau nicht ganz
erfüllt, die Mittagspause ist jedoch weniger eine
Flucht für die junge Frau als vielmehr die Möglich-
keit, zu träumen und Kontakte zu knüpfen.
B: Der Titel fehlt und die Textart ist nicht angegeben.
Hier wird zwar ein wichtiger Aspekt der Geschichte
genannt, dieser ist jedoch nicht der wesentliche der
Geschichte.
C: Der Autor und das Erscheinungsjahr fehlen. Außer-
dem ist die Textart ungenau gekennzeichnet. Die An-
gabe des Themas ist zu oberflächlich.
D: Die Angabe des Autors fehlt. Das genannte Thema
ist nicht das zentrale, da der Charakter der jungen
Frau im Mittelpunkt der Geschichte steht.

b) *Beispiel für einen Einleitungssatz:*
Die 1969 erschienene Kurzgeschichte „Mittagspause"
von Wolf Wondratschek handelt von einer jungen be-
rufstätigen Frau, die täglich im Straßencafé sehnsüchtig
und ängstlich zugleich darauf wartet, dass etwas Ein-
schneidendes in ihrem Leben passiert.

Seite 73

8 a) **Informationen über ihr Äußeres:** *ist schön; trägt*
Sonnenbrille, Rock, Handtasche
Informationen über ihre Gefühle/Einstellungen: *weiß,*
was sie will; hasst Lippenstift; denkt an Filme/Liebes-
filme; versteckt Unsicherheit hinter Sonnenbrille, ist
unsicher u. verlegen (Z.13, 27f., 38f.); hat gelernt, sich
nicht zu entscheiden; findet Mittagspause anstrengen-
der als Arbeit; findet Pünktlichkeit wichtig; für sie wäre

Mittagspause ohne Gedankenspiele (sich verspäten
oder verlieben, angesprochen werden) langweilig; ihr
Lieblingswort ist „Katastrophe"
Informationen über ihr Verhalten/Handlungsmuster:
stellt Freunde zu Hause nicht als Freunde vor; beant-
wortet Fragen mit Fragen; spielt mit Handtasche (Ver-
legenheit); ruft nicht nach der Bedienung, wenn sie
zahlen will, sondern geht hinein u. zahlt an der Theke
Informationen über ihren Beruf/Lebensweisen:
Briefeschreiben, an Schreibmaschine sitzen, Kontakt zu
Eltern, sucht Straßencafé auf

b) *Wenn man das Verhalten der jungen Frau im Straßen-*
café betrachtet, fallen Widersprüchlichkeiten auf.
Einerseits gibt sie sich erwachsen und zielstrebig (z.B.
Z.1 und 14f.), andererseits deuten einige Verhaltens-
weisen darauf hin, dass sie unsicher und nervös ist (z.B.
Z.19f. und Z.37ff.). Einerseits träumt sie davon, von
einem Mann angesprochen zu werden und sich zu
verlieben (Z.21ff.), andererseits hat sie Angst davor
(Z.25ff.).

c) *Mögliche Eigenschaften, auf die im Text eingegangen*
wird:

selbstständig	——————X——————	*unselbstständig*
selbstsicher	—————————————X——	*ängstlich*
einfühlsam	—————————X—————	*nicht einfühlsam*
attraktiv	X———————————————	*unattraktiv*
eigenwillig	——————————————X—	*angepasst*
mit sich übereinstimmend	——————————X—	*widersprüchlich*
zielstrebig	——————X———————	*orientierungslos*

9 *Mögliche Deutung:*
Die Mittagspause wird von der jungen Frau als eine Mög-
lichkeit gesehen, angeschaut und von einem Mann ange-
sprochen zu werden. Gleichzeitig bietet die Mittagspause
für die junge Frau den Raum, verschiedene Denk- und
Handlungsmöglichkeiten auszuprobieren. Das Spiel ist
durch Anreiz und Anstrengung zugleich gekennzeichnet.
Es schließt den Wunsch mit ein, die Langeweile des Alltags
durch eine „Katastrophe" aufzuheben.

10 *Mögliche Deutung:*
Die Eltern, mit denen die junge Frau offenbar noch zusam-
menlebt, begegnen ihrem Verhalten grundsätzlich mit
Verständnis (Z.29f.). Sie haben jedoch Ängste und Be-
fürchtungen in Bezug auf die Bestrebungen ihrer Tochter,
Kontakt zu Männern herzustellen (Z.31) und sich somit
von ihren Eltern abzulösen. In diesem Zusammenhang be-
trachten sie vermutlich auch die Attraktivität ihrer Tochter
mit Sorge (Z.4).

11 *Beispiel für eine Inhaltsangabe:*
Die 1969 erschienene Kurzgeschichte „Mittagspause" von
Wolf Wondratschek handelt von einer jungen berufstäti-
gen Frau, die darauf wartet, dass etwas Einschneidendes in
ihrem Leben passiert.
Die junge Frau sitzt häufig in ihrer Mittagspause allein in
einem überfüllten Straßencafé, trinkt Kaffee, liest eine
Illustrierte und hofft darauf, von einem Mann angespro-
chen zu werden.
Sie macht sich Gedanken um die Akzeptanz ihrer Aufma-
chung und ihres Verhaltens, das offenbar nach ihrer Vor-
stellung dem herrschenden Trend entsprechen soll.
Häufig spielt sie in Gedanken durch, wie sie sich verhalten
würde, wenn ein Mann Kontakt zu ihr aufnehmen würde.
Obwohl ihr diese Vorstellung Angst bereitet, beruhigt die

junge Frau beim gemeinsamen Abendessen ihre grundsätzlich verständnisvollen Eltern, die sich jedoch Sorgen um das Erwachsenwerden ihrer Tochter machen.
Die Geschichte endet damit, dass die junge Frau sich ihres eigenen Wunsches vergewissert, dass etwas Ungewöhnliches passieren möge, das sie aus der Langeweile ihres beruflichen und privaten Alltags befreit.
Die Kurzgeschichte verdeutlicht das widersprüchliche Erleben und Verhalten einer jungen Frau, die auf dem Weg zum Erwachsenwerden und auf der Suche nach ihrer eigenen Identität ist.

Seite 74 – Teste dich!

2 **B** In der Geschichte „Happy End" von Kurt Marti geht   1
es um ein Ehepaar, dessen Beziehung gestört ist.

3 neutral und auktorial   2

4 Zorn (**M**)   Hilflosigkeit (**F**)   Aggression (**M**)   6
Trauer (**F**)   Abwehr (**M**)   Rührung (**F**)

5 **C** Der Mann ist dominant, respektiert die Gefühle   2
seiner Frau nicht und geht nicht auf sie ein.
D Die Beziehung des Ehepaares ist gestört und lieblos.

Seite 76

1

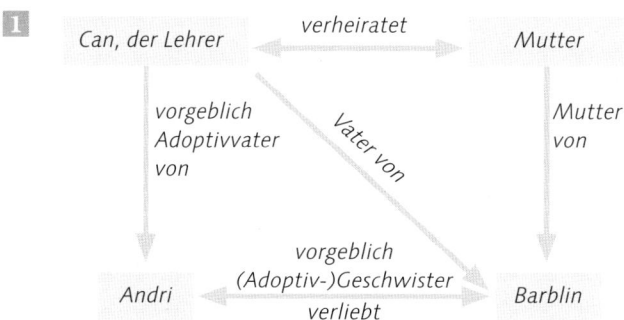

2 Z. 1–43: Andri bittet Vater um Heiratserlaubnis
Z. 44–51: Cans Ablehnung und Barblins Reaktion
Z. 52–85: Intervention der Mutter
Z. 86–101: Verknüpfung der Ablehnung mit Andris Judentum
Z. 102–108: Abbruch des Gesprächs

3 *Vordergründiger Konflikt:* Andris Bitte um Heiratserlaubnis wird von seinem (angeblichen) Adoptivvater abgelehnt, ohne dass dieser verständliche Gründe dafür nennen kann.
Unterschwelliger Konflikt: Der Lehrer hat bisher vor allen verheimlicht, dass er Andris leiblicher Vater ist. Andri fühlt sich als (vermeintlicher) Jude ausgegrenzt und benachteiligt.

4 *Beispiel für den inneren Monolog des Lehrers:*
Was soll ich jetzt nur tun? Ich kann doch nicht zulassen, dass Andri seine eigene Schwester heiratet, das wäre Inzest! Warum habe ich nur all die Jahre geschwiegen, warum war ich zu feige, zuzugeben, dass er mein Sohn ist? Nun bin ich schuld, schuld am Unglück meiner Kinder. Sie werden mich hassen, und von meiner Frau kann ich kein Verständnis erwarten. All meine Lebenslügen rächen sich jetzt. Schweigen ... soll ich weiter schweigen oder endlich die Wahrheit sagen? Ich kann nicht ... wenn ich die Wahrheit sage, werden mich alle verachten. Aus der Gesellschaft ausstoßen. Mein Leben wäre vorbei ...

5 *Verzweiflung:* Lehrer; er will die inzestuöse Beziehung zwischen den Halbgeschwistern Andri und Barblin verhindern, müsste sich dazu aber offenbaren und seine Lebenslüge zugeben
Verzweiflung: Andri, Barblin; beide lieben sich und wollen nicht ohne einander leben
Hysterie: Barblin; sie bricht in Tränen aus, droht mit Selbstmord bzw. damit, sich mit Soldaten abzugeben, und läuft aus dem Zimmer
Verständnislosigkeit: Mutter; sie kann die Weigerung ihres Mannes nicht nachvollziehen, da sie nicht weiß, dass Andri sein leiblicher Sohn ist
Bitterkeit: Andri; er glaubt, dass sein (vermeintlicher) Adoptivvater der Heirat nur deshalb nicht zustimmt, weil er, Andri, (vermeintlich) Jude ist
Bitterkeit: Lehrer; er weiß, dass er sich in eine ausweglose Situation manövriert und seine Familie zerstört hat, daher sucht er Trost und Vergessen im Alkohol

Seite 77

6 Der Arzt heuchelt Bedauern über den Verlauf der Ereignisse, leugnet aber jegliche individuelle und auch kollektive Schuld.

7 a) A: Z. 22–24, B: Z. 10f., C: Z. 14f. u. Z. 34–36

   b) Weitere Strategien:
Hinweis auf die besonderen (politisch-gesellschaftlichen) Umstände zur Zeit der Ereignisse: Z. 26ff.
Leugnung jeglicher Schuld: Z. 8f., Z. 21, Z. 32f.
Betonung der eigenen Gewaltlosigkeit und Friedfertigkeit: Z. 16f., Z. 20, Z. 28–30
Abschwächung der Schuld zu einem „Irrtum": Z. 14f.
Das Geschehene als außerhalb seiner Macht stehend beschrieben: Z. 32 („tragische Geschichte" impliziert, dass es sich um ein nicht beeinflussbares Schicksal handelt), Z. 35f. (auch der „Lauf der Dinge" scheint nicht beeinflussbar)

8 (1) Der Ausdruck „Selbstgespräch" erscheint für die Szene nicht ganz passend, da sich die Rede an ein imaginäres Gericht richtet.
(2) Zutreffend, wie bereits zu (1) ausgeführt.
(3) Der Doktor stellt in seinem „Monolog" das Geschehene – auch für sich selbst – so dar, dass er am Ende frei von Schuld ist. Der seelische Vorgang der Selbstentlastung wird öffentlich gemacht.
(4) Da die Szenen in der Zeugenschranke chronologisch betrachtet erst nach der eigentlichen Handlung des Stückes ablaufen, können sie keinen Einfluss auf diese Handlung haben.

Seite 78 – Teste dich!

1 a) Drohung: Barblin (Selbstmord, Soldaten);   3
Vermittlungsversuch: Mutter;
Verschweigen von Informationen: Lehrer

   b) Andri begründet und erklärt im ersten Teil des   2
Dialogs voller Hoffnung seine Bitte um Heiratserlaubnis weitschweifend und wortreich. Nach der Ablehnung durch den Vater schweigt er überwiegend und drückt seine innere Bewegung im Wesentlichen durch den Satz „Weil ich Jud bin" aus.

2 Die Mutter [...], weil sie glaubt, dass der Lehrer als Mann auf Andri eifersüchtig ist.
Andri [...], weil der Lehrer seine Tochter nicht mit einem Juden verheiraten will.   2

3 widersprüchlich, selbstgerecht, feige, heuchlerisch   4

4 f – r – f – r – r   5

Seite 80

3 Strophe 2: lyr. Ich blickt auf Wellengang am Strand; sehnt sich nach Bewegung/Jagen in den Fluten
Strophe 3: lyr. Ich sieht Schiff in der Ferne; wünscht, Schiff über das Wasser/ein Riff zu steuern
Strophe 4: lyr. Ich erträumt sich freies Dasein (als Jäger, Soldat, Mann); im Gegensatz dazu: stillsitzen (Realität der Frau, der ihr vorgegebenen Rolle)

4 b) Das Gedicht besteht aus vier Strophen mit je acht Versen. Das Reimschema lautet ababdcdc, es handelt sich also um doppelten Kreuzreim. Das Metrum ist steigend, die meisten Verse beginnen mit einem oder zwei Jamben, gefolgt von Anapästen, es finden sich jedoch auch Daktylen und Trochäen (siehe Str. 2, V.14; Str.3, V.20 u. 24; Str.4, V.27, 29, 30, 31). Die Anzahl der Silben variiert zwischen 8 und 11 pro Vers, weibliche u. männliche Kadenzen wechseln sich ab (alternieren).

5 a) **Bewegung:** Sturm (V.3); wühlen, flatternden (V.4); tummeln (V.11); schnellen (V.12); springen (V.13); tobende (V.14); jagen (V.15); wehn (V.17); auf und nieder drehn (V.19); brandende (V.23); streifen (V.24); flattern (V.32)
Kraft: wilder, toller (V.5); kräftig (V.6); ringen (V.8); kämpfenden (V.21); Jäger (V.25); Soldaten (V.26)
Lautstärke: schreienden (V.2); Geklaff und Gezisch (V.11); zischend (V.23); brandend (V.23)

b) „Sturm" (V.3): Freiheit, Leben
„Himmel" (V.28): Gesellschaftsordnung, auf Kirche gestützt
„lösen mein Haar" (V.31): frei sein, sich von Zwängen lösen

c) Im Gegensatz zu der Lebendigkeit, die durch die Wörter der Wortfelder „Bewegung", „Kraft" und „Lautstärke" ausgedrückt wird, beschreiben die Verse 29 und 30 eine Art von Erstarrung, ein braves Stillsitzen. Die Bewegung des lyrischen Ichs findet nur in seinem Inneren statt, seine Seele ist aufgewühlt, äußerlich muss es ruhig und reglos bleiben.

6 a) Zweiteilung: jeweils Vers 1–4: Beschreibung der Situation (auf Balkon mit Blick auf Turm; Blick auf Ufer und Wellen; Blick auf Schiff); dann Vers 5–8 beginnend mit „O …": Sehnsüchte/Wünsche des lyrischen Ichs (Kampf mit dem Wind, Jagd im Wasser, Steuern eines Schiffes bei wildem Seegang)

b) Das lyrische Ich ist eine Frau, die sich wünscht, so frei zu sein wie ein Mann. Sie darf nicht tun, was sie eigentlich möchte, sondern nur davon träumen. Dies entspricht der Lebenswirklichkeit von Droste-Hülshoff: Sie führte ein eingeengtes, an Familie, Religion, gesellschaftliche Normen gebundenes Leben, hatte jedoch den Wunsch nach selbstständiger Entfaltung in Beruf und Liebe.

7 Beispiel für den Hauptteil der Gedichtinterpretation:
Das lyrische Ich steht auf einem Balkon, von dem aus es den Strand und ein Schiff erblicken kann, lässt sich den Wind durch die Haare wehen und verleiht seinen geheimen Wünschen Ausdruck, muss jedoch am Ende erkennen, dass es in seiner konventionellen Rolle gefangen bleibt.
Das Gedicht besteht aus vier Strophen mit je acht Versen. Das Reimschema lautet ababcdcd, es handelt sich also um einen doppelten Kreuzreim. Das Metrum ist steigend, die meisten Verse beginnen mit einem oder zwei Jamben, gefolgt von Anapästen, es finden sich jedoch auch Daktylen und Trochäen (siehe Str. 2, V.14; Str.3, V.20 u. 24; Str.4, V.27, 29, 30, 31). Die Anzahl der Silben variiert zwischen 8 und 11 pro Vers, weibliche und männliche Kadenzen wechseln sich ab.
Die Strophen 1 bis 3 weisen eine Zweiteilung auf. In den jeweils ersten vier Versen beschreibt das lyrische Ich die Situation und seine Beobachtungen der Umwelt, am Anfang des jeweils fünften Verses markiert der Ausruf „O" einen Einschnitt. Nun folgen die Sehnsüchte des lyrischen Ichs. In der ersten Strophe fliegt ein schreiender Star über das lyrische Ich hinweg, und der Wind „wühlt" in den Haaren der Sprecherin. Sie spricht den Sturm an („O wilder Geselle", V.5), möchte ihn „umschlingen" (V.6) und am Abgrund ihre Kräfte mit ihm messen (V.8). Sie sehnt sich nach der Urgewalt des Windes, nach einem Gefühl von Lebendigkeit. In der zweiten Strophe fällt der Blick des lyrischen Ichs nach unten, auf den Strand eines nicht näher bezeichneten Gewässers. Es betrachtet den Wellengang und vergleicht ihn mit „spielende[n] Doggen" (V.10). Die Umgebung ist voller Bewegung und Geräusche („Wellen/Sich tummeln rings mit Geklaff und Gezisch,/Und glänzende Flocken schnellen", V.10–12). Das lyrische Ich möchte sich ins Wasser stürzen („O, springen möcht ich", V.13), ein Teil der Wellen werden und in den Fluten jagen. In der dritten Strophe entdeckt das lyrische Ich in einiger Entfernung („drüben", V.17) ein Schiff, das auf den Wellen schaukelt. Es wünscht sich auf dieses Schiff („O, sitzen möcht ich im kämpfenden Schiff", V.21), sehnt sich danach, es über das Wasser und „Wie eine Seemöwe" (V.24) über ein Riff zu steuern. Auch die vierte Strophe ist zweigeteilt, doch in ihr kehrt sich die Reihenfolge um: Sie beginnt mit den Wünschen des lyrischen Ichs, die in vier Versen im Konjunktiv ausgedrückt werden, danach folgt in vier Versen die Ernüchterung, die Beschreibung der Wirklichkeit. Das lyrische Ich sehnt sich nach einem Dasein als Jäger oder Soldat, es wünscht sich, so frei und selbstbestimmt leben zu können wie ein Mann („Wär ich ein Jäger", V.25; „Wär ich ein Mann", V.27). Doch im Gegensatz zur Freiheit und Lebendigkeit, die in den Strophen 1 bis 3 durch Wörter aus den Wortfeldern „Bewegung", „Kraft" und „Lautstärke" ausgedrückt werden, ist die Realität des lyrischen Ichs von Passivität geprägt: „Nun muss ich sitzen so fein und klar,/Gleich einem artigen Kinde" (V.29–30). In der wirklichen Welt des lyrischen Ichs sind diesem statische Verben zugeordnet, es **steht** auf dem Balkon (V.1) und **betrachtet** seine Umgebung (V.9, 17), es nimmt nicht aktiv an ihr teil. Darüber hinaus gibt es für die Sprecherin nur Gehorsam und Zwang: Sie „**muss** [...] sitzen" (sitzen ist ebenfalls eine passive, statische Tätigkeit) und darf sogar ihre Frisur nur „heimlich lösen" (V.31), um ihr Haar im Wind flattern zu lassen. Zur damaligen Zeit galt es für Frauen als sehr unschicklich, das Haar offen zu tragen. Der Ton der letzten vier Verse klingt verbittert, das lyrische Ich vergleicht sich mit einem „artigen Kinde" (V.30) – es ist sich bewusst, dass sein Leben von Zwängen bestimmt wird und es keine Mög-

8 Beispiel für die Einleitung:
In dem Gedicht „Am Turme" von Annette von Droste-Hülshoff aus dem Jahr 1842 geht es um die Sehnsucht eines weiblichen lyrischen Ichs nach Freiheit und einem selbstbestimmten Leben.

9 Beispiel für den Schluss:
In diesem Gedicht ist das lyrische Ich durchaus mit Annette von Droste-Hülshoff gleichzusetzen, denn seine Situation entspricht derjenigen der Dichterin. Sie führte ein eingeengtes, an Familie, Religion und gesellschaftliche Normen gebundenes Leben, doch ihre Gedankenwelt ging weit über diese Grenzen hinaus. Gerade aus „Am Turme" spricht ihr Wunsch nach Eigenständigkeit und freier Entfaltung.

lichkeit hat, diesen zu entfliehen. Ein bewegtes, freies, erfüllendes Leben kann es nur in Gedanken, Träumen und in seiner Fantasie führen.

Seite 81 – Teste dich!

1

Inhaltlicher Aufbau	Formale Gestaltung	Sprachliche Mittel	14
Überschrift, Motive, Situation/ Handlung, Haltung des lyrischen Ichs, Thema	Strophenbau, Gedichtform, Metrum, Rhythmus, Reimschema	rhetorische Mittel, Bildlichkeit, Satzbau, Wortwahl	

2 fünf Strophen mit je vier Versen   4
Kreuzreim (mit zwei unreinen Reimen in V. 3 und V. 19)
3-hebiger Jambus
Wechsel von männlicher und weiblicher Kadenz

3 a) Der zerbrochene Ring ist ein Symbol für die   1
zerbrochene Liebe/Beziehung, für die Untreue der Liebsten. Er ist nicht mehr rund, hat nun einen Anfang und ein Ende – genau wie die Beziehung.

b) Das Mühl(en)rad mit seiner immer gleichen   1
Bewegung steht für die Gedanken des lyrischen Ichs, die ständig um seine verlorene Geliebte kreisen.
Das Bild vom Mühl(en)rad tritt in der ersten und   1
letzten Strophe auf, um zu verdeutlichen, dass das lyrische Ich immer wieder über seine ehemalige Geliebte nachdenkt. Es bildet eine Art Rahmen für das Gedicht.

Lernstandstest

Seite 84

1 B

2 B

3

	richtig	falsch
A		X
B	X	
C		X
D	X	
E	X	
F	X	
G	X	
H		X

4 A

5 C

Seite 85

6 A

7 a) Satz A: Konjunktiv II
Satz B: Konjunktiv I („sei")
Konjunktiv II („sähe")

b) „Siehst du denn nicht, dass der Teller zu klein ist?"

Seite 86

8 D

9 B

Seite 87

10 C

11 Zum ersten Abschnitt passen folgende Überschriften: B, C
Begründung „Erfolgreich im Job": Der Mann zeigt stolz seine Broschüren, verweist auf die Vielfältigkeit seiner beruflichen Aufgaben (Z. 1–8) und spricht voller Eifer von seinem Job (Z. 17f.). Den Begriff „Erfolg" führt er in Bezug auf seinen Job zweimal an (Z. 14f).
Begründung „Aussteigen oder anpassen": Die Vorstellungen der Frau und des Mannes vom (Berufs-)Leben weichen voneinander ab: Für sie kam ein Beruf wie seiner nicht in Frage, sie träumte eher davon, fernab der Zivilisation zu leben, also auszusteigen. Er hat sich eher an die Erfordernisse des Berufslebens angepasst.

Zum zweiten Abschnitt passen folgende Überschriften: A, D
Begründung „Gescheiterter Traum": Eigentlich wollte der Protagonist Schriftsteller werden (Z. 73ff.); sein Versuch zu schreiben scheiterte (Z. 65f.); der Erfolg eines Freundes als Schriftsteller macht ihn neidisch (Z. 93ff.).

Begründung „Einsicht und Befreiung": Durch seine Einsicht, nicht schreiben zu können, ist seine Entscheidung für seinen jetzigen Job klarer. Er muss „nichts mehr beweisen", fühlt sich dadurch erleichtert und von einer überzogenen Fantasie befreit (Z.67ff.).

12 a) Alle drei Antworten sind möglich.

b) Mögliche Begründungen:
ja: Er äußert seine Zufriedenheit mit seinem Job, indem er „mit wachsendem Eifer" (Z.17f.) betont, wie sehr dieser ihm „am Herzen" liege (Z.9f.), dass er damit Einfluss habe (Z.10ff.), dass der Job Einfühlungsvermögen (Z.12f.) und Offenheit (Z.16) verlange sowie Unabhängigkeit (Z.49f.) biete. Außerdem spricht er von der „Erleichterung" und der „Befreiung" (Z.70f.), die ihm die Entscheidung für den Job gebracht hat.
nein: Das begeisterte Sprechen über seinen Job klingt eher so, als müsse er sich die Zufriedenheit mit seiner Arbeit selbst einreden. Er hat das Gefühl, sich „rechtfertigen zu müssen" (Z.19). Eigentlich hätte er sich lieber für eine andere Tätigkeit entschieden, dieser Gedanke lässt ihn nicht los (Z.60f.). Er zweifelt, ob er nicht anders hätte erfolgreich werden können (Z.97ff., Z.103). Seine Fantasie, Schriftsteller zu sein, muss er „wegwischen" (Z.100).
teils/teils: Die Entscheidung für seinen Job ist „mehr aus Zufall denn aus freier Willensentscheidung" gefallen (Z.46), er hat sie aber akzeptiert und angenommen (Z.83f.). Er trauert einerseits seiner versäumten Chance nach, ist andererseits aber froh, „nichts mehr beweisen" zu müssen (Z.78).
Einerseits äußert der Mann seine hohe Zufriedenheit mit seinem Job, andererseits hat er Zweifel, ob er mit seiner Berufswahl die richtige Entscheidung für sein Leben getroffen hat: Die Aspekte unter „ja" und unter „nein" sind fast gleichgewichtig und können nebeneinandergestellt werden.

13 selbstüberzeugt, entschlossen, neidisch, aufgeregt

14 D

15 Ich muss jetzt nichts mehr beweisen, **weil/da** mein Leben nicht länger aus dieser überhitzten, größenwahnsinnigen Fantasie besteht.

Seite 89

16 Abschnitt 1: Fragestellung und Ziel der Untersuchung
Abschnitt 2: Erfahrungen durch das Fernsehen
Abschnitt 3: Unterhaltung statt Information
Abschnitt 4: Verteilung der Berufe in Soaps und in der Realität
Abschnitt 5: Berufe in verschiedenen Sendungen
Abschnitt 6: Hinweise für Berufsberater

unpassend: Ursachen beruflicher Fehlentscheidungen, Beliebte Fernsehserien

Seite 90

17 D

18 B oder C (treffen beide zu)

19

	richtig	falsch
Die Soaps zeigen ein vollkommen falsches Bild der Berufsrealität.		X
Die Soaps verstärken den Berufsbereich, der in der Realität am häufigsten vertreten ist.	X	
Der Bergbau wird in Soaps mit zu den Dienstleistungen gezählt.		X
In der Soap-Realität und in der Berufsrealität ist die Land-, Tier-, Forstwirtschaft am geringsten vertreten.		X
In der Soap-Realität werden weniger Berufe gezeigt, als es in Wirklichkeit gibt.	X	
Fast 90 % der im Unterhaltungsfernsehen gezeigten Berufe sind Dienstleistungsberufe.	X	
34,6 % der Berufe gehören nicht dem Dienstleistungsbereich an.	X	
Kaum jemand möchte in Wirklichkeit in der Forstwirtschaft arbeiten.		X

20 B

Seite 91

21 **Begründung für A:** Das Schaubild zeigt eine Kette von Ursache und Wirkung: Fernsehsendungen zeigen einschlägige Berufe, die dadurch zu Trends werden. An diesen Trends orientieren sich Jugendliche dann bei der Berufswahl.
Begründung für B: Das Schaubild zeigt den Jugendlichen im Gefüge der verschiedenen Instanzen, die ihn bei seiner Berufswahl beeinflussen. Neben der Berufsrealität sind dies vor allem die Medien und hier neben informativen auch unterhaltende Fernsehsendungen.
Begründung für C: Dieses Schaubild zeigt, dass die Berufswünsche Jugendlicher sich ausschließlich an der Darstellung in den Medien orientieren. Die Berufsrealität steht unberücksichtigt daneben. Da der Text dies so nicht thematisiert, ist C weniger geeignet.

Seite 92

22 Beispiele für Ergänzungen: alle der Meinung/einstimmig der Meinung/sich darüber einig

23 Beispiele für Ergänzungen: enorm wichtige, ungemein wichtige, äußerst wichtige, außerordentliche, unermessliche, herausragende, bedeutende

24 B

25 A

Seite 93

26 a) B

b) Z.57–63, 118: journalistische, künstlerische Berufe, Gesundheitsdienstberufe (Arzt, Krankenschwester, Berufe im medizinischen Arbeitsumfeld), Sozial- und Erziehungsberufe, Gastronomie, geisteswissenschaftliche Berufe, Polizei (Ordnungs- und Sicherheitsberufe), Marine (Z.99), Sänger (Z.102) weitere Berufe aus Fernsehserien, z.B.: Rechtsanwalt, Richter, Gerichtsmediziner

c) Die meisten in Soaps dargestellten Berufe stammen aus dem Dienstleistungsbereich. Da sie viel mit Menschen zu tun haben, bergen sie Konfliktpotenzial.

d) **Pro:** Z.2–7: Es ermöglicht ihnen, sich mit verschiedenen Berufen auseinanderzusetzen, bevor sie eine Berufsentscheidung treffen. So können sie sich ein Bild über mögliche Berufe machen und diese mit ihren Berufswünschen vergleichen.
Z.24f: Gerade Vielseher nutzen das Medium, um sich ein Bild über Lebensbereiche zu machen, die sie selbst nicht erfahren können.
Kontra: Z.38f.: Damit findet Berufsthematisierung überwiegend in Formaten statt, deren Ziel nicht ausgewogene Berichterstattung und Vermittlung von Informationstiefe ist, sondern unterhaltende Darstellung.
Z.47ff.: Diese Präferenz für zeigende statt diskursive Thematisierung ist typisch für das visuelle Medium Fernsehen [...]. Eine kontroverse Diskussion von beruflichen Themen findet im Fernsehen entsprechend kaum statt.

e) **Pro, z.B.:**
1. Soaps zeigen eine Vielzahl an Berufen, vor allem aus dem Dienstleistungsbereich.
Man erhält ein umfassendes Bild eines Berufes, das man aus eigener Erfahrung so nicht gewinnen kann, z.B. Kriminalkommissar, Rechtsmediziner (zentrale Aufgaben, Arbeitsplatz, Arbeitsbedingungen etc.)
2. Man erfährt, mit welchen möglichen Konflikten und welchen – auch existenziellen – Situationen man in bestimmten Berufen konfrontiert werden kann, z.B. Beziehungsgefüge im Job (Verhältnis der Kollegen zueinander, Verhältnis zum Chef, besondere Herausforderungen).

Kontra, z.B.:
1. Soaps zeigen Berufe in der Regel oberflächlich, anstatt ihre Realität objektiv und vertiefend darzustellen (z.B. der Job als Krankenschwester in „Verliebt in Berlin"). So entsteht ein einseitiges Bild der Berufsrealität.
2. Soaps stellen Szenen aus der Berufswelt aus Gründen der Unterhaltung überhöht und damit verzerrt dar (z.B. Explosionen und wilde Verfolgungsjagden als Alltagsrealität der Polizei).
3. Soaps nutzen Berufe aus der Welt der Dienstleistungen aus dramaturgischen Gründen. In diesen Berufen steht der Umgang mit Menschen im Vordergrund, weil er spannendes Konfliktpotenzial enthält. Dramatische Situationen, z.B. rund um die Rettung von Leben (Arztserien) oder unter Einsatz des Lebens (z.B. Polizei), lassen sich im Rahmen dieser Berufe gut darstellen. In der Realität geht es in diesen Berufen aber fast nie dramatisch zu, sondern es herrscht viel Routine.

f) Markiere in deinem Text durch Querlinien: Einleitung, Hauptteil, Schluss.
Unterstreiche Pro- und Kontra-Argumente verschiedenfarbig und verschaffe dir Klarheit über die Anordnung der Argumente: „Sanduhr-" oder „Pingpong-Prinzip"?

Hinweis: Deine Notizen auf Seite 93 sind Vorarbeiten für deine Erörterung. Sie werden nicht direkt ausgewertet, gehen aber als Aspekte in die Bewertung ein.
Bearbeite deinen Text nach folgendem Auswertungsraster: Notiere dir zu jedem Aspekt, den du erfüllt hast bzw. den du als gelungen bewertest, Punkte in der Spalte „erfüllt". Je nach Lösungsqualität kannst du die volle Punktzahl, nur Teilpunkte oder keine Punkte anrechnen.
Vielleicht kann dir eine Mitschülerin oder ein Mitschüler, die/der mehr Abstand zu deinem Text hat, bei der Beurteilung helfen.

Wesentlicher Aspekt der Aufgabe Du ...	erfüllt	Punkte insgesamt
– verarbeitest alle wesentlichen Argumente und Gegenargumente und wägst dabei die Gründe, die für die These sprechen, und diejenigen, die dagegen sprechen, sinnvoll ab.		3
– entscheidest dich für eine Position, arbeitest deine eigene Meinung heraus.		2
– gewichtest deine Argumente sinnvoll (z.B. dein stärkstes Argument zuletzt).		3
– gliederst deine Erörterung: Einleitung, z.B. mit Bezug zur Untersuchung (Text), zu eigenen Erfahrungen, zur Bedeutung des Themas für Jugendliche; Hauptteil mit der Argumentation und mit Beispielen; Schluss, z.B. Zusammenfassung, Gewichtung, Schlussbemerkung.		6
– strukturierst den Argumentationsgang nach einem Prinzip dialektischer Argumentation („Sanduhr-" oder „Pingpong-Prinzip").		4
– stützt deine Argumente durch Beispiele und/oder Belege.		2

Argumentation/Aufbau

25

Wesentlicher Aspekt der Aufgabe	erfüllt	Punkte
Du …		*insgesamt*

<table>
<tr><td rowspan="3">*Schreibstil*</td><td>– verwendest eher Satzgefüge (Haupt- und Nebensatz) als einfache Hauptsätze.</td><td></td><td>2</td></tr>
<tr><td>– verknüpfst deine Sätze logisch sinnvoll durch verschiedene Konjunktionen und Adverbien (z.B. **weil, deswegen, obwohl, außerdem, allerdings, demnach, während, einerseits – andererseits, zwar – aber**).</td><td></td><td>4</td></tr>
<tr><td>– schreibst sachlich, vermeidest umgangssprachliche Formulierungen und unnötige Füllwörter (z.B.: ja, wirklich, irgendwie, dann …).</td><td></td><td>2</td></tr>
<tr><td rowspan="3">*Adressatenbezug*</td><td>– nennst Gründe, warum das Thema für Jugendliche interessant ist; gehst auf die Aufgabenstellung ein.</td><td></td><td>1</td></tr>
<tr><td>– argumentierst zielgerichtet, bleibst beim Thema, schweifst nicht ab.</td><td></td><td>1</td></tr>
<tr><td>– argumentierst überzeugend mit anschaulichen Beispielen.</td><td></td><td>2</td></tr>
<tr><td rowspan="4">*Schreibregeln*</td><td>– wählst einen übersichtlichen und verständlichen Satzbau.</td><td></td><td>2</td></tr>
<tr><td>– machst nur wenige grammatische Fehler.</td><td></td><td>2</td></tr>
<tr><td>– machst nur wenige Rechtschreib- und Zeichensetzungsfehler.</td><td></td><td>3</td></tr>
<tr><td>– setzt Absätze, wenn ein neuer Sinnabschnitt beginnt.</td><td></td><td>1</td></tr>
<tr><td>**Gesamtpunktzahl**</td><td></td><td></td><td>40</td></tr>
</table>

Seite 94 und 95

27 *Satz 2: Fehler 2*
Satz 3: Fehler 1
Satz 4: Fehler 4
Satz 5: Fehler 2
Satz 6: Fehler 3
Satz 7: Fehler 4

28 9. *Schon in älteren Generationen beeinflusste das Geschlecht und nicht etwa andere Sachen das Interesse an bestimmten Berufen.*
Fehler Nr. 3
verbesserte Formulierung: Schon in älteren Generationen beeinflusste das Geschlecht und nicht etwa andere Aspekte wie z.B. Schulbildung oder Alter das Interesse an bestimmten Berufen.

10. *Das Kölner Institut der deutschen Wirtschaft, das jetzt die Ergebnisse einer Umfrage veröffentlichte, das herausfand, dass das, was Jugendliche privat interessiert, auch in den Traumberufen sich niederschlägt.*
Fehler Nr. 1
verbesserte Formulierung: Das Kölner Institut der deutschen Wirtschaft, das jetzt die Ergebnisse einer Umfrage veröffentlichte, fand heraus, dass sich die privaten Interessen der Jugendlichen auch in den Traumberufen niederschlagen.

11. *Jungen interessieren sich fast nur für technische Berufe. Jungen wollen z.B. Informatiker werden.*
Fehler Nr. 2
verbesserte Formulierung: Jungen interessieren sich fast nur für technische Berufe; sie wollen z.B. Informatiker werden.

12. *Mädchen stehen eher auf uncoole Berufe wie z.B. Stewardess.*
Fehler Nr. 4
verbesserte Formulierung: Mädchen interessieren sich eher für Berufe wie z.B. Stewardess.

13. *Auf den ersten Plätzen der Mädchen-Traumberufe finden sich Traumberufe wie Ärztin oder Designerin.*
Fehler Nr. 2
verbesserte Formulierung: Auf den ersten Plätzen der Mädchen-Traumberufe finden sich die Ärztin oder die Designerin.

14. *Die Hälfte der Mädchen gibt in der Umfrage aber an, dass die Beschäftigung mit Technik für den Erfolg in allen wichtig ist.*
Fehler Nr. 3
verbesserte Formulierung: Die Hälfte der Mädchen gibt in der Umfrage aber an, dass die Beschäftigung mit Technik für den Erfolg in allen Berufsbereichen wichtig ist.

15. *Das Internet, das hier wohl mit Technik gemeint ist, in allen Berufen spielt es heute eine wichtige Rolle.*
Fehler Nr. 1
verbesserte Formulierung: Das Internet, das hier wohl mit Technik gemeint ist, spielt heute in allen Berufen eine wichtige Rolle.

16. *Die Mädchen können genauso gut mit dem Internet umgehen wie die Jungen mit dem Internet.*
Fehler Nr. 2
verbesserte Formulierung: Die Mädchen können genauso gut mit dem Internet umgehen wie die Jungen.

17. *Man kann's voll vergessen, dass die beruflichen Interessen der Geschlechter bald einheitlich werden.*
Fehler Nr. 4
verbesserte Formulierung: Es ist nicht zu erwarten, dass die beruflichen Interessen der Geschlechter bald einheitlich werden.

Punkteverteilung

Nr.	Aufgabenstellung	Punkte
A1	**Literarische Texte verstehen**	**12**
1	Multiple-Choice	2 Punkte für das richtig gesetzte Kreuz
2	Multiple-Choice	2 Punkte für das richtig gesetzte Kreuz
3	Richtig – Falsch	4 (je ½ Punkt für das richtig gesetzte Kreuz)
4	Multiple-Choice	2 Punkte für das richtig gesetzte Kreuz
5	Multiple-Choice	2 Punkte für das richtig gesetzte Kreuz
B1	**Nachdenken über Sprache**	**7**
6	Multiple-Choice	2 (je 1 Punkt für die richtige Tempusform)
7a	Konjunktiv	3 Punkte für das richtig gesetzte Kreuz
7b	Direkte Rede	2 Punkte für die richtige Formulierung
A2	**Literarische Texte verstehen**	**20**
8	Multiple-Choice	2 Punkte für das richtig gesetzte Kreuz
9	Multiple-Choice	2 Punkte für das richtig gesetzte Kreuz
10	Multiple-Choice	1 Punkt für das richtig gesetzte Kreuz
11	Begründung Überschriften	6 (je 3 Punkte für die Begründung)
12	Begründung	5 für die Begründung
13	Eigenschaften	4 (je 1 Punkt für das richtig gesetzte Kreuz)
B2	**Nachdenken über Sprache**	**4**
14	Multiple-Choice	2 Punkte für das richtig gesetzte Kreuz
15	Satzgefüge	2 Punkte für den richtig formulierten Satz
A3	**Sachtexte verstehen**	**22**
16	Zuordnung Überschriften	6 (je 1 Punkt für die richtige Zuordnung)
17	Multiple-Choice	2 Punkte für das richtig gesetzte Kreuz
18	Multiple-Choice	2 Punkte für das richtig gesetzte Kreuz
19	Richtig – Falsch	4 (je ½ Punkt für das richtig gesetzte Kreuz)
20	Multiple-Choice	2 Punkte für das richtig gesetzte Kreuz
21	Schaubilder, Begründung	6 Punkte für die Begründung
B3	**Nachdenken über Sprache**	**8**
22	Lückensatz	2 Punkte für die richtige Ergänzung
23	Lückensatz	2 Punkte für das richtig eingesetzte Wort
24	Multiple-Choice	2 Punkte für das richtig gesetzte Kreuz
25	Multiple-Choice	2 Punkte für das richtig gesetzte Kreuz
C	**Schreiben: Erörtern**	**40**
26	Dialektische Erörterung	40 Punkte (Verteilung: s. Hinweise S.25f.)
D	**Textüberarbeitung**	**24**
27	Fehler erkennen	6 Punkte (je 1 Punkt für den richtig erkannten Fehler)
28	Fehler erkennen und überarbeiten	18 (1 Punkt für den Fehler, 1 Punkt für die neue Formulierung)
	Summe	**137**

Punkteverteilung insgesamt auf die Bereiche

A	Texte verstehen	54
B	Nachdenken über Sprache, Rechtschreibung	19
C	Schreiben: Erörtern	40
D	Textüberarbeitung	24

Bewertungsschlüssel

Textverstehen	54–43 Punkte	42–29 Punkte	28–0 Punkte
Nachdenken über Sprache	19–11 Punkte	10–6 Punkte	5–0 Punkte
Schreiben: Erörtern	40–30 Punkte	29–20 Punkte	19–0 Punkte
Textüberarbeitung	24–18 Punkte	17–11 Punkte	10–0 Punkte
	Du löst die Aufgaben hervorragend.	Einiges gelingt dir recht gut, manches musst du aber noch einmal üben.	Du musst vieles wiederholen und noch einmal gründlich üben.
	Vielleicht siehst du dir aber trotzdem noch einmal die Stellen an, an denen du dich noch verbessern kannst.	Versuche, anhand des Testes Fehlerschwerpunkte zu entdecken, damit du gezielt wiederholen kannst.	Vielleicht überlegst du auch gemeinsam mit deinen Eltern oder deinem Lehrer/deiner Lehrerin, wo besondere Fehlerschwerpunkte liegen und wie du vorgehen kannst, um dich zu verbessern.
Gesamt	137–102 Punkte	98–66 Punkte	62–0 Punkte

P943357

TIPP

Kriterien zur Beurteilung von Internetquellen:
- **Urheberschaft:** Verfasser/Herausgeber genannt? Universitäten oder Ministerien bieten meist seriöse Informationen an. Firmen (_.com) verfolgen oft wirtschaftliche Interessen. Private Seiten können sehr subjektiv sein.
- **URL:** Welche Angaben (z. B.: Dienst, Land, Domain)?
- **Aktualität und Kontinuität:** Seite „gepflegt", d. h. regelmäßig aktualisiert? Links aktiv und aktuell? Website längerfristig greifbar?
- **Aufbau:** Übersichtlich, verständlich und gut gegliedert? Ziel der Darstellung deutlich?
- **Referenzen:** Handelt es sich um einen Originalbeitrag? Sind Übernahmen korrekt zitiert? Beziehen sich andere Websites auf die gefundene Seite?

5 a) Lege ein Rechercheprotokoll nach folgendem Muster an. Arbeite im Heft.
b) Entscheide dich für ein Suchwerkzeug, z.B. Suchmaschinen (Google, Yahoo o. Ä.), Web-Kataloge, Weblogs oder Newsgroups. Gib als Suchbegriff „Gärtner" ein. Wähle drei Websites aus, trage sie ins Rechercheprotokoll ein und bewerte sie anhand der im Tipp genannten Kriterien.

Rechercheprotokoll: Internet

Suchwerkzeug	Suchbegriff	aufgerufene URL	Information	Datum	Bewertung
Google	Gärtner	http://...	...	...	...
(Suchmaschine)	...	...	...	...	...
...	...	...	...	...	...

ARBEITSTECHNIK

Ein Quellenverzeichnis anlegen
Bei der Informationsbeschaffung greift man in der Regel auf mehrere **Quellen** (z. B. Texte oder Grafiken) zurück. Diese müssen am Schluss des Portfolios präzise angegeben werden, vor allem auch, wenn man zitiert. Dies gilt auch für Referate, Facharbeiten usw.

Unterscheide im Quellenverzeichnis nach Herkunft der Quelle. Achte auf eine formal einheitliche Darstellung.

Angabe eines Buches:
Name, Vorname: Titel. (ggf. Untertitel.) (ggf. In: Titel des Buches, in dem der Beitrag erschienen ist). (ggf. Hrsg.). Verlag, Erscheinungsort(e) und -jahr, Seite

Seipel, Holger: Fachkunde für Garten- und Landschaftsbau. Handwerk + Technik, Hamburg 2007

Angabe eines Zeitschriften-/Zeitungsartikels:
Name, Vorname: Titel. (ggf. Untertitel.) In: Name der Zeitung/Zeitschrift, Nr. der Ausgabe, Jahr, Seite

Scherff, Dyrk: Felsendusche und Schwimmteich. In: Frankfurter Allgemeine Sonntagszeitung, Nr. 15, 2006, S. 57

Angabe einer Internetquelle:
Name, Vorname: Titel. URL (genaue Internetadresse), Datum der letzten Recherche auf dieser Seite

Drechsler, Helmut: Betrieb für Garten- und Landschaftsbau. http://www.galabau-drechsler.de, 18. 11. 2007

6 Rufe die URL http://berufenet.arbeitsagentur.de auf. Öffne die Seite Berufsbild „Gärtner/in – Garten und Landschaftsbau". Klicke den Link „Informationsquellen" in der Navigationsleiste an.
Gib zwei Bücher für dein Quellenverzeichnis an. Achte auf die formale Darstellung.

Ein Experteninterview führen

Interviews lassen einen Beruf oder einen anderen Zusammenhang oft in einem anderen Licht erscheinen als offizielle Informationen. Sie sind persönlich und haben eine eingeschränkte Perspektive, sind aber andererseits treffend und echt (authentisch). Als Quelle können Interviews grundlegende Informationen zwar nicht ersetzen, aber doch anschaulich ergänzen.

Gelungene Interviews zeichnen sich durch eine gute **Fragetechnik** aus:

☐ Stelle offene Fragen (W-Fragen). Zu enge Fragen lassen als Antwort nur ja oder nein zu.

☐ Vermeide Suggestivfragen, weil sie eine bestimmte Antwort unterstellen.

☐ Verzichte auf Doppelfragen. Erfrage immer nur einen Informationsbereich.

☐ Stelle keine wertenden Fragen, damit dein Gegenüber frei sprechen kann.

7 *Lies die Antworten des folgenden Experteninterviews.*

Interview mit Rieke Behl (24), Gärtnerin im Garten- und Landschaftsbau, vom 27. Juli 2007 im Gartenbaubetrieb Hansen & Welter GbR, Schneverdingen. Das Interview führte Katharina Heinze, Uhrzeit: 12.00 Uhr bis 12.30 Uhr.

5 **Frage 1:** _____

_____

Rieke Behl: Wir gestalten viele schöne Sachen, die das Leben schöner machen. Unser Angebot reicht von A wie Abfallaufsammeln bis Z wie Zaunmontage. Bei dem, was wir tun, geht's ums Pflanzen und Pflegen, aber auch ums Pflastern oder Asphaltieren. Wir verlegen auch mal Kanalrohre. Wir könnten auch Brunnen und Teiche bauen oder eine Dachbegrünung vornehmen. Manchmal bauen wir auch nur was ab! Wir machen natürlich auch so Sachen wie Bäume in zwanzig Metern Höhe mit dem Hubsteiger fällen oder im strömenden Regen riesengroße Rhododendren pflanzen oder in sengender Hitze Unkraut jäten.

Frage 2: _____

_____

Rieke Behl: Einen ganz typischen Arbeitsablauf gibt's nicht wirklich, weil wir ja ständig was anderes machen. Aber einige Sachen bleiben immer gleich: Um sieben Uhr geht's los. Da muss man vielleicht das Auto ab- oder beladen. Dann ist Abfahrt zur Baustelle und dann Arbeiten angesagt. Zwischen neun und halb zehn gibt's Frühstück und zwischen zwölf und halb eins ist Mittagspause. Die offizielle Arbeitszeit endet gegen 16 Uhr. Aber es kommt auch schon mal vor, dass wir mal länger machen, weil eine Baustelle fertig werden muss. Manchmal sind nur ein paar Kleinigkeiten zu tun, zum Beispiel Reparaturen, und dann hat man an einem Tag schon mal drei Baustellen!

Frage 3: _____

_____

Rieke Behl: Ich habe in der neunten Klasse ein dreiwöchiges Schulpraktikum als Gärtnerin gemacht. Der Betrieb war angeblich ein GaLa-, also Garten- und Landschaftsbau-Betrieb, kam mir aber vor wie eine Ziergärtnerei. Hat schon auch Spaß gemacht, aber damals war es nicht das Wahre für mich. Vier Jahre lang habe ich danach einen Ausflug in die soziale Richtung gemacht – stellte aber fest, dass das eigentlich nichts für mich war. Ich wollte gern was Praktisches tun. Wo's was zum Handwerken gibt. So kam ich wieder auf den Gärtner, diesmal war's aber echt GaLa-Bau. Zuerst hab ich mich auch noch als Tischler und Mechaniker für Zweiräder bewerben wollen, nur gab's keine Ausbildungsplätze mehr. Jetzt bin ich froh drüber, der GaLa-Bau macht Riesenspaß.

Frage 4: _____

_____

_____

Rieke Behl: Manches können wir Frauen einfach nicht, weil wir körperlich nicht dazu gebaut sind. Manchmal braucht man einfach viel Kraft. Wegen der hohen körperlichen Belastungen können viele diesen tollen Beruf auch nicht bis zur Rente durchziehen. Aber ich finde, die männlichen Kollegen behandeln uns fair. Wenn wir Frauen nicht genug Kraft für einen Job haben, übernimmt den eben einer der Kollegen. Deswegen werden wir aber nicht runtergemacht oder so. Und wenn doch, muss man einfach schlagfertig kontern – da ist Frauenpower gefragt.

Frage 5: _____

_____

_____

Rieke Behl: Erst mal würde ich mich über den Betrieb, in dem ich lernen will, erkundigen. Am besten ein Praktikum da machen. Vor allem sollte man darauf achten, wie da mit einem selbst, aber auch mit den zukünftigen Kollegen umgegangen wird. Und was das Körperliche angeht, muss man schon mal im Voraus ein bisschen Sport treiben, um Kondition zu bekommen. Die ersten Wochen sind die schwersten! Und man darf keinen „Ekel" davor haben, dreckig zu werden, oder Panik vor blauen Flecken haben!

8 a) *Füge die inhaltlich passenden Fragen in das Interview ein. Wähle aus den folgenden Fragen aus und schreibe auf die Schreiblinien auf S. 6–7 im Text.*

1. Spielt Teamfähigkeit in Ihrem Beruf eine Rolle und klappt das immer unproblematisch? ☐

2. Wie gestaltet sich Ihr Arbeitstag? ☐

3. Sie glauben sicher auch, dass man in diesem Beruf nicht alt wird? ☐

4. Hören Sie mittlerweile schon das Gras wachsen? ☐

5. Welche Rolle spielt es, dass Sie eine Frau in einem eher männertypischen Beruf sind? ☐

6. Gibt es auch mal Pausen in Ihrem Job? ☐

7. Was würden Sie jemandem empfehlen, der Ihren Beruf auch erlernen möchte? ☐

8. Das ewige Dreckigsein macht Ihnen sicher auch zu schaffen, oder? ☐

9. Warum sind Sie gerade auf diesen Beruf gekommen? ☐

10. Finden Sie die blöden Sprüche über Frauen in Ihrem Beruf nicht auch unmöglich? ☐

11. Was macht eine Gärtnerin im Garten- und Landschaftsbau? ☐

b) *Schau dir die Fragen an, die nicht in das Interview eingebracht wurden. Trage im Kästchen dahinter ein, um welche Art von Frage es sich handelt.*

A *Suggestivfrage*   B *W-Frage (offene Frage)*   C *zu enge Frage*   D *Doppelfrage*   E *wertende Frage*

c) *Die Antworten auf die Interviewfragen von Katharina Heinze sind sehr umfassend. Dies hängt mit der Fragestellung zusammen. Begründe im Heft, inwiefern.*

9 *Anschließend reflektiert Katharina Heinze ihre Interviewführung. Notiere drei weitere Fragen, die ihr dabei helfen könnten. Arbeite im Heft.*

1. War meine Vorbereitung auf das Interview so gut, dass ich präzise fragen konnte?

2. ...

ARBEITSTECHNIK

Protokollieren

Für ein Protokoll gibt es eine festgelegte äußere Form:

☐ einen **Protokollkopf** mit dem Titel der Veranstaltung, dem Datum, der Uhrzeit, dem Ort, den Namen der Anwesenden und des Protokollanten/der Protokollantin sowie dem Thema,

☐ einen **Hauptteil,** gegliedert nach Tagesordnungspunkten (TOPs),

☐ einen **Schluss** mit Datum des Tages, an dem das Protokoll geschrieben wurde, und der Unterschrift des Protokollanten.

Ein **Ergebnisprotokoll** wird im Präsens verfasst. Es dient der kurzen und übersichtlichen Dokumentation und ist geeignet, wichtige **Arbeitsresultate** im Portfolio festzuhalten. Man kann es sachlogisch strukturieren, also verschiedene Aussagen zu einem Themenaspekt zusammenfassen, auch wenn sie zeitlich getrennt diskutiert wurden.

10 *Verfasse ein Ergebnisprotokoll zum Interview mit Rieke Behl (S. 6–7). – Vervollständige das Protokollformular in Stichwörtern und formuliere diese im Heft zu knappen Zusammenfassungen aus.*

Veranstaltung: *Interview mit Rieke Behl (Gärtnerin im Garten- und Landschaftsbau)*

Datum: _____

Uhrzeit: _____

Ort: _____

Gesprächsteilnehmer: _____

Thema: *Berufsbild „Gärtner/in im Garten- und Landschaftsbau"* _____

Protokollant/in: _____

TOP 1: _____

_____

TOP 2: _____

_____

TOP 3: _____

_____

TOP 4: _____

_____

TOP 5: _____

_____

Datum, Unterschrift Protokollant/in _____

Lineare (steigernde) Erörterung

Eine Erörterung ist die schriftliche Form der Argumentation.
Der linearen (steigernden) Erörterung liegt häufig eine mit „W" beginnende **Frage** zu Grunde, z. B.:
„Warum ist Baumwolle für Kleidung so beliebt?" Bestimmte Signalwörter weisen auf eine lineare
Erörterung hin, z. B.: „Begründe, ...", „Zeige auf, ...", „Weise nach, ...", „Nenne Argumente, ..." usw.
Die lineare Erörterung vertritt oder verwirft eine These. Man bezieht eindeutig Position.

Den Hauptteil erarbeiten
Im Hauptteil einer linearen bzw. steigernden Form der Erörterung wird die eigene Position ausgearbeitet
und begründet. Während der Stoffsammlung werden alle wichtigen Gesichtspunkte notiert und
gewichtet.
Für die Ausarbeitung werden **Thesen** formuliert und durch **Argumente** begründet. Argumente können
durch (ein/en oder mehrere) **Belege, Beispiele oder Zitate** gestützt werden. Das überzeugendste
Argument steht am Schluss der Argumentationskette. Gegenargumente werden nicht genannt.

1 a) *Verwende die folgenden Stichwörter, um Themen für eine lineare Erörterung zu formulieren.*

Turnschuhe + Anzug = Stil?	Männer – Schmuck	Schule: bauchfrei, beinfrei, brustfrei
Abiball: Prinzessinnenkleid – Kommunionsanzug		Chemie – Haare: färben, stylen, dauerwellen

1. *Warum passen Turnschuhe nicht zu jedem Kleidungsstil?*

2. *Begründe, dass Turnschuhe nicht zu einem Anzug passen.*

3.

4.

5.

6.

b) *Formuliere zu jedem dieser Themen eine These. Sie beinhaltet die Position, die du in der linearen Erörterung
vertreten möchtest.*

TIPP

Eine **These** kann eine Behauptung, eine Empfehlung, eine Bewertung oder ein Urteil sein.

1. *Turnschuhe signalisieren Ungezwungenheit und Offenheit.*

ARBEITSTECHNIK

Argumente begründen eine These. Dies können überprüfbare Fakten sein, allgemein anerkannte Grundsätze, Expertenmeinungen, Beobachtungen und Erfahrungen. Die Argumente sollten ihrerseits durch Belege, Beispiele oder Zitate gestützt werden.

Prüfe, wie **überzeugend** ein Argument ist:
- ☐ Gibt es ein Gegenargument? Findest du schnell ein Gegenargument oder gar mehrere, ist dein Argument eher schwach.
- ☐ Findest du stützende Belege, Beispiele oder Zitate? Geeignet sind Belege, zu denen man nicht sofort ein Gegenbeispiel findet.
- ☐ Würden unterschiedliche Personen dem Argument zustimmen (z. B.: Kinder, Erwachsene, Männer, Frauen, Ärzte, Juristen, Lehrer)? Je breiter die Zustimmung, desto stärker das Argument.

Nicht immer lässt sich eindeutig entscheiden, welches Argument das schwächste oder das stärkste ist. Dann kommt es darauf an, die **persönliche Gewichtung** durch die Ausarbeitung der Argumentation überzeugend zu vermitteln.

2 a) Ordne die Argumente zu These A und These B nach ihrer Wichtigkeit und Überzeugungskraft, indem du sie nummerierst: *1* = schwächstes Argument, *4* = stärkstes Argument.

These A: Vor der Pubertät sollten sich Kinder im Alltag nicht schminken.		These B: Im Beruf kleidet man sich anders als in der Freizeit.	
Argumente:	Gewichtung:	**Argumente:**	Gewichtung:
AA Kinder sind von Natur aus schön.	☐	BA Viele berufliche Tätigkeiten erfordern eine spezielle Kleidung.	☐
AB Die empfindliche Kinderhaut leidet unter den Kosmetika.	☐	BB Unterschiedliche Lebensbereiche oder soziale Rollen werden auch durch Kleidung markiert.	☐
AC Das ist in unserer Gesellschaft nicht üblich.	☐	BC Unternehmen geben Kleidernormen vor, daheim kann man selbst bestimmen, was man anzieht.	☐
AD Schminken ist für Kinder tabu, weil es die sexuelle Anziehungskraft erhöhen soll.	☐	BD Den ganzen Tag dasselbe anzuhaben wäre langweilig.	☐

b) Ordne den Argumenten zu These A jeweils eine der folgenden Stützen zu. Trage die passende Buchstabenfolge ein.
c) Bestimme, ob es sich dabei um einen Beleg, ein Beispiel oder ein Zitat handelt (Spalte 3).

These A: Vor der Pubertät sollten sich Kinder im Alltag nicht schminken.	zu b): Stütze	zu c): Art der Stütze
In einem Handbuch zur Kindergesundheit heißt es: „Bei Kindern ist besonders die oberste Hautschicht noch sehr dünn und bedarf deshalb eines besonderen Schutzes."	☐	_____
Die siebenjährige Lena ist ein blasser Typ mit hellgrauen Augen und sehr weißer Haut – und alle finden sie süß!	☐	_____
Die gesellschaftliche Praxis belegt dies: Allenfalls in bestimmten Fernsehshows treten Kinder geschminkt auf, im Kindergarten und in der Grundschule findet man so etwas in der Regel nicht vor.	☐	_____
Junge Mädchen fangen häufig in der Pubertät an, sich zu schminken, wenn sie einem Jungen gefallen wollen.	☐	_____

d) Stütze die Argumente zu These B. Schreibe in dein Heft.

> **Die Einleitung schreiben**
>
> Die Einleitung soll Interesse wecken. Die Leserin oder der Leser werden an ein Problem oder die vertretene These herangeführt.
>
> Für die Einleitung zu einem Thema gibt es viele Möglichkeiten, z. B.:
>
> ☐ ein persönliches Erlebnis,   ☐ ein aktueller Anlass,   ☐ ein historischer Rückblick,
>
> ☐ ein Zitat oder Sprichwort,   ☐ eine Begriffsdefinition,   ☐ statistisches Material.
>
> Hier werden auch schwierige Begriffe geklärt, die zum Verständnis nötig sind.

3 *Schreibe eine **Einleitung** zu einer linearen Erörterung. Wähle eine der folgenden Varianten aus. Die Fragestellung lautet: „Warum muss man auf Kleidung achten?"*

Variante 2 – Schlagzeile: 38° im Schatten – Shorts im Büro erlaubt?

Variante 1 – Sprichwort: Kleider machen Leute.

Variante 3 – Erfahrung: Was trägt man als Schüler/in im Berufspraktikum?

_____

_____

_____

ARBEITSTECHNIK

Formulierungen zur sprachlichen Gestaltung des Hauptteils

„Als Erstes lässt sich anführen/ist zu bedenken ..." – „Mindestens so wichtig/bedeutsam ist ..." – „Ausschlaggebend/Entscheidend ist aber vor allem ..." – „Ein zentrales Argument besteht darin ..." – „Dies zeigt sich darin ..." – „Beispiele dafür sind ..." – „Man denke beispielsweise an ..." – „Zu belegen ist dies durch ..." usw.

4 *Formuliere mit den Argumenten und Belegen zu These B „Im Beruf kleidet man sich anders als in der Freizeit."*
*(Aufgabe 2 a–d, S. 10) den **Hauptteil** der linearen Erörterung aus. Verwende passende Formulierungen, um den steigernden Aufbau und die logische Struktur deiner Argumentation zu verdeutlichen. Schreibe in dein Heft.*

> **Den Schluss formulieren**
>
> Der Schluss soll den Gedankengang abrunden. Du kannst angeben:
>
> ☐ eine Aufforderung oder einen persönlichen Wunsch oder
>
> ☐ einen Ausblick auf verwandte Themen oder zukünftige Entwicklungen.

5 *Einer der folgenden Schlusssätze ist ungeeignet.*
a) Kreuze an, welcher.
b) Begründe.

☐ Letztlich ist es also überflüssig, sich über dieses Thema viele Gedanken zu machen.

☐ Aus den genannten Gründen scheint mir die gängige Praxis, bei der Kleidung einen Unterschied zwischen Beruf und Freizeit zu machen, sinnvoll und angemessen zu sein.

☐ Ich finde es richtig, nicht in Freizeitkleidung zur Arbeitsstelle zu gehen, auch wenn es vielleicht Ausnahmen geben kann.

_____

_____

Teste dich! – Lineare (steigernde) Erörterung

1 *Kreuze an, ob die Aussagen richtig oder falsch sind.*

	richtig	falsch
Bei einer linearen Erörterung geht es darum, eine Position mit möglichst überzeugenden Argumenten zu begründen.	☐	☐
Die Argumente werden in beliebiger Reihenfolge aufgelistet.	☐	☐
Ein Argument kann etwa ein Beispiel oder ein Zitat sein.	☐	☐
Gegenargumente werden in einer linearen Erörterung nicht genannt.	☐	☐

2 *Ordne die folgenden Aussagen den drei Teilen einer linearen Erörterung zu:* E *= Einleitung,* H *= Hauptteil (Argumentation),* S *= Schluss.*

☐ Es gibt also viele gute Gründe, sich nicht aus purer Eitelkeit unter das Operationsmesser zu begeben.

☐ Immer häufiger wird in letzter Zeit in den Medien von neuen Möglichkeiten im Bereich der Schönheitsoperationen berichtet.

☐ Es gibt Alternativen, ein Schönheitsproblem zu beheben, denn man kann z. B. die Ernährung umstellen und Sport treiben, anstatt Fett absaugen zu lassen.

☐ Vielleicht werden aber die chirurgischen Möglichkeiten so verbessert werden, dass eine Schönheitsoperation in hundert Jahren so selbstverständlich ist wie heute ein Friseurbesuch.

3 *Formuliere eine These, die inhaltlich zu den Aussagen in Aufgabe 2 und den Argumenten in Aufgabe 4 passt.*

_____

4 *Sortiere die folgenden Argumente nach ihrer Überzeugungskraft:* 1 *= schwächstes,* 4 *= stärkstes Argument.*

☐ A Schönheitsoperationen sind nur etwas für Prominente und Reiche.

☐ B Häufig sind die Ergebnisse der kosmetischen Chirurgie nicht zufriedenstellend.

☐ C Schönheitsoperationen haben meist ein sehr hohes medizinisches Risiko.

☐ D Es ist peinlich, wenn man nach der Operation gefragt wird, warum man anders aussieht.

5 *Ordne die beiden folgenden Belege je einem Argument aus Aufgabe 4 zu.*

☐ Komplikationen wie Blutungen, Infektionen, Narben und Taubheitsgefühle kommen nach Aussagen von Medizinern regelmäßig vor.

☐ Berühmte Filmschauspieler und TV-Moderatoren zum Beispiel müssen für ihren Beruf schön bleiben und können sich solche Eingriffe leisten.

Werte deine Ergebnisse aus, indem du deine Antworten mit dem Lösungsheft abgleichst.
Für jede richtige Antwort bekommst du einen Punkt.

☺ **15–12 Punkte** Gut gemacht!	☺ **11–8 Punkte** Gar nicht schlecht. Schau dir die Merkkästen der Seiten 9 bis 11 noch einmal an.	☹ **7–0 Punkte** Arbeite die Seiten 9 bis 11 noch einmal sorgfältig durch.

Dialektische (Pro-und-Kontra-) Erörterung

In der **dialektischen Erörterung** (auch: **Pro-und-Kontra-Erörterung**) wägt man die Gründe, die für eine These sprechen, und die Gründe, die gegen diese Position sprechen, gegeneinander ab und arbeitet so eine eigene Meinung heraus.

Das Thema bei einer dialektischen Erörterung ist häufig als **Entscheidungsfrage** formuliert, z. B.: „Sollen Jugendliche ihre Kleidung vom Taschengeld bezahlen?", „Kleidung aus dem Secondhandladen – ja oder nein?".

Typisch sind Formulierungen wie z. B.: „Erörtere Für und Wider ..." – „Nimm kritisch Stellung ..." – „Wäge Vor- und Nachteile ab ..." – „Setze dich mit ... auseinander".

1 *Lege eine **Stoffsammlung** zum nachfolgenden Thema an. Verwende die Anregungen, um eine Mind-Map auszuarbeiten, und ergänze eigene Ideen.*

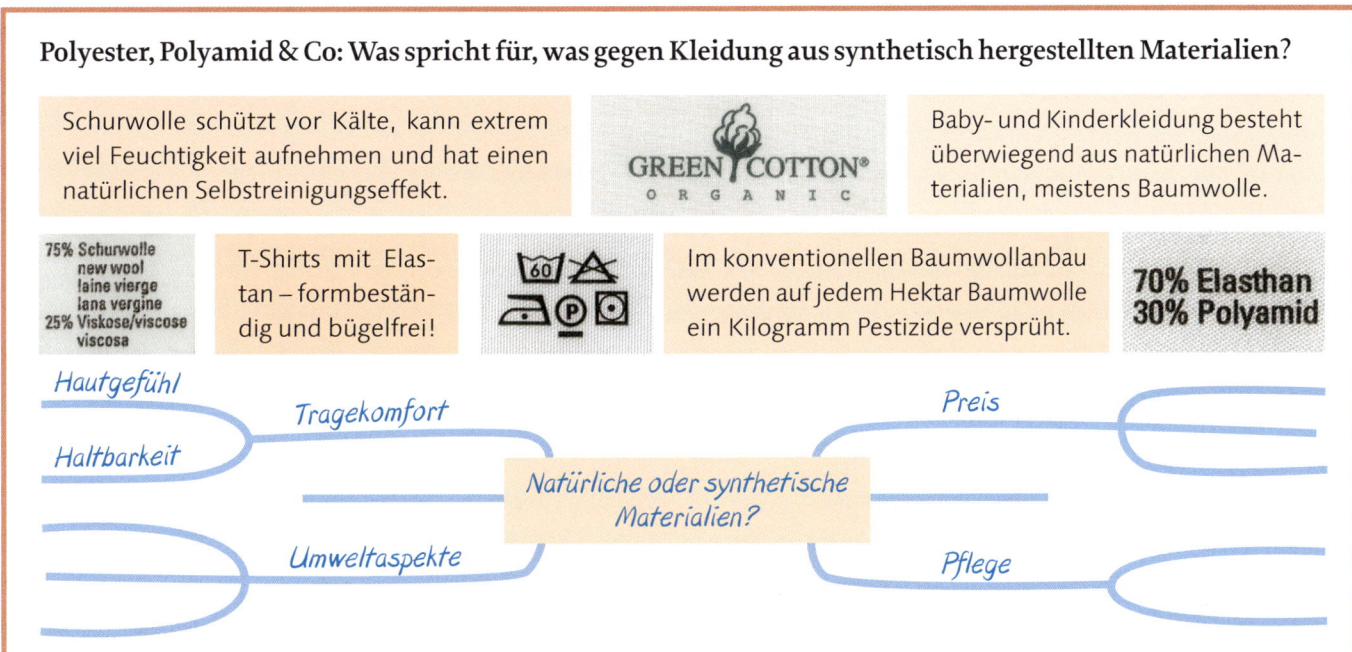

Polyester, Polyamid & Co: Was spricht für, was gegen Kleidung aus synthetisch hergestellten Materialien?

Schurwolle schützt vor Kälte, kann extrem viel Feuchtigkeit aufnehmen und hat einen natürlichen Selbstreinigungseffekt.

GREEN COTTON® ORGANIC

Baby- und Kinderkleidung besteht überwiegend aus natürlichen Materialien, meistens Baumwolle.

75% Schurwolle new wool laine vierge lana vergine 25% Viskose/viscose viscosa

T-Shirts mit Elastan – formbeständig und bügelfrei!

Im konventionellen Baumwollanbau werden auf jedem Hektar Baumwolle ein Kilogramm Pestizide versprüht.

70% Elasthan 30% Polyamid

Hautgefühl

Tragekomfort

Haltbarkeit

Preis

Natürliche oder synthetische Materialien?

Umweltaspekte

Pflege

2 *a) Pro oder kontra? Beschrifte die folgende Tabelle, beachte dafür die vorgegebenen Argumente.*
b) Ergänze auf der Grundlage deiner Mind-Map für jede Seite zwei bis drei weitere Argumente.

Natürliche Textilfasern wie Baumwolle oder Leinen tragen sich angenehmer auf der Haut als künstliche Stoffe.	*Viele synthetische Materialien sind in der Herstellung weniger aufwändig und die daraus gefertigten Kleidungsstücke deshalb preiswerter.*

Auch für die dialektische Form der Erörterung gilt grundsätzlich das grobe **Gliederungsschema:** Einleitung – Hauptteil – Schluss.
Der **Hauptteil** enthält den **Argumentationsgang.** Für diesen Teil gibt es bei der dialektischen Erörterung zwei mögliche Bauprinzipien:

„Sanduhr-Prinzip"

These (Gegenposition)
Argument 1 + Stütze
Argument 2 + Stütze
Argument 3 + Stütze

These (eigene Position)
Argument 1 + Stütze
Argument 2 + Stütze
Argument 3 + Stütze

„Pingpong-Prinzip"

These	Gegenthese
Argument (Stützung der These)	**Gegenargument** (Stützung Gegenthese)
Argument (Stützung These + Entkräftung Gegenargument)	**Gegenargument** (...)

3 *Zum Thema „Kleidung aus kontrolliert biologischem Anbau (kbA) – pro und kontra" hat ein Schüler folgende Argumente und Stützen gesammelt:*
a) Kreuze an, ob es sich um ein Pro-Argument oder ein Kontra-Argument handelt.
b) Ordne die Stützen durch einen Pfeil dem passenden Argument zu. Ergänze Beispiele oder Belege für die Argumente, zu denen es noch keine Stütze gibt.

pro   kontra

☐ ☐ **A** Kleidung aus kbA ist deutlich teurer.

☐ ☐ **B** Die konventionelle Herstellung von Textilfasern belastet die Umwelt.

☐ ☐ **C** Es gibt nur wenige Firmen und Geschäfte, die Kleidung aus kbA anbieten, was den Kauf solcher Kleidung erschwert und die Auswahl verkleinert.

☐ ☐ **D** Eigenschaften wie Haltbarkeit oder Formstabilität sind bei kbA hergestellter Kleidung schwieriger zu erreichen.

☐ ☐ **E** Kleidung aus kbA schädigt den Organismus nicht mit gesundheitsschädlichen Farb- oder Imprägniersubstanzen.

☐ ☐ **F** Kleidung aus kbA wird hochwertig verarbeitet und hat deshalb eine hohe Qualität.

a Bei T-Shirts z. B. wird kein Elastan verwendet, sodass sie schneller ausleiern.

b Im herkömmlichen Baumwollanbau wird auf jedem Hektar Baumwolle ein Kilogramm Pestizide versprüht.

c Für die Färbung dieser Kleidungsstücke werden nur natürliche Farbstoffe verwendet, die für den Körper nicht giftig sind.

_____
_____
_____
_____
_____
_____

4 *Formuliere eine These und eine Gegenthese zum Thema „Kleidung aus kontrolliert biologischem Anbau (kbA)".*

These: _____

Gegenthese: _____

- Beim **Sanduhr-Prinzip** fängt man mit dem stärksten Argument für die Gegenseite an und hört mit dem stärksten Argument für die eigene Seite auf.
- Auch beim **Pingpong-Prinzip** sollte am Schluss das beste Argument für die eigene Position stehen. Außerdem sollten die jeweils aufeinanderfolgenden Argumente und Gegenargumente inhaltlich möglichst aufeinander bezogen sein.

5 *Ordne die Argumente einmal nach dem Sanduhr-Prinzip und einmal nach dem Pingpong-Prinzip. Gehe dabei davon aus, dass der Schüler selbst sich bei seiner Erörterung auf die Pro-Seite gestellt hat.*

These (Gegenposition):

Argument: _____

Argument: _____

Argument: _____

These (eigene Position):

Argument: _____

Argument: _____

Argument: _____

These   **Gegenthese**

Argument _____

         Argument _____

Argument _____

         Argument _____

Argument _____

         Argument _____

6 *Verbinde die beiden Hauptsätze jeweils so, dass auch sprachlich deutlich wird, in welcher Beziehung die beiden Aussagen zueinander stehen. Wähle passende Verknüpfungen aus.*

dennoch   zwar ..., aber

jedoch   deshalb   obwohl   denn   da   einerseits ..., andererseits   allerdings   weil   nicht nur ..., sondern auch

Bei Kleidung aus kbA werden ausschließlich nicht allergene Farbstoffe verwendet.
Manche Menschen können die natürlichen Fasern, z. B. Wolle, nicht auf der Haut vertragen.

_____

_____

Gesetzliche Regelungen sollen gesundheitsschädliche Substanzen in Textilien verhindern.
Solche Substanzen werden bei Stichproben immer wieder einmal entdeckt.

_____

_____

Textilrohstoffe aus kbA sind auf dem Weltmarkt knapp. Es kann zu Lieferengpässen kommen.

_____

_____

7 *Arbeite nun das Thema und die Argumente aus Aufgabe 2 (S. 13) zu einer dialektischen Erörterung aus:*
a) Ordne die Argumente nach dem Sanduhr- oder dem Pingpong-Prinzip.
b) Formuliere die Argumente aus und verbinde sie mit passenden sprachlichen Ausdrücken.
c) Gestalte eine Einleitung und einen Schlussteil (▷ S. 11).

Erörterung in Anlehnung an eine Textvorlage

Eine **Erörterung** kann auch **in Anlehnung an eine Textvorlage** geschrieben werden, z. B. in Bezug auf einen Zeitungstext, der eine strittige Position behandelt oder ein Problem diskutiert. Im Unterschied zur freien Erörterung muss zunächst die Textvorlage erschlossen werden. Die eigene Argumentation erfolgt in der Auseinandersetzung mit der Argumentation des Textes.

1 *a) Lies die Textvorlage auf S.17 aufmerksam durch.*
b) Notiere das Thema, zu dem hier argumentiert wird.

_____

c) Bringe in einem Satz deine eigene Meinung zu diesem Thema auf den Punkt.

_____

2 *a) Welche der folgenden Aussagen treffen auf den Text zu? Kreuze an.*

		richtig	falsch
1	Die meisten der befragten Personen äußern Einwände gegen uneingeschränkt farbenfrohe Kleidung für Männer.	☐	☐
2	Der Text besteht insgesamt aus einer schlüssig aufgebauten Argumentation.	☐	☐
3	Der Anlass des Artikels ist die Präsentation der neuen Mode auf den internationalen Modeschauen.	☐	☐
4	Die Argumente der verschiedenen Personen werden von der Verfasserin (Reporterin) geordnet, gewichtet und abschließend zusammengefasst.	☐	☐
5	Die meisten der befragten Personen gestehen den Männern einen relativ großen Spielraum bei der farblichen Gestaltung ihrer Kleidung zu.	☐	☐
6	Die persönliche Meinung der Verfasserin (Reporterin) wird nicht deutlich.	☐	☐

b) Korrigiere die falschen Aussagen.

_____

_____

_____

_____

_____

_____

3 a) *Markiere im Text Aussagen, die gegen eine bunte Kleidung von Männern sprechen* blau, *solche, die dafür sprechen* rot *und abwägende oder einschränkende Aussagen* grün.

b) *Ordne jeweils eine Aussage aus dem Text (mit Zeilenangabe!) den folgenden Beschreibungen zu:*

1 Ein Argument wird in seiner Allgemeingültigkeit eingeschränkt: _____

_____

2 Eine Analogie (= ein Vergleich) wird als Argument verwendet: _____

_____

3 Eine Aussage wird durch ein Beispiel veranschaulicht: _____

_____

4 Gesellschaftliche Normen werden für die Argumentation herangezogen: _____

_____

5 Gängige Redewendungen werden verwendet: _____

_____

Dürfen Männer Farbe bekennen?
Es gibt Lichtblicke in der traditionell eher tristen männlichen Modewelt

Wenn alljährlich die berühmten Modedesigner auf den großen Modenschauen in Paris und Mailand ihre neuesten Kreationen präsentieren, gilt die Aufmerksamkeit immer vor allem dem weiblichen Geschlecht. Aber auch die Män-
5 ner sind längst modebewusst genug, um für Lagerfeld & Co eine interessante Klientel darzustellen. Auffälliger als der Schnitt und die Kombination der Kleidungsstücke sind in der Regel die Farben der neuen Trends. Während in der Haute Couture extravagant Farbiges auch für Männer kein
10 Problem mehr darstellt, präsentiert sich die alltägliche Männerwelt nach wie vor eher trist – oder? Unsere Reporterin Alegna Ekleim hat sich umgehört und sehr unterschiedliche Antworten bekommen auf die Frage: Dürfen Männer bei ihrer Kleidung die Farbpalette voll ausschöpfen?
15 **Martin Katzke, 49, Filialleiter einer Bank:** „In unserem Haus kommt es vor allem darauf an, dass unsere Mitarbeiterinnen und Mitarbeiter einen tadellos gepflegten Eindruck machen. Zu einem dezent anthrazitfarbenen Anzug ein rosa Hemd – warum nicht? Modisch-farbig darf es auch
20 bei den männlichen Mitarbeitern sein, aber nicht auf eine provokative oder irritierende Art und Weise, die an der Seriosität unseres Unternehmens zweifeln lassen würde."
Vanessa Bart, 28, Verkäuferin in einer Herrenboutique: „Erlaubt ist, was gefällt! Die Zeiten, in denen Männer nur Blau
25 und Schwarz, Braun und Grau tragen durften, sind ja wohl endgültig vorbei. Vor allem Rottöne sind für viele Männer eine tolle Entdeckung: Brombeer, Ziegel, Granat, Rubin. Ich rate meinen Kunden, hauptsächlich auf ihren Typ zu achten und Shirts und Pullis, aber auch Jacken und Anzüge auf den Teint, die Haar- und Augenfarbe abzustimmen. Natürlich ist
30 es auch eine Sache des Alters: Junge Männer dürfen sich mehr Farbe leisten als ältere Herren, die häufig ja auch gewisse Figurprobleme zu kaschieren haben. Aber am Ende gilt immer: Der Kunde ist König, und wer mit 75 gern ein orangefarbenes Hemd tragen möchte, dem verkaufe ich das."
35 **Liv Encke-Heinz, 56, Diplom-Psychologin:** „Schon von Geburt an werden in unserem Kulturkreis Jungen und Mädchen mit unterschiedlichen Farben assoziiert: Jungen hellblau, Mädchen rosa. Das ist heute nicht wesentlich anders als früher, im Gegenteil, gerade in den letzten Jahren ist vor
40 allem Rosa für Mädchen wieder sehr in, für kleine Jungs aber nach wie vor tabu. Zwar gibt es keine strengen Vorschriften mehr, und im Laufe der Kindheit und Jugend sind dann die farblichen Grenzen deutlich aufgeweicht. Dennoch können wir uns nicht so ohne Weiteres aus unseren
45 Traditionen und den damit verbundenen Normen lösen. Welche Farben ein Mann für seine Kleidung wählt, ist deshalb nicht nur eine Frage des persönlichen Geschmacks, sondern immer auch Ausdruck einer inneren Haltung: Man zeigt Traditionsbewusstsein oder Protestbereitschaft, will
50 unauffällig bleiben oder Aufmerksamkeit wecken."
Jan Andresen, 17, Schüler: „Im Biologieunterricht haben wir gelernt, dass in der Natur häufig die männlichen Tiere die farbenprächtigeren sind, um die Weibchen zu beeindrucken – warum soll das beim Menschen so anders sein?
55 Be coloured, be coupled!"

17

Zu Argumenten Stellung nehmen

Zu Argumenten eines Textes kann man auf unterschiedliche Weise Position beziehen:

I Man kann einem Argument zustimmen. Dann sollte man es durch eigene Beispiele oder Belege weiter untermauern.

II Man kann einem Argument nur teilweise zustimmen. Dann sollte man deutlich machen, in welchem Teilaspekt oder unter welchen Bedingungen man abweichender Meinung ist.

III Man kann einem Argument zustimmen, es aber für unvollständig halten. Dann sollte man es ergänzen.

IV Man kann einem Argument vollkommen widersprechen. Dann hat man ein Gegenargument zu formulieren und durch Beispiele oder Belege zu stützen.

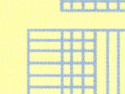

4 *Nimm zu folgenden aus dem Text abgeleiteten Argumenten in der geforderten Weise Stellung:*

1 Es gibt im Hinblick auf die Farbe der Kleidung keine absolut verbindliche Norm mehr, an die sich jeder Mann halten muss, vielmehr spielen unterschiedliche Faktoren wie Alter, Typ und Situation eine Rolle.

Zustimmung: _____

_____

2 Es gibt bestimmte Farben, die nach wie vor ausschließlich dem weiblichen Geschlecht vorbehalten sind.

Teilweise Zustimmung: _____

_____

3 In bestimmten Berufen werden Männern Vorschriften hinsichtlich ihrer Kleidung und deren Farbigkeit gemacht.

Unvollständig, deshalb Ergänzung: _____

_____

4 Farbenfroh gekleidete Männer kommen bei Frauen besser an.

Widerspruch: _____

_____

5 *Ordne die im Text und in den Aufgaben 3 b (S. 17) und 4 gesammelten Argumente sowie eigene Argumente in Stichwörtern nach dem Ping-Pong-Prinzip. Arbeite nach dem folgenden Muster in deinem Heft.*

Naturvergleich: Farbenpracht männlicher Tiere

Menschliche Kultur: Bestimmte Farben für die Geschlechter traditionell festgelegt (Norm)

...

6 *Formuliere auf der Basis deiner Vorarbeiten in den Aufgaben 1–5 eine dialektische Erörterung in Anlehnung an den Text „Dürfen Männer Farbe bekennen?" aus. Arbeite in deinem Heft.*

Teste dich! – Dialektische (Pro- und Kontra-) Erörterung

1 *a) Kreuze an, ob die Aussagen richtig oder falsch sind.*

richtig   falsch

Bei einer Pro-und-Kontra-Erörterung geht es darum, jedes Argument durch ein Gegenargument zu entkräften.   ☐   ☐

In einer dialektischen Erörterung sollte man zuerst ausführlich die eigene Position begründen und danach nur noch kurz auf die Gegenseite eingehen.   ☐   ☐

Besonders gelungen wirkt es bei einer Erörterung, wenn man im Schlussteil noch einmal Gedanken aus der Einleitung aufgreift und dadurch ein textlicher Rahmen entsteht.   ☐   ☐

Bei einer textgebundenen Erörterung sollte man auch auf die sprachlichen Mittel des Textes eingehen.   ☐   ☐

b) Korrigiere die falschen Aussagen. _____

_____

_____

2 *a) Benenne die Strategie, die den jeweiligen Einleitungssätzen zu Grunde liegt (z. B. aktueller Anlass, Zitat).*

1 Gestern bin ich auf der Suche nach einem perfekt sitzenden T-Shirt wieder einmal rat- und erfolglos durch die Stadt gelaufen.   _____

2 Noch zu Beginn des letzten Jahrhunderts war die Auswahl bei den Materialien, aus denen Kleidung gefertigt werden konnte, gering.   _____

3 „kbA": Diese von unabhängigen Instituten zertifizierte Abkürzung steht für den Verzicht auf synthetische Pestizide und Düngemittel beim Anbau von Textilfasern.   _____

b) Formuliere zu jedem Einleitungssatz einen korrespondierenden Schlusssatz:

1. _____

_____

2. _____

_____

3. _____

3 *Suche zu den folgenden Aussagen passende sprachliche Verknüpfungen (Satz 1 und 2; 2 und 3).*

1 Bei der Verarbeitung von Leder wird häufig die Gerbung mit Chromsalzen eingesetzt.
2 Chromgerbung basiert auf kostengünstigen Rohstoffen und erlaubt eine kurze Produktionsdauer.
3 Die Chromsalze lösen sich beim Tragen durch Schweiß und Wärme und können allergische Reaktionen auslösen.

_____

Werte deine Ergebnisse aus, indem du deine Antworten mit dem Lösungsheft abgleichst. Für jede richtige Antwort bekommst du einen Punkt.

| ☺ **14–11 Punkte** Gut gemacht! | ☺ **10–7 Punkte** Gar nicht schlecht. Schau dir die Merkkästen der Seiten 13 bis 18 an. | ☹ **6–0 Punkte** Arbeite die Seiten 13 bis 18 noch einmal sorgfältig durch. |

Über Sachverhalte informieren: Der Praktikumsbericht

Ein Praktikumsbericht soll über die Art und Weise sowie den Verlauf des Praktikums informieren.
Er enthält
☐ allgemeine Informationen zum Unternehmen (Art, Lage, Organisation);
☐ Informationen über die Berufe, die dort ausgeübt werden (Berufsbilder, Ausbildungswege);
☐ Informationen zum eigenen Arbeitsplatz und zur ausgeübten Tätigkeit;
☐ Tagesberichte, die konkret, sachlich, klar und knapp über den Ablauf eines Arbeitstags informieren;
☐ eine kritische Zusammenfassung der Praktikumserfahrungen.

Die Darstellung konzentriert sich auf deine berufliche Tätigkeit. Schreibe sachlich. Verwende Fachbegriffe und achte auf Verständlichkeit. Vermeide die Wiedergabe von Gefühlen oder persönlichen Wertungen.
In der Zusammenfassung sind Wertungen erlaubt. Achte dabei auf eine sachgemäße Darstellung in angemessener Sprache (keine Umgangssprache), schreibe z. B.
nicht: „Es war öde!";
sondern: „Insgesamt waren die Tätigkeiten wenig abwechslungsreich."

Lara (16) liest gern Bücher, Zeitschriften, alles, was sie an Lesestoff findet. Was liegt näher, als das Hobby zum Beruf zu machen und ein Praktikum in einer Buchhandlung zu absolvieren?

1 *Ordne den folgenden Gliederungspunkten passende Textauszüge aus Laras Praktikumsbericht zu.*
   a) Lies die Textauszüge und markiere wichtige Informationen farbig.
   b) Notiere für jeden Textauszug, zu welchem Gliederungspunkt er inhaltlich passt. Trage den Buchstaben ein.

Mögliche Gliederungspunkte für einen Praktikumsbericht

A Informationen zum Unternehmen
B Berufsbilder und Ausbildungswege
C Mein Arbeitsplatz und meine Tätigkeit
D Tagesberichte
E Praktikumserfahrungen: Persönliche Zusammenfassung

☐ Seit heute arbeite ich in einer kleinen Stadtteil-Buchhandlung. Es gibt ein breites Sortiment vor allem an Belletristik, Kinder- und Jugendbüchern, Reiseliteratur und Ratgebern sowie ein großes Angebot an Gesetzestexten und betriebswirtschaftlicher Fachliteratur. **1**

☐ Neben der Chefin, die auch die Inhaberin ist, gibt es in meinem Praktikumsbetrieb zwei angestellte Vollzeitkräfte sowie einen kurz vor der Abschlussprüfung stehenden Auszubildenden. Eine der beiden Vollzeitkräfte weist den Auszubildenden und mich an. Die Öffnungszeiten sind 10.00 Uhr bis 19.30 Uhr, unser Arbeitsbeginn ist bereits um 9.00 Uhr. Um 17.00 Uhr gehe ich nach Hause, mittags mache ich eine Stunde Pause. **2**

☐ Die Buchhandlung verwendet ein elektronisch gestütztes Warenwirtschaftssystem. Informationen über den Lagerbestand, das Bestellwesen oder den Umsatz sind damit jederzeit kurzfristig verfügbar. **3**

Verlangt ein Kunde nach einem bestimmten Buch, **4** das erst bestellt werden muss, kann der Buchhändler online auf das VlB (= Verzeichnis lieferbarer Bücher) oder einen Großhandelskatalog zugreifen und den gesuchten Titel nachschlagen (bibliografieren). Unter dem Namen des Autors sind sämtliche seiner Werke mit ihrer ISBN (International Standard Book Number) aufgelistet. Die erste Ziffer gibt an, aus welchem Land das jeweilige Buch stammt (die -3- steht z. B. für Deutschland), und die folgenden Zahlenreihen geben den Verlag, die Titel- beziehungsweise Bandnummer sowie die „persönliche Nummer" des Buches, die so genannte Prüfziffer, zu erkennen.

Ich bin meistens im Laden eingesetzt. Morgens **5** räume ich bereits ausgezeichnete, neu angelieferte Bücher in die Regale und prüfe dabei, ob alle Bücher noch in der gewünschten Ordnung stehen. Wenn nicht, räume ich auf. Dann versuche ich im Verkauf mitzuhelfen. Bei den Jugendbüchern kenne ich mich schon gut aus. Die Verkaufsgespräche mit den Kunden machen mir Spaß.

Hauptarbeitsgebiet ist der Ein- und Verkauf von **6** Büchern und anderen Medien. Neben kaufmännischem Denken benötigt man ein Gespür für Markttrends und Kundenbedürfnisse, um das Sortiment, wie die Auswahl an angebotenen Büchern heißt, Erfolg versprechend zu gestalten. Eine ansprechende Präsentation im Laden und fantasievolle Schaufensterdekoration gehören ebenso zu den Tätigkeiten wie Lesungen, Signierstunden und andere Werbemaßnahmen. Im Verkaufsgespräch sind Fachwissen und ein sicheres, freundliches und kundenorientiertes Auftreten gefragt.

Bibliothek der Deutschen Buchhändlerschule, Frankfurt-Seckbach

Die Ausbildung zum Buchhändler dauert drei Jahre; **7** sie kann mit Abitur um ein Jahr verkürzt werden. Es gibt rund 2700 Ausbildungsplätze, die Ausbildung erfolgt dual, also in Betrieb und Schule. Die Abschlussprüfung nehmen die Industrie- und Handelskammern ab. Wichtige Ausbildungsinhalte sind: Arbeitsorganisation, Marketing, Einkauf, Absatz, Verlagswesen, Bibliografie und Recherche, Rechnungswesen und Controlling.

Eine Besonderheit dieses kleinen Geschäfts stellen **8** die zahlreichen und vielfältigen Abend- und Nachmittagsveranstaltungen dar, welche die Chefin mit Freude und Engagement organisiert. Der Eintritt ist frei und die Öffentlichkeit wird durch Zeitungsanzeigen angesprochen. Die Runde, die regelmäßig zusammenkommt, ist gemütlich und familiär; das Programm setzt sich zusammen aus Vorstellungen von Neuerscheinungen, Lyrikvorträgen, musikalischen Darbietungen usw. Zudem stellt die Buchhandlung ihre Räume für Ausstellungen junger und weitgehend unbekannter Künstler zur Verfügung. Bilder, Fotos und Zeichnungen dekorieren die Wände, eine Preisliste liegt aus.

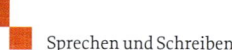

Den Arbeitsplatz beschreiben

2 *Stell dir vor, du würdest in der hier vorgestellten Buchhandlung ein Praktikum machen. Beschreibe den Arbeitsplatz. Der Auszug aus der Website der Buchhandlung gibt dir einige Informationen. Schreibe in dein Heft.*

Auf einer Fläche von 300 m² finden Sie ein breites Sortiment vor allem an Belletristik, Kinder- und Jugendbüchern, Reiseliteratur und Ratgebern sowie ein großes Angebot an Gesetzestexten und betriebswirtschaftlicher Fachliteratur.

Titel, die Sie bei uns nicht in den Regalen finden, können wir Ihnen bestellen – meist innerhalb von 24 Stunden. Sie können unsere Buchhandlung bequem mit Rollstuhl und Kinderwagen besuchen, kein Gedränge – kein Geschiebe. Eine Spielecke haben wir eingerichtet und Sitzplätze laden zum Schmökern ein. Unsere Buchhandlung ist auch ein Ort der Ruhe und Entspannung. Falls Sie im Dschungel der Titelvielfalt etwas Orientierung brauchen, beraten wir Sie gern und es liegen zu Ihrer Information die Zeitschriften „Literatur", „Bücher" und der „Freitag" aus.

Einen Tagesbericht schreiben

3 *Lara hat einige Notizen für ihren Tagesbericht gemacht.*
Formuliere einen zusammenhängenden Text aus Laras Notizen.
Du kannst dabei auch auf Inhalte der Textbausteine (S. 20–21) zurückgreifen.

gleich integriert, ohne Vorkenntnisse voll mitarbeiten, vor der Ladenöffnung Buchpakete öffnen, auspacken, auszeichnen, Bücher auf Tische für Neuzugänge verteilen, immer: ob Buch bestellen, verkaufen, einsortieren, kaufen = wichtig – ISBN, viele Sortimentsbereiche

Kundengespräche: (+/–)
ältere Dame (sehr freundlich) (+)
findet alles gemütlich, angetan von der großen Auswahl an Literatur zum Thema Nordic Walking. Begrüßt Veröffentlichungen – neuer Trendsport

Herr Berenz (wurde unverschämt) (–)

Buch vor Tagen bestellt, nicht da, will nicht wiederkommen, abbestellt

Max (Mitschüler) (+)

lobt übersichtliche Homepage, Bestellung über Internet, war schon am nächsten Tag da

herausgeputzte Dame mittleren Alters (–)

Beschwerde: Wo ist das Personal? Nicht jeder hat so viel Zeit, ewig an der Kasse zu warten!

Grundschülerin mit Mutter (+)

Suche nach einem Buch von Cornelia Funke, zeigte ihr Neuerscheinung, Kauf, Kommentar: Toller Laden! Tolles Team! Beste Beratung!

Tag: abwechslungsreich; viel gelernt; Magenschmerzen wegen Berenz und dieser Dame, aber auch Erfolgserlebnis, Hausaufgabe von Chefin

4 *Lara hat eine „Hausaufgabe" von ihrer Chefin bekommen: Sie soll einige Fragen beantworten. Hilf ihr bei der Recherche. Schreibe die Antworten ins Heft.*
- ☐ *Wie funktioniert die Buchpreisbindung?*
- ☐ *Welche Tätigkeiten muss eine Buchhändlerin/ein Buchhändler ausüben können?*
- ☐ *Was ist ein Buchgrossist?*

Kritische Zusammenfassung der Praktikumserfahrungen

5 *a) Vergleiche die folgenden persönlichen Zusammenfassungen.*
b) Begründe im Heft: Welche Zusammenfassung ist sprachlich angemessen? Welche überzeugt dich inhaltlich?

Als Praktikant in einer Buchhandlung. Der Chef war ganz überrascht, dass ich dastand, der hatte es vergessen. Und dann ging's los: Bücherlieferungen einräumen, Essen holen, Kunden die Werbeprospekte zeigen, Prospekte stempeln und mal schauen, wie man ein Buch bestellen würde. „Finger weg vom Bestellen", hatte der Chef mir eingeschärft. Ich hab's aber trotzdem gemacht. Nebenbei ein bisschen Alltagswissen und so'n Kram über die beiden Buchgrossisten und was ISBN bedeutet. Weiß doch jeder. Das Beste: Das „Moderne Antiquariat" heißt intern Ramschecke. Ist auch ganz schöner Ramsch, kaum zu glauben, dass das jemand kauft. Auch wenn das jetzt langweilig klingt und auch war, so ist die Erfahrung, acht Stunden am Tag zu arbeiten, ganz okay. Jetzt weiß ich was über einen Beruf (gab ja auch einen Fragebogen, den mir einer auch beantwortete). Ich hatte eher das Gefühl, das Praktikum war als Erfahrung für mich und nicht für die Firma gedacht. Eins steht fest: Buchhändler werde ich nicht. Zu staubig und zu öde!

Stefan

Im Gegensatz zu Prophezeiungen, die den Untergang des Buches im Zeitalter der elektronischen Medien voraussagen, demonstrieren aktuelle Verkaufszahlen, dass das Medium Buch auch zukünftig zur Information, Bildung und Unterhaltung der Menschen beitragen wird. Deshalb bin ich mir sicher, dass der Beruf des Buchhändlers erhalten bleiben wird. Das Praktikum hat mich in meinem Wunsch bestärkt, nach der Schule eine Ausbildung zur Buchhändlerin zu machen, denn ich bin der Meinung: Bücher verbinden die Menschen und tragen zur Kommunikation und Interaktion bei.

Jana

Teste dich! – Rund um den Praktikumsbericht

1 Bringe die folgenden Gliederungspunkte für einen Praktikumsbericht in eine sinnvolle Reihenfolge, indem du sie nummerierst.

[ ] Tagesberichte [ ] Mein Arbeitsplatz und meine Tätigkeit [ ] Informationen zum Unternehmen

[ ] Praktikumserfahrungen: Persönliche Zusammenfassung [ ] Berufsbilder und Ausbildungswege

2 Welche Mittel der sprachlichen Gestaltung eines Praktikumsberichts sind zutreffend? Kreuze an:

	zutreffend	nicht zutreffend
sachliche Sprache	[ ]	[ ]
durchgehend wertende Ausdrücke	[ ]	[ ]
Verwendung von Fachbegriffen	[ ]	[ ]
Verständlichkeit, z. B. durch klare Satzstrukturen	[ ]	[ ]
Umgangssprache	[ ]	[ ]
möglichst viel wörtliche Rede	[ ]	[ ]

3 Sven hat ein Praktikum beim Stadtradio Göttingen absolviert.

Mein Praktikum beim Stadtradio Göttingen

- [ ] Schulungen für alle; für Lehrer/Eltern
- [ ] Motto: lokal, informativ, werbefrei
- [ ] Träger: Gemeinnütziger Verein für Medienkultur
- [ ] Medienpädagogische Betreuung von Schüler-/ Jugendgruppen/Studenten
- [ ] Grundgedanke: demokratisches Sprachrohr auf lokaler Ebene
- [ ] Stadtradio Göttingen: lokales Bürgerradio
- [ ] Besonderheiten: hauptamtliche Redaktion (aktuelles Tagesprogramm) und ehrenamtlicher Bürgerfunk (individuelle Programmpunkte)

a) Kläre, zu welchem/welchen Gliederungspunkt/en die Informationen jeweils passen.
b) Liste auf, zu welchen Gliederungspunkten Sven weitere Informationen zusammenstellen muss.

Werte deine Ergebnisse aus, indem du deine Antworten mit dem Lösungsheft abgleichst.
Für jede richtige Antwort bekommst du einen Punkt.

☺ **22–18 Punkte** Gut gemacht!	☺ **17–12 Punkte** Gar nicht schlecht. Schau dir den Merkkasten der Seiten 20 noch einmal an.	☹ **11–0 Punkte** Arbeite die Seiten 20 bis 23 noch einmal sorgfältig durch.

Das Verb: Tempus

> Bei der **Konjugation** (Beugung) des Verbs unterscheidet man verschiedene **Tempora** (Zeitformen):
> - Präsens: „Cäsar *ist* ein berühmter Kaiser."
> - Perfekt: „Er *hat* so manchen Krieg *geführt*."
> - Präteritum: „Bekannt *wurde* der Satz: ‚Er *kam*, *sah* und *siegte*.'"
> - Plusquamperfekt: „Nachdem er erneut *gesiegt hatte*, wurde er gefeiert."
> - Futur I: „Schon als er klein war, hieß es: Er *wird* eine Berühmtheit *werden*."
> - Futur II: „Das Römische Reich *wird erweitert worden sein*."
>
> Achte bei starken Verben auf die Vokaländerung: „spr**e**chen", „spr**a**ch" (Präteritum), „gespr**o**chen" (Partizip).

1 a) Füge im folgenden Text die Verben in Klammern im richtigen Tempus bzw. als Partizip ein.

b) Markiere unterschiedliche Tempora mit je einer anderen Farbe.

c) Lege in deinem Heft eine Tabelle nach folgendem Muster an. Wähle mindestens fünf Verben aus dem Text aus und konjugiere diese in der 3. Pers. Sg. durch alle Tempora.

Infinitiv	Präsens	Perfekt	Präteritum	Plusquamperfekt	Futur I	Futur II
sitzen	er sitzt	er hat gesessen	er saß	er hatte gesessen	er wird sitzen	er wird gesessen haben

Gaius Julius Cäsar (100 v. Chr. – 44 v. Chr.) hat Berichte „Über den Gallischen Krieg" verfasst. Der Sprachkolumnist Bastian Sick lehnt eine fiktive Episode daran an.

Bastian Sick

Cäsars Kampf gegen die starken Verbier

Am Abend nach der siegreichen Schlacht _saß_ Cäsar beim Schein einer Kerze an seinem Bericht: „Welch ein Triumph!

Bei seinem Einzug in die eroberte Stadt hatten die Bewohner dem jungen Cäsar begeistert _____

(zuwinken). Jene, die sich ihm zuvor als Spione _____ (verdingen) hatten, erfuhren nun seine

Großzügigkeit. Cäsar _____ (wenden) sein Pferd um und ritt hinauf zum Palast. Der Truchsess eilte ihm

5 entgegen, verneigte sich tief und _____ (preisen) seinen Namen. ‚Dich hat der Himmel gesandt!', rief er.

‚Das Volk liegt dir zu Füßen, o mächtiger Cäsar! Was sind deine Pläne?' Cäsar entgegnete: ‚Ich werde den Palast erwei-

tern, mit aus Marmor _____ (hauen) Säulen, und drum herum einen großen Vergnügungspark

anlegen lassen.' Der Truchsess, dessen Hoffnungen bereits _____ (erlöschen) waren, fasste neuen

Mut: ‚Welch göttlicher Plan!', jauchzte er. Nachdem er sich einen Moment _____ (besinnen) hatte,

10 wandte er ein: ‚Aber für einen Park ist kein Platz!' Cäsar trat an die Brüstung, sein Blick _____ (gleiten) über die

Stadt, dann sprach er die berühmten Worte: ‚Reißt die Stadt ab!' Der Truchsess _____ (erbleichen),

im nächsten Moment aber brach er in Gelächter aus. ‚Jetzt hast du mich aber _____ (erschrecken),

o Cäsar! Du willst die Stadt doch nicht wirklich niederreißen lassen?' ‚O doch. Notfalls lege ich selbst Hand an, denn

hat es nicht immer _____ (heißen): Ich kam, sah und sägte?'"

Der Konjunktiv

1 *Bilde die Konjunktiv-I-Formen für die Verben:*

müssen	wollen	werden	haben	scheinen

Lege eine Tabelle nach folgendem Muster an und arbeite sie aus.

Infinitiv	Konjunktiv I		
	1. Pers. Sg.	2. Pers. Sg.	3. Pers. Sg.
müssen	ich müsse		

Infinitiv	Konjunktiv I		
	1. Pers. Pl.	2. Pers. Pl.	3. Pers. Pl.
müssen		ihr müsset	

2 *a) Setze die Verben in der Konjunktivform in die Lücken ein.*
b) Schreibe hinter jeden Satz, was der Konjunktiv ausdrückt – Wunsch oder Aufforderung?

_____ (mögen) die Arbeit gelingen! _____

Er _____ (bewahren) nur die Ruhe! _____

In Ordnung: _____ (sein) es, wie es _____ (sein)! _____

_____ (kommen), was _____ (wollen)! _____

_____ (wagen) es nur! _____

_____ (verzweifeln) nicht! _____

Der **Konjunktiv II** wird vom Indikativ Präteritum des Verbs abgeleitet (oft mit Umlaut, d. h. Wechsel von *a, o, u, au* zu *ä, ö, ü, äu*). Häufig wird ein *e* eingefügt, z. B.: „ich schlief" → „ich schlie*fe*", „du fuhrst" → „du füh*rest*", „du zogst" → „du zög*est*", „ihr nahmt" → „ihr näh*met*".

- ☐ Der Konjunktiv II drückt aus, dass man eine **Aussage anzweifelt,** weil man sie für nicht wirklich, nicht wahrscheinlich oder nicht erfüllbar hält, z. B.: „Ach wäre ich doch Millionär!"
- ☐ Mit dem Konjunktiv II lässt sich ein **Wunsch** formulieren, z. B.: „Wenn doch nur die Sonne schiene!"
- ☐ Er dient oft als **Ersatzform für den Konjunktiv I** (▷S. 26).

1 a) *Alles nur Wünsche! Unterstreiche in den folgenden Sätzen die vorhandenen Konjunktivformen.*
b) *Ergänze die Sätze mit deinen Wünschen. Verwende Konjunktiv-II-Formen.*

Hätte ich 1 Million Euro, dann _____

Wäre ich Bundespräsident, dann _____

Könnte ich ein Jahr Ferien machen, so _____

Besäße ich den Segelflugschein, _____

Wenn ich drei Wünsche frei hätte, _____

2 *Alles (noch) nicht wirklich! Aufgepasst: Streiche die falsch gebildeten Formen durch.*

Ich hätte/habe nichts dagegen, wenn man etwas gegen die Langeweile unternehme/unternähme.

Wenn jetzt Sommer wäre/ist, dann schwämme/schwömme ich im See.

Wenn du mich nur lässest/ließest, dann hölfe/hülfe ich dir.

Wüsste/Weiß ich mehr, verstände/verstünde ich mehr, begreife/begriffe ich mehr.

Meldete ich mich häufiger im Unterricht, bekäme/bekomme ich eine bessere Note.

Hieltest/Hielst du mich für begabt, zeichne/zeichnete ich häufiger.

3 *Ziemlich unwahrscheinlich! Zu viel „würde". Bilde jeweils die Konjunktiv-II-Formen und notiere sie.*

Stell dir vor, ich würde …

Sebastian meinte, er werde nie mehr einen Pfirsich essen: „Mama, stell dir vor, wenn ich aus Versehen diesen riesigen Kern verschlucken würde und wenn er mir dann im Halse stecken würde und ich keine Luft mehr bekommen würde und ich herumspringen würde und immer würgen würde und auch du würdest aufspringen und würdest mir immer auf den Rücken klopfen, aber er würde nie mehr hervorkommen!" Besorgt fragte seine Mutter: „O Gott, hast du denn einen Kern verschluckt?" Sebastian zog die Stirn kraus: „Nein, aber wenn ich ihn verschlucken würde …"

5   10

---

verschluckte _____

_____

1 a) *Markiere zunächst die Konjunktivformen, die nicht vom Indikativ Präsens zu unterscheiden sind.*
   b) *Verdeutliche den Konjunktivgebrauch, indem du die Ersatzform und die Umschreibung mit „würde" verwendest.*

Pabel behauptet, ich <u>wünsche</u> mir mehr Anteilnahme von dir.

Pabel behauptet, ich wünschte mir mehr Anteilnahme von dir.

Ich glaube, wenn du meine Sprache sprichst, verstehen wir uns.

An deiner Stelle, betont Mareike, mache ich mir keine Sorgen.

Sie können es schaffen, wenn Sie sich anstrengen, verheißt das Tagesmotto.

2 a) *Bilde jeweils die Konjunktiv-II-Form und die Umschreibung mit „würde".*
   b) *Markiere die Form, die du bevorzugst.*

Die Kinder flohen. *flöhen/*   Die Zeugen schworen. _____

Die Zeit drängte. _____   Sie trafen sich. _____

Formen der Redewiedergabe

Den Konjunktiv verwendet man vor allem bei der **indirekten Rede.** Mit dieser macht man deutlich, dass die Äußerung eines anderen Sprechers wiedergegeben wird.

Mit einem einleitenden Hauptsatz wird gesagt, um wessen Äußerung es sich handelt. Die Wiedergabe der Äußerung erfolgt dann in einem Nebensatz, z. B.:

- in einem **„dass"-Satz im Indikativ oder Konjunktiv I,** z. B.:
  „Die Kunstdetektivin sagte, *dass* noch nie so viele Millionenwerte aus Museen und Privatsammlungen verschwunden *sind/seien* wie heute."
- in einem **uneingeleiteten Nebensatz im Konjunktiv I,** z. B.:
  „Die Kunstdetektivin sagte, noch nie *seien* so viele Millionenwerte aus Museen und Privatsammlungen verschwunden wie heute."

Den Konjunktiv II verwendet man in der indirekten Rede,

- wenn der Konjunktiv I sich nicht vom Indikativ unterscheidet (▷ S. 28) oder
- wenn die wiedergegebene Äußerung selbst bereits im Konjunktiv II steht.

Weitere Formen der Redewiedergabe:
direkte (wörtliche) Rede, z. B.: Die Kunstdetektivin sagte: „Der weltweit bisher größte ungeklärte Kunstraub hat einen Schätzwert von 300 Millionen Euro."
Zitat, das in den eigenen Satz integriert wird, z. B.: Im Jahre 1994 fand laut Detektei „der größte Kunstraub der deutschen Nachkriegsgeschichte" statt. (Der zitierte Teil muss mit dem Originalsatz übereinstimmen.)
Paraphrase (Umschreibung), z. B.: Die Polizei bestätigte im Jahre 2002 den Verlust von neun bedeutenden expressionistischen Gemälden aus dem Brücke-Museum in Berlin.

1 *Markiere im folgenden Zeitungsbericht alle Textstellen, an denen der Autor Äußerungen anderer Sprecher wiedergibt. Wähle jeweils eine Farbe für wörtliche Rede (dR), indirekte Rede (indR), Zitat (Zit) und Paraphrase (Par). Schreibe die entsprechenden Abkürzungen an den Rand.*

Gestohlene Schätze
Weltweite Schadensbilanz jährlich: sechs Milliarden Euro

von Thomas Olivier

Der nächtliche Kunstraub dauerte 54 Sekunden: Einstieg über ein Baugerüst, die Vitrine mit einem Pflasterstein zertrümmert – weg war der teuerste Salzstreuer der Welt: Cellinis „Saliera" aus dem Kunsthistorischen Museum in Wien. Schätzwert: 50 Millionen Euro lautete die Auskunft. Der Fall hält nicht nur FBI, Interpol, Scotland Yard und das Bundeskriminalamt (BKA) in Atem – auch die Kunstdetektivin Ulli Seegers (35) in Köln. Umgehend trägt sie den Diebstahl in ihr Datenregister ein. Sie warnt die digital vernetzte Kunstszene via Internet. Akribische Recherchen beginnen: „Wir nutzen intime Kontakte bis in den schwarzen Markt hi-

Benvenuto Cellini (1500–1571): Saliera

nein." Etwa 1 000 geraubte Objekte pro Monat registriere sie weltweit per Mail und Fax, bis zu 30 Diebstähle täglich. „Wir erfassen die Verluste über 400 Versicherungsgesellschaften, von geschädigten Privatsammlern und Polizeidienststellen, vom LKA, BKA und vom FBI." Mit Klischees räumt Ulli Seegers auf: „Wir machen keine Polizeiarbeit. Wir kennen uns lediglich in einem hochspezialisierten Segment aus

25 und arbeiten der Polizei zu." Rund 180000 Werke sind in dunklen Kanälen verschwunden. Viele Schicksale sind noch ungelöst. „Was glauben Sie, wie viele Picassos derzeit gesucht werden? Mehr als 600 Werke von ihm sind derzeit als gestohlen gemeldet. Eine gigantische Zahl!"

30 Erst im Februar hatte der Raub von bedeutenden Picasso-Gemälden in Rio de Janeiro und Paris die Kunstwelt erschüttert. Allein in Deutschland kämen bis zu sieben Werke täglich weg, vom kostbaren Beuys bis hin zur antiken Taufkanne.

35 Auf Kunstbörsen und Trödelmärkten werde so viel heiße Ware angeboten wie nie zuvor. Seit Öffnung der Ostgrenzen sei die Bundesrepublik zu einer der „Drehscheiben des internationalen Kunstschwarzmarktes" aufgestiegen.

40 Die Kunst beim Kunstraub besteht darin, Beute in Bares zu verwandeln, erläutert Seegers, denn berühmte Werke gelten als unverkäuflich. „Art-Napping" lautet eine pikante Variante. Erpresser böten Museen die Bilder gegen Lösegeldzahlungen wieder an.

45 Lieber zahlt ein Opfer – nicht selten die Versicherung – nur zehn Prozent des Verkehrswertes, als 100 Prozent verloren zu geben. Die Hamburger Kunsthalle musste 2006 für die Rückkehr eines Caspar David Friedrichs eine

50 „Aufwandsentschädigung" von 250000 Euro zahlen. Die „Nebelschwaden" hatten einen Versicherungswert von knapp zwei Millionen Euro. Geradezu als „Glücksfee" empfindet sich Ulli Seegers, wenn sie mithelfen kann, eine

55 Kostbarkeit wie die „Winterlandschaft" (1629) des flämischen Malers Esaias van de Velde zu lokalisieren.

General-Anzeiger, Bonn, 4./5. 8. 2007

2 *Forme die Textstellen, in denen direkte Rede verwendet wird, in indirekte Rede um. Leite mit einem Hauptsatz ein, bilde dann eingeleitete („..., dass") oder uneingeleitete Nebensätze. Schreibe in dein Heft.*

„Wir nutzen intime Kontakte bis in den schwarzen Markt hinein."
Die Kunstdetektivin erklärte, dass sie intime Kontakte bis in den schwarzen Markt hinein nutzen/nutzten.
Die Kunstdetektivin erklärte, sie nutzten intime Kontakte bis in den schwarzen Markt hinein.

3 *Timon will ein Zitat aus dem Text (Z. 54 ff.) in indirekter Rede wiedergeben. Er ist unsicher und probiert verschiedene Formen aus. Was ist richtig?*
a) Streiche die Fehler in seinen Versuchen an.
b) Gib eine Erklärung für deine Lösung.

2 *Ulli Seegers meint, sie empfinde sich geradezu als Glücksfee, wenn sie mithelfen könne, eine Kostbarkeit wie die „Winterlandschaft" (1629) des flämischen Malers Esaias van de Velde zu lokalisieren.*

1 *Ulli Seegers empfindet sich geradezu als Glücksfee, wenn sie mithilft, eine Kostbarkeit wie die „Winterlandschaft" (1629) des flämischen Malers Esaias van de Velde zu lokalisieren.*

3 *Ulli Seegers erklärt, sie empfände sich geradezu als Glücksfee, wenn sie mithelfen kann, eine Kostbarkeit wie die „Winterlandschaft" (1629) des flämischen Malers Esaias van de Velde zu lokalisieren.*

Erklärung: _____

4 *Um welche Form der Redewiedergabe handelt es sich? Kreuze die richtige Antwort an.*

	Par	dR	indR	Zit
Manchmal hat Seegers es durchaus mit „halbseidenen Gestalten" zu tun.	☐	☐	☐	☐
„Aber in dem Moment, in dem es brenzlig wird, halte ich mich da schön raus."	☐	☐	☐	☐

1 a) Markiere im folgenden Text die Konjunktivformen, die die indirekte Rede kennzeichnen. Verwende für den Konjunktiv I und den Konjunktiv II unterschiedliche Farben.
b) Warum wurden Konjunktiv-II-Formen benutzt?

Begründe: _____

Worin liegt der Reiz des Krimis? – Drei mögliche Gründe

Der Theologe Klaus Eberl fragt sich, worin der Reiz des Krimis liege. Er erläutert, dass dem Philosophen Ernst Bloch zufolge der Reiz zunächst in der Spannung des Ratens zu suchen sei. Mit der Lektüre beginne ein Wett-
5 lauf zwischen Autor und Leser. Der Autor habe seine Fährten ausgelegt. Sie sollten den Leser in die Irre führen, sollten ihn verzweifeln lassen bei der Suche nach dem versteckten Wer. Wahrheitsfindung sei die unendlich seltene Möglichkeit. Oft werde jemand als Täter entlarvt, der von allem Verdacht frei schien. Denn Men-
10 schen tarnten sich im Spiel der Welt.

2 Gib den folgenden Text in indirekter Rede wieder.

Zum Zweiten reizt das apokalyptische Moment. Die kleinen Zeichen und Indizien sind wichtig. Sie offenbaren den wahren Sachverhalt. Die Detektive gehen un-
15 terschiedlich vor. Sherlock Holmes liebt es naturwissenschaftlich. Die Lupe ist seine Waffe. Aus dem Straßenschmutz identifiziert er die Herkunft seiner Besucher. Hercule Poirot verlässt sich lieber auf seine Intuition. Rationales Pathos liegt ihm fern.

_____

_____

3 Der folgende Text steht in der indirekten Rede.
Streiche falsche Formen durch.

20 Eberl erläutert weiter, zum Dritten **reize es/reizte es/ würde es reizen,** den dunklen Punkt in der Geschichte zu finden, von dem aus alles Unheil seinen Anfang **nimmt/nehme/nähme.** Jede Detektivgeschichte **hat/ habe/hätte** ihren Sündenfall. Der analytische Blick auf
25 die Ursachen des Übels **bleibt/bleibe/bliebe** jedoch nicht auf einen vergnügten Wettlauf mit dem Autor beschränkt. Vielmehr **bewährt/bewährte/würde ... be-** **währen** sich Krimilektüre als Übungsfeld für die Gesellschaftsanalyse: Wer **ist/sei/wäre** der Schurke, wer das Opfer? Wie **können/könnten/würden ... können** die
30 dunklen Mächte der Angst vertrieben werden? Am Ende **erweist/erwiese/werde ... erweisen** sich der analytische Blick in die Vergangenheit als Voraussetzung für die Entfaltung der Zukunft.

Friedrich Dürrenmatts erster Kriminalroman „Der Richter und sein Henker" erschien im Jahre 1950. Gegenspieler sind der Kommissar Bärlach und der Verbrecher Gastmann.

4 *Setze die passenden Konjunktivformen in die Lücken ein.*

Es gibt Menschen, die glauben, menschliches Handeln _____ (sein) berechenbar.

Kommissar Bärlach behauptet, die Unvorhersehbarkeit menschlichen Handelns _____ (fördern)

die meisten Verbrechen zwangsläufig zu Tage. Der steinreiche Verbrecher Gastmann vertritt die These, gerade der

Zufall _____ (begünstigen) das Verbrechen.

5 *a) Im Folgenden findest du ein Gespräch zwischen Bärlach und Gastmann.*
   Forme es in indirekte Rede um. Verwende Konjunktivformen und passende Redeeinleitungen.
   b) Vergleiche die beiden Versionen und beschreibe die unterschiedliche Wirkung.

Friedrich Dürrenmatt

Der Richter und sein Henker (1950, Auszug)

Bärlach zog sich andere Schuhe an und betrat dann erst die Halle, blieb jedoch auf der Schwelle stehen. Hinter dem Schreibtisch saß ein Mann und blätterte in Schmieds Mappe. Seine rechte Hand spielte mit Bärlachs türkischem Messer.
„Also du", sagte der Alte. „Ja, ich", antwortete der andere. Bärlach schloß die Türe und setzte sich in seinen Lehnstuhl dem Schreibtisch gegenüber. [...] „Du nennst dich jetzt Gastmann", sagte der Alte endlich. Der andere zog eine Pfeife hervor, stopfte sie, ohne Bärlach aus den Augen zu lassen, setzte sie in Brand und antwortete, mit dem Zeigefinger auf Schmieds Mappe klopfend: „Das weißt du schon seit einiger Zeit ganz genau. Du hast mir den Jungen auf den Hals geschickt, diese Angaben stammen von dir." Dann schloß er die Mappe wieder. Bärlach schaute auf den Schreibtisch, wo noch sein Revolver lag, mit dem Schaft gegen ihn gekehrt, er brauchte nur die Hand auszustrecken; dann sagte er: „Ich höre nie auf, dich zu verfolgen. Einmal wird es mir gelingen, deine Verbrechen zu beweisen." „Du mußt dich beeilen, Bärlach", antwortete der andere. „Du hast nicht mehr viel Zeit. Die Ärzte geben dir noch ein Jahr, wenn du dich jetzt operieren läßt." „Du hast recht," sagte der Alte. „Noch ein Jahr. Und ich kann mich jetzt nicht operieren lassen, ich muß mich stellen. Meine letzte Gelegenheit." „Die letzte", bestätigte der andere, und dann schwiegen sie wieder, endlos, saßen da und schwiegen. R

Teste dich! – Rund um das Verb

Der folgende Text ist der Anfang von Friedrich Dürrenmatts Novelle „Der Auftrag".

1 *Lies zuerst den Auszug aus der Novelle. Kreuze an: Das vorherrschende (Erzähl-)Tempus der Novelle ist*

☐ das Präsens, ☐ das Perfekt, ☐ das Präteritum.

Friedrich Dürrenmatt

Der Auftrag (1986, Auszug)

Als Otto von Lambert von der Polizei benachrichtigt worden war, am Fuße der Al-Hakim-Ruine sei seine Frau Tina vergewaltigt und tot aufgefunden worden, ohne daß es gelungen sei, das Verbrechen aufzuklären, ließ
5 der Psychiater, bekannt durch sein Buch über den Terrorismus, die Leiche mit einem Helikopter über das Mittelmeer transportieren, wobei der Sarg, worin sie lag, mit einem Tragseil unter der Flugmaschine befestigt, dieser nachschwebend, bald über sonnenbeschienene
10 unermessliche Flächen, bald durch Wolkenfetzen flog, dazu noch über den Alpen in einen Schneesturm, später in Regengüsse geriet, bis er sich sanft ins offene von der Trauerversammlung umstellte Grab hinunterspulen ließ, das alsobald zugeschaufelt wurde, worauf von Lambert, der bemerkt hatte, daß auch die F. den Vorgang 15 filmte, seinen Schirm trotz des Regens schließend, sie kurz musterte und sie aufforderte, ihn noch diesen Abend mit ihrem Team zu besuchen, er habe einen Auftrag für sie, der keinen Aufschub dulde. ⬜R

2 *a) Markiere die Konjunktivformen im Text oben.*
b) Welche Konjunktivform wird verwendet? Kreuze an:

☐ Konjunktiv I ☐ Konjunktiv II

c) Warum wird der Konjunktiv verwendet? Kreuze an:

Der Konjunktiv wird verwendet,

☐ weil Otto von Lambert jeweils die Äußerung eines anderen wiedergibt.

☐ weil der Erzähler die Äußerung von anderen Figuren indirekt wiedergibt.

☐ weil Wünsche geäußert werden.

3 *Friedrich Dürrenmatt verwendet in dieser Novelle vorwiegend die indirekte Rede.*
Forme die folgende Passage in indirekte Rede um, verwende Konjunktivformen. Schreibe ins Heft und gleiche deinen Text genau mit dem Lösungsheft ab. Achte auf den veränderten Sprachrhythmus der indirekten Rede gegenüber der direkten.

Lambert empfing sie in seinem Studierzimmer [...], erklärte dann vor laufender Kamera:
„Ich bin am Tode meiner Frau schuldig, weil ich die oft unter schweren Depressionen Leidende immer mehr
5 als Fall statt als Frau behandelt habe, bis sie, nachdem ihr meine Notizen über ihre Krankheit durch Zufall zu Gesicht gekommen, kurzerhand das Haus verlassen hat, nach der Meldung der Hausdame nur in ihrem roten Pelzmantel, über einen Jeansanzug geworfen und mit einer Handtasche, seitdem habe ich nichts mehr von ihr 10 gehört, doch habe ich auch nichts unternommen, von ihr etwas zu erfahren [...]" ⬜R

Werte deine Ergebnisse aus, indem du deine Antworten mit dem Lösungsheft abgleichst.
Für jede richtige Antwort bekommst du einen Punkt.

☺ **12–8 Punkte** Gut gemacht!	☺ **7–5 Punkte** Gar nicht schlecht. Schau dir die Merkkästen der Seiten 25 bis 31 noch einmal an.	☹ **4–0 Punkte** Arbeite die Seiten 25 bis 31 noch einmal sorgfältig durch.

Wiederholung: Satzglieder und Satzgliederweiterungen

Ein **Satz** setzt sich aus verschiedenen Satzgliedern zusammen.
Ob ein einzelnes Wort oder eine Wortgruppe ein Satzglied bildet, erkennt man durch die **Umstellprobe.**
Satzglieder lassen sich umstellen, ohne dass sich der Sinn des Satzes ändert, z. B.:
„Biblio-Mulis | ermöglichen | den Andenbewohnern | im Sommer | aktuelle Informationen."
„Im Sommer | ermöglichen | Biblio-Mulis | den Andenbewohnern | aktuelle Informationen."

Mit der **Frageprobe** lassen sich vom Prädikat ausgehend Satzglieder erfragen, z. B.: „Wer oder was?" =
Subjekt (Nominativ); „Wem?" = Dativobjekt; „Wen oder was?" = Akkusativobjekt; „Worauf?", „Worüber?",
„Wovon?" usw. = Präpositionalobjekt; „Wann?", „Wo?", „Wie?" usw. = adverbiale Bestimmung.

Subjekt	Prädikat	Dativobjekt	adverbiale Bestimmung	Akkusativobjekt
Wer oder was?		Wem?	Wann?	Wen oder was?
„Biblio-Mulis	ermöglichen	den Andenbewohnern	im Sommer	aktuelle Informationen."

Von den Verben „sein", „bleiben", „werden" kann neben dem Subjekt ein weiteres Satzglied im Nominativ
abhängen, das Prädikativ (Gleichsetzungsnominativ), z. B.: „Ein Muli ist ein Lasttier." – „Ein Muli bleibt
ein Muli." – „Mulis werden sehr alt."

1 a) Ermittle die Satzglieder, indem du die Umstellprobe anwendest. Trenne sie durch Striche.
b) Bestimme die Satzglieder durch die Frageprobe.

Die Universität Valle del Momboy in Venezuela | schickt wöchentlich „Biblio-Mulis" in die Anden. „Mulis"

Wer oder was? Subjekt

sind eine Kreuzung zwischen Pferd und Esel. Die Lasttiere bleiben meist ruhig und sie sind geduldig. Bi-

blio-Mulis sollen Kindern und Erwachsenen Bücher in deren Bergdörfer bringen. Mit großem Engagement

betreut Cristina Vieras das Projekt. Demnächst wird sie zusätzliche Lasttiere in die Berge entsenden. Diese

werden elektronisches Gerät befördern. Die neuen Laptops sollen Kommunikationsmöglichkeiten eröffnen.

Sie verfügen über einen drahtlosen Internetzugang. Die Andenbewohner erhalten bessere Kontakt- und

Informationsmöglichkeiten. Christina Vieras' Arbeit ist sehr wichtig.

ARBEITSTECHNIK

Die Umstellprobe hilft dir, deinen **Schreibstil** zu **verbessern.** Du kannst
☐ Satzglieder hervorheben, indem du sie z. B. an den Anfang des Satzes stellst.
☐ Satzanfänge abwechslungsreich gestalten, indem du wechselnde Satzglieder an den Anfang stellst.

Attribute tragen zu einem anschaulichen und abwechslungsreichen **Schreibstil** bei.
Attribute sind Angaben, die Bezugswörter genauer bestimmen. Sie sind Teil eines Satzglieds und bleiben bei der Umstellprobe mit ihrem Bezugswort verbunden. Ein Attribut kann vor oder nach einem Bezugswort stehen. Fast alle Attribute antworten auf die Frage „Was für ein ...?".
Bis auf das Prädikat kann jedes Satzglied durch ein Attribut erweitert werden. Es gibt verschiedene **Formen des Attributs**, z. B.:

- ☐ **Adjektiv** oder **Partizip:** „die *alte* Stadt", „*qualmende* Fahrzeuge"
- ☐ **Genitivattribut:** „die Kleidung *der Leute*", „*der Weisheit* Schluss"
- ☐ **präpositionales Attribut:** „ein Schrecken *ohne Ende*", „der Abschied *in Berlin*"
- ☐ **Apposition** (meist in Kommas eingeschlossen): „Die Stadtpagode, *ein Bau aus der Ming-Dynastie,* ist frisch restauriert."
- ☐ **Adverb:** „die Architektur *heute*"
- ☐ **Pronomen:** „*diese* Stadtgeschichte", „*seine* Ausstrahlung"
- ☐ **Mengenangaben:** „*viele* Touristen", „*drei* Jahrhunderte"

2 a) Bestimme die Satzglieder der vorgegebenen Sätze.
b) Erweitere sie, wähle dafür passende Attribute aus dem Angebot aus. Schreibe in dein Heft.
c) Bestimme die von dir ergänzten Attribute.

Metropolen findet man in den Winkeln.	Atlantis steht für Bauten.	Rom verzaubert auch heute noch Touristen.

aus aller Welt	versunkene	schönsten	aus Marmor	die Ewige Stadt
der geheimnisvolle Ort	mit magischem Klang	der Erde	modernster Architektur	

3 Unterstreiche im nachfolgenden Text in unterschiedlichen Farben Adjektivattribute, Genitivattribute, präpositionale Attribute und die Appositionen.

Angkor Wat

Mitten im malariabelasteten Gebiet von Nordkambodscha steht eine der größten Tempelanlagen der Welt, das Urwaldheiligtum Angkor Wat. Die Tempelanlage Vishnus, einer vierarmigen Gottheit, umgibt ein kilometerlanger Wassergraben mit Lotusblüten. 600 000 Besucher aus dem In- und Ausland kommen jährlich hierher. Bereits vor dem 12. Jahrhundert wurde mit dem Bau dieser großartigen Anlage begonnen. Auf einem 1000 Quadratkilometer großen Areal entstand um die Dschungelkathedrale ein kompliziertes Netzwerk aus inneren Wasserkanälen, Bebauungsflächen für Reis und Wohngebieten. Dem Urteil der Archäologen zufolge lebten 20 000 Menschen in Angkor Wat. Emsige Reisbauern, feilschende Fischhändler und kunstfertige Bambustischler zierten das Bild der Straßen. Und die kahl ge-

schorenen Dienerinnen des Bauherrn und Königs Suryavarman II. beeilten sich, den Köchen des Herrschers Bauchfleisch vom Krokodil zum Braten zu bringen.

Die Ausmaße der Gesamtanlage wurden eher zufällig entdeckt: Erst Radarfotos aus dem Weltall machten ein Forscherteam aus Australiern und Franzosen darauf aufmerksam.

Wiederholung: Satzreihe und Satzgefüge

Satzreihe

Eine Satzreihe ist ein zusammengesetzter Satz, der aus zwei oder mehreren Hauptsätzen (HS) besteht. Die Teilsätze werden manchmal nur durch ein **Komma** getrennt, z. B.:

„Schnelle Transportmittel sind unverzichtbar, am liebsten benutzen Urlauber das Flugzeug."

═══════════ HS ═══════════ , ═══════════ HS ═══════════ .

Meist werden die Teilsätze aber durch nebenordnende Konjunktionen (Bindewörter, z. B.: „und", „oder", „denn", „aber") miteinander verbunden. Vor „denn" und „aber" **muss** ein **Komma** stehen, vor „und" bzw. „oder" **kann** es entfallen.

„Viele fahren gern mit dem Auto, aber Bahnfahren ist erholsamer."

═══════════ HS ═══════════ , Konjunktion ══════ HS ════ .

Im Hauptsatz steht die **Personalform des Verbs** immer **an zweiter Stelle** nach dem ersten Satzglied.

Ein **Satzgefüge** besteht aus mindestens einem Hauptsatz (HS) und einem Nebensatz (NS). Ein Nebensatz kann vor, hinter oder innerhalb eines Hauptsatzes stehen. Er wird in der Regel durch eine unterordnende Konjunktion (z. B. „dass", „wenn", „weil", „obwohl") oder ein Relativpronomen (z. B. „der", „die", „das", „welcher", „welche", „welches") eingeleitet, z. B.:

„Motorradfahrer verletzen sich oft unnötig, weil sie keine angemessene Schutzkleidung tragen."

═════════ HS ═════════ , Konjunktion ═══════ NS ═══════ .

Hauptsatz und Nebensatz werden **immer** durch **Komma** voneinander getrennt.
Die **Personalform des Verbs** steht im Nebensatz **an dessen Ende**.

1 *Untersuche die Sätze im Text.*
a) Umkreise in jedem Satz die Personalform des Verbs.
b) Unterstreiche Hauptsätze grün und Nebensätze rot.
c) Setze die fehlenden Kommas.

VORSICHT FEHLER!

Lkw-Unfälle auf deutschen Straßen

Die Zahl der Lkws auf deutschen Straßen ist hoch denn man kann Frachten so flexibler und kostengünstiger transportieren als per Bahn. Trotzdem bestreitet niemand dass Lkw-Fahren eine monotone Angelegenheit ist. Auf Autobahnen gibt es ein striktes Tempolimit die Trucker sollen möglichst rechts fahren und die Überholspur darf nur in Ausnahmefällen benutzt werden. Baustellen schränken das Fahrtempo ein und zahlreiche Staus verderben die Freude am Fahren. Da erstaunt es kaum dass so mancher Berufsfahrer seine Zeit hinterm Steuer sinnvoll nutzen möchte. Seitdem die Karlsruher Autobahnpolizei mit einem umgebauten Wohnmobil in die Fahrerkabinen der Trucker spähen kann wird die Öffentlichkeit immer genauer über das Leben hinter dem Brummilenkrad informiert. Manch einer telefoniert beim Fahren oder liest hinter seinem Steuer die Zeitung und trägt dabei seine Lesebrille auf der Nase. Andere arbeiten beim Fahren gerade ihre neue Route aus und Experten haben ihre Beine in einiger Entfernung vom Bremspedal auf der Ablage liegen während der eingebaute Tempomat die 100 km/h hält. Dass hierdurch Reaktionszeiten in brenzligen Fahrsituationen eingeschränkt sind das leuchtet jedem ein. Natürlich führen die meisten Fahrer ihre Sattelschlepper und Trucks sehr verantwortungsbewusst aber es wäre wünschenswert dass sich auch die schwarzen Schafe unter ihnen stärker an die Regeln halten würden.

2 *Wähle ein Satzgefüge und eine Satzreihe und zeichne jeweils das Stufenmodell dazu in dein Heft.*

Adverbialsätze

Adverbialsätze sind **Gliedsätze,** sie können an die Stelle adverbialer Bestimmungen treten. Adverbialsätze werden mit unterordnenden Konjunktionen eingeleitet (z. B.: „weil", „als", „wenn", „damit", „indem") und mit **Komma** vom Hauptsatz getrennt.

adverbiale Bestimmung
Mit einem strahlenden Lächeln
                                     nahm sie von ihren Freunden Abschied.
Indem sie strahlend lächelte,
        Adverbialsatz

Arten von Adverbialsätzen

Bezeichnung	Angabe über	erfragbar mit	Konjunktionen
Temporalsatz	Zeit	Wann? Seit wann? Wie lange?	„als"; „während"; „nachdem"; „sobald"; „seitdem"; „wenn"
Konditionalsatz	Bedingung	Unter welcher Bedingung? Wann?	„wenn"; „falls"; „sofern"; „unter der Bedingung, dass ..."
Konsekutivsatz	Folge/Wirkung	Mit welcher Folge? Mit welcher Wirkung?	„dass"; „sodass"; „so ..., dass"; „als dass"
Kausalsatz	Grund/Ursache	Aus welchem Grund? Warum?	„weil"; „da"; „zumal"
Finalsatz	Absicht/Zweck	Mit welcher Absicht? Zu welchem Zweck?	„damit"; „auf dass"
Modalsatz	Art und Weise	Wie? Auf welche Weise?	„indem"; „ohne dass"; „als ob"
Konzessivsatz	Gegengrund/ Zugeständnis/ Einräumung	Trotz welcher Gegengründe?	„obwohl"; „obgleich"; „wenngleich"

1 *Setze die passende Konjunktion ein.*

Sportskandale: Tour de France

A _____ die Anfechtung seines Dopingbefundes zurückgewiesen wird, will der spanische Radprofi bei der *Tour de France* in die Offensive gehen.

B _____ er das Blut seines Vaters verwendete, soll er sich auf unerlaubte Weise einen körperlichen Vorteil verschafft haben.

C _____ der Radsport von Krisen geschüttelt ist, wollen die Betreiber der *Tour de France* weitermachen.

2 *Forme die folgenden Sätze um, indem du die adverbiale Bestimmung zu einem Adverbialsatz umformulierst.*

D Zur Rückeroberung verlorenen Vertrauens muss Tour-Direktor Christian Prudhomme die richtigen Worte finden.

_____

_____

E Wegen der ständigen Dopingverdachtsfälle im Radsport soll die diesjährige WM in Stuttgart womöglich nicht stattfinden.

_____

_____

F Bei vorliegender Unterschrift des Radsport-Weltverbandes unter die Anti-Doping-Vereinbarungen wird die Stuttgarter Sportbürgermeisterin die WM nach Stuttgart holen.

_____

_____

G Die öffentlich-rechtlichen Sender übertragen zum Ärger der Radprofis keine Wettkämpfe mehr.

_____

_____

3 *Bestimme die Adverbialsätze aus Aufgabe 1 (S. 37) und 2 und notiere die dazu passenden Fragen.*

Adverbialsatz	Frage
A *Konditionalsatz*	*Wann wird der spanische Radprofi in die Offensive gehen?*
B	
C	
D	
E	
F	
G	

4 a) Unterstreiche die Adverbialsätze im folgenden Text.
b) Bestimme sie und notiere die Frage zur Bestimmung in Kurzform am Rand.

Honigbienen unter Stress

<u>Nachdem in den USA und Kanada 2007 ein mysteriöses Bienensterben aufgetreten war</u>, begannen deutsche Imker, ihre Bestände kritisch zu untersuchen. Obwohl sie keinen Bienentod feststellen konnten, gingen sie sofort an die Ursachenforschung, damit uns die fleißigen Blütenbestäuber

5 auch weiterhin erhalten bleiben.

Sie fanden einiges über das Bienensterben heraus. Wenn die Insekten von einer asiatischen Milbensorte befallen werden, verenden sie. Auch können ganze Bienenvölker bei großer Kälte erfrieren. Während die amerikanischen Imker ihre Verluste noch betrauerten, hielten die deutschen

10 Forscher bereits ganz bestimmte Gründe für ausschlaggebend für das Ableben der dortigen Bienenbestände, nämlich Stress. Die industrialisierte Landwirtschaft in Amerika trägt hierzu deutlich bei. Weil Felder mit Pestiziden besprüht werden, können die Bienen nicht mehr gefahrlos auf jeder Pflanze landen. Weil durch rigorose Forstwirtschaft immer mehr natür-

15 liche Nistplätze in hohlen Astlöchern verloren gehen, müssen die Imker gezimmerte Kisten bereitstellen. Die Züchter selbst erzeugen ebenfalls Stress für die Insekten, indem sie immer wieder Auswahl- und Verbesserungsprozesse in ihren Bienenvölkern durchführen. Zudem werden die amerikanischen Bienen von Wanderimkern als bezahlte Bestäuber von

20 Feld zu Feld kutschiert, sodass sie zusätzlichen Stress ertragen müssen. Obgleich in Deutschland noch keine Wanderimker aufgetreten sind, muss man sich dennoch fragen, ob den hiesigen Bienen in naher Zukunft nicht ein ähnliches Schicksal drohen könnte. Wenn auch hier die Bewirtschaftung von Wald und Feld zu noch ausgedehnteren Eingriffen in den natürli-

25 chen Lebensraum der Bienen führt, könnte ein Bienensterben auch bei uns die Folge sein.

Wann? – Temporalsatz

5 *Bilde Satzgefüge mit Adverbialsätzen: Forme die Adverbialsätze aus dem Text auf S.39 in adverbiale Bestimmungen um. Schreibe in dein Heft.*

Nach dem Auftreten eines mysteriösen Bienensterbens 2007 in den USA und Kanada begannen deutsche Imker, ihre Bestände kritisch zu untersuchen.

6 *a) Bilde Satzgefüge mit Adverbialsätzen. Wähle die passende Konjunktion.*
b) Bestimme die Art des Adverbialsatzes. Notiere den Fachbegriff (S. 37).

während	wenngleich	damit	sofern

A Die Honigbiene ist ein nützliches Tier.
  Bedingung: bestäuben Blütenpflanzen

_____

_____

Art des Adverbialsatzes: _____

B Die Honigbienen verrichten ein unentbehrliches Werk.
  Zeitverhältnis: die letzten 40 Millionen Jahre

_____

_____

Art des Adverbialsatzes: _____

C Die Honigbienen wirken zart und zerbrechlich.
  Gegengrund: ein Bienenvolk bringt im Sommer 30 Kilogramm Pollen nach Hause

_____

_____

_____

_____

Art des Adverbialsatzes: _____

D Wissenschaftler verwenden bei Bienen Mikrochips.
  Zweck: eindeutige Identifizierung der Tiere

_____

_____

_____

_____

Art des Adverbialsatzes: _____

Inhaltssätze (Subjektsätze und Objektsätze)

Inhaltssätze sind Gliedsätze, die die **Rolle von Subjekt oder Objekt** in Sätzen übernehmen können. Sie lassen sich wie ein Subjekt oder Objekt erfragen: „Wer oder was …?", „Wen oder was …?"
Bei der Bestimmung von Inhaltssätzen ist es hilfreich, den gesamten Satz zu verkürzen und den Inhaltssatz durch „etwas" zu ersetzen.

Subjektsatz

„Dass Waldbrände häufig durch Unachtsamkeit entstehen, | war | den Experten | klar."

Etwas

Subjekt   **Prädikat**   **Objekt**   **Prädikativ**

Wer oder was war klar? – … dass Waldbrände häufig durch Unachtsamkeit entstehen.

Objektsatz

„Experten | fordern, | dass Brandland in jedem Fall wieder aufgeforstet werden muss."

etwas

Subjekt   **Prädikat**   **Objekt**

Wen oder was fordern Experten? – „… dass Brandland … wieder aufgeforstet werden muss."

Subjekt- und Objektsätze geben den Inhalt dessen an, was man weiß, sagt, vermutet, hofft, wünscht, was klar oder unklar ist usw. Deshalb nennt man diese Gliedsätze auch Inhaltssätze. Sie werden häufig durch die Konjunktion „dass" eingeleitet und durch ein **Komma** vom Hauptsatz getrennt.

1 *Erfrage die Inhaltssätze und kreuze richtig an.*

	Subjektsatz	Objektsatz
1 Dass das Rauchen in öffentlichen Gebäuden in Deutschland verboten ist, weiß mittlerweile jeder.	☐	☒

Frage: <u>*Wen oder was weiß mittlerweile jeder?*</u>

	Subjektsatz	Objektsatz
2 Dass deshalb aber nicht jeder sofort mit dem Rauchen aufhören kann, ist ebenfalls bekannt.	☐	☐

Frage: _____

	Subjektsatz	Objektsatz
3 Dass es Raucherzellen an öffentlichen Plätzen geben soll, wurde deshalb im Gesetzesentwurf vorgesehen.	☐	☐

Frage: _____

	Subjektsatz	Objektsatz
4 Raucher fürchten, dass sie durch diese Maßnahmen zu sozialen Außenseitern werden.	☐	☐

Frage: _____

	Subjektsatz	Objektsatz
5 Einigen Rauchern ist kaum bewusst, dass sie die Gesundheit anderer gefährden.	☐	☐

Frage: _____

	Subjektsatz	Objektsatz
6 Nichtraucher freut, dass sie in Restaurants und Kneipen vom Raucherdunst unbehelligt bleiben.	☐	☐

Frage: _____

> **Formen von Inhaltssätzen**
> ☐ **dass-Satz:**
> ☐ **indirekter Fragesatz,** eingeleitet z. B.
> mit „ob", „warum", „wie", „weshalb":
> ☐ **Infinitivsatz:**
>
> **Beispiele**
> „Der Kegler ahnte bereits, *dass die Kugel daneben gehen würde*."
> „Der Kegler wusste nicht, *ob der nächste Wurf gelingen würde*."
> (direkte Frage: Würde der Wurf ... gelingen?)
> „Der Kegler hoffte (,) *die Meisterschaften dennoch zu gewinnen*."
>
> Inhaltssätze werden in der Regel durch **Komma** vom Hauptsatz getrennt. Bei Infinitivsätzen kann das Komma entfallen, sofern nicht durch ein hinweisendes Wort auf den Infinitivsatz Bezug genommen wird, z. B.: „Der Kegler hoffte darauf, die Meisterschaften dennoch zu gewinnen."

2 a) Unterstreiche im folgenden Text die Inhaltssätze und bestimme ihre Form. Notiere dein Ergebnis in der Randspalte.
b) Setze die fehlenden Kommas. Setze Kommas, die nicht stehen müssen, in Klammern.

VORSICHT FEHLER!

Kegeln – der Renaissancesport des 21. Jahrhunderts

Dass Kegeln im 21. Jahrhundert eine Renaissance erlebt zeigen unlängst die   *dass-Satz*

gefüllten Auftragsbücher der Kegelbahnvermieter. Wer von jetzt auf gleich

eine Bahn mieten möchte, wird merken wie schwierig das geworden ist. Die

bewegende Frage ist allerdings wer die Kegler von heute sind. Früher übli-

5 che Motivationen zu kegeln scheiden heute aus. Im Vordergrund steht nicht

mehr das Kegeln als Anlass für eine zünftige Bierrunde zu nehmen. Das

Klischee der spießigen Altherrenrunde hat ausgedient. Der moderne Kegler

ist Anfang bis Mitte zwanzig, besitzt keinen Bierbauch und findet dass Ke-

geln absolut cool und zeitgemäß ist. Sven Obermann (25), Gründungsmitglied

10 vom Klub „Wertmarke", erläutert dass Kegeln eine gute Gelegenheit zur

Geselligkeit biete. Wer seinen Freundeskreis unproblematisch und unbürokra-

tisch zusammenhalten möchte sollte seiner Meinung nach kegeln. Regelmä-

ßige Treffen ohne strikte Anwesenheitsverpflichtung sind da ein guter Anreiz.

Wichtig ist auch dass der Kegelsport in der Regel für jedermann erschwing-

15 lich ist. Diejenigen, die sich vor zu bewegungsintensiven Sportarten scheuen,

können hier auch mitmachen. Dass Kegeln zum Volkssport Nummer eins

avancieren könnte hält Obermann durchaus für möglich.

Ob die von Obermann favorisierte Traditionssportart auch etwas für echte

Sportfreaks sein kann fällt dem Kegel-Vizeweltmeister Stephan Stenger aus

20 Alsdorf leicht zu beantworten. Unter Wettkampfbedingungen 240 Kugeln in

insgesamt 96 Minuten über die Kegelbahn zu jagen verlangt schon die Kon-

stitution eines Leistungssportlers. Aber als Ansporn gilt ihm dass alle zwei

Jahre Europameisterschaften und alle vier Jahre Weltmeisterschaften im Kegeln

stattfinden. Wie er bei dem bald in Brasilien stattfindenden Weltcup ab-

25 schneiden wird weiß Stenger zwar noch nicht, aber er hofft dass er diesmal

vielleicht sogar den Vizeweltmeister knackt. Wir würden es ihm wünschen.

Infinitivsätze

Ein Infinitivsatz besteht aus einem **Infinitiv mit „zu" und mindestens einem weiteren Wort oder einer Wortgruppe.**
Infinitivsätze werden mit **Komma** vom Hauptsatz abgetrennt,
- ☐ wenn der Infinitivsatz durch „um", „ohne", „anstatt", „statt", „außer" oder „als" eingeleitet wird, z. B.: „Zunehmend mehr Menschen versorgen sich im Bioladen, *statt in einem Supermarkt einzukaufen.*"
- ☐ wenn der Infinitivsatz von einem Nomen oder einem hinweisenden Wort abhängt, wie etwa „daran", „darauf" oder „es", z. B.: „Sie trafen **die Vereinbarung,** *das Getreide biologisch* **anzubauen.**" – „Das Umweltamt hofft **darauf,** *die Chemiesünder* **zu erwischen.**"
- ☐ wenn der Infinitivsatz in den Hauptsatz eingeschoben ist, z. B.: „Die Zielsetzung, *die Müllgebühren zu senken,* halten Kommunalpolitiker für unrealistisch."

In allen anderen Fällen kann das Komma zur Leserfreundlichkeit und zum eindeutigen Verständnis gesetzt werden.

1 a) Markiere im folgenden Text die Infinitivsätze.
b) Setze die fehlenden Kommas.

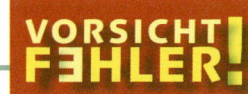

Wann ist Bio bio?

Um heutzutage als Karotte, Apfel, Kartoffel oder Steak von den Kunden akzeptiert zu werden schickt es sich das deutsche sechseckige Bio-Siegel zu erwerben. Aber wie geht das? An erster Stel-
5 le gehört dazu ein Landwirt, der anstatt auf gentechnisch verändertes Saatgut, chemische Düngemittel, Pestizide oder Antibiotika in der Tierhaltung zu setzen bereit ist alternative Wege zu gehen. Außer Saatgut und Jungtiere aus ökologisch arbei-
10 tenden Betrieben zu nehmen geht da erst einmal gar nichts. Beim Pflanzenanbau gilt es möglichst natürliche Schädlingsbekämpfung und Düngung zu betreiben. Eine Positivliste möglicher Produkte gibt an, was der Landwirt einsetzen darf. Damit kann
15 man es vermeiden Fehler zu machen. Erkrankt ein Tier auf einem Biohof, wird der Tierarzt vorrangig pflanzliche und homöopathische Mittel einsetzen um es zu behandeln. Um auch weiterverarbeitete Lebensmittel mit dem Bio-Siegel auszeichnen zu
20 können müssen weitere Punkte berücksichtigt werden. So ist bei der Haltbarmachung von Lebensmitteln auf die Bestrahlung mit ionisierenden Strahlen zu verzichten. Statt auf die ganze Palette synthetischer und naturidentischer Geschmacks-,
25 Farb- und Konservierungsstoffe zugreifen zu können beschränken sich die Hersteller von Lebensmitteln mit dem Bio-Siegel auf eine Liste von rund 50 zugelassenen Zusatzstoffen. Sämtliche Bestimmungen des deutschen Bio-Siegels entsprechen
30 den Anforderungen der EG-Öko-Verordnung und gelten damit innerhalb der gesamten Europäischen Union.
Gibt aber der Erwerb eines Bio-Siegel-Produkts eine Garantie darauf gesünder zu leben? – Die
35 Verfechter ökologischer Landwirtschaft hoffen darauf in einigen Jahren mit entsprechenden Langzeitstudien aufwarten zu können, die dies bestätigen werden.

2 Ein Satz – zwei Bedeutungen: Entscheide durch die Kommasetzung, welche Lesarten es gibt.

Die Kundin bat den Verkäufer eindringlich die Inhaltsstoffe des Produkts zu erläutern.
Die Kundin bat den Verkäufer eindringlich die Inhaltsstoffe des Produkts zu erläutern.

Partizipgruppen

! Obwohl Partizipgruppen kein Verb in der Personalform enthalten, können sie im Satz die Funktion von Gliedsätzen übernehmen. Man nennt sie auch darum **satzwertige Partizipien.** Satzwertige Partizipien können in Gliedsätze umgewandelt werden; dabei greifen sie auf dasselbe Subjekt wie der angegliederte Hauptsatz zurück.

Partizipgruppe: „*Vor Hitze schwitzend* marschierten wir weiter durch die Wüste."

Stufenmodell: ▬ satzwertiges Partizip ▬   HS ▬

Umformung in Gliedsatz: „*Obwohl wir vor Hitze schwitzten*, marschierten wir weiter durch die Wüste."

Partizipgruppen müssen normalerweise nicht durch Kommas abgetrennt werden. Um die Gliederung des Satzes deutlich zu machen, kannst du sie aber immer setzen.

Kommas müssen allerdings **stehen,**
- ☐ wenn durch hinweisende Wörter auf die Partizipgruppe Bezug genommen wird, z. B.: „*So, schwitzend vor Hitze*, erreichten wir die Oase."
- ☐ wenn die Partizipgruppe als nachgestellte Erläuterung (oft am Satzende) steht, z. B.: „Wir erreichten die Oase, *schwitzend vor Hitze*."
- ☐ wenn du die Gliederung des Satzes verdeutlichen willst, z. B.: „Wir marschierten, *vor Hitze schwitzend*, weiter durch die Wüste."

1 a) Setze in den folgenden Sätzen ein Komma, wo es erforderlich ist.
b) Unterstreiche die Partizipgruppe.
c) Wandle die Sätze in Satzgefüge um, indem du die Partizipgruppe als Gliedsatz formulierst. Schreibe in dein Heft.

1 Den Blick für die Risiken des Klimawandels schärfend plädiert Prof. Andreas Troge für eine aktive Begrenzung ihrer Auswirkungen.

2 Die meisten Forscher reagierten die längeren Trockenperioden, stärkeren Regenfälle und zerstörerischeren Stürme berücksichtigend höchst alarmiert.

3 Man verbessert Deichbau und Hochwasserschutz in Deutschland zukünftige volkswirtschaftliche Schäden vermeidend.

TIPP

Satzwertige Partizipien können der knappen und präzisen Formulierung dienen. Stilistisch wirken sie manchmal umständlich. **Lesefreundlicher** ist es dann, statt der Partizipgruppe einen Nebensatz zu formulieren.

2 Entscheide, welche Partizipgruppen im nachstehenden Text eher umständlich wirken und welche nicht. Formuliere den Text lesefreundlicher. Schreibe in dein Heft.

Viele Bürger machen sich, den Klimawandel in Deutschland betreffend, gern ein romantisches Bild. Noch unter Palmen im heißen Süden Cocktails am Pool genießend, träumen sie bereits vom Urlaub zu Hause. Leider ist diese Vorstellung, jüngsten wissenschaftlichen Ergebnissen folgend, völlig falsch. Heißere Sommer und kältere Winter schon erwartend, werden uns stattdessen sich in Windeseile ändernde Großwetterlagen überraschen, Extremwetterlagen mit katastrophalen Auswirkungen. Gerade noch ruhig dahinfließend, verwandeln sich Flüsse in kürzester Zeit in Jahrhundertfluten. Wind, eben noch sanft wehend, wird zu einem unberechenbaren Orkan. Vor allem der Nordosten Deutschlands hätte, dem Bericht des Umweltbundesamtes vertrauend, verschärfte Sommer mit ausgeprägten Dürren zu erwarten. Meteorologen machen bereits darauf aufmerksam, zudem auf eine erhöhte Waldbrandgefahr, große Ernteeinbußen und Wasserknappheit hinweisend.

Relativsätze

Ein Relativsatz ist ein Nebensatz, der ein Bezugswort näher erläutert. Er hat im Satz die Rolle eines Attributs. Kennzeichen des Relativsatzes sind:
- ☐ Er wird durch ein **Relativpronomen** eingeleitet: „der", „die", „das" (ersetzbar durch „welcher", „welche", „welches").
- ☐ Die Personalform des Prädikats steht am Ende.
- ☐ Er bezieht sich auf ein Nomen oder Pronomen im Hauptsatz.
  Vor dem Relativpronomen kann auch eine Präposition stehen, etwa „mit", „durch", „vor" usw.

Relativsätze werden **immer** durch **Komma** vom Hauptsatz abgetrennt. In den Hauptsatz eingeschobene Relativsätze schließen mit einem Komma, z. B.:

„Ihre Konzentration wurde durch einen Scheinwerfer, *der* brummte, gänzlich gestört."
Relativpronomen/Relativsatz

„Ihre Konzentration wurde durch einen *brummenden* Scheinwerfer gänzlich gestört."
Attribut

„Der Laufsteg, *auf dem* das Model ging, vibrierte."
Präp. + Relativpronomen/Relativsatz

„Der Laufsteg *mit dem Model darauf* vibrierte."
Attribut

Rechtschreib-Tipp: Das Relativpronomen „das" schreibt man immer mit einem „s". Um es nicht mit der Konjunktion „dass" zu verwechseln, sollte man testen, ob es sich durch *„welcher", „welche", „welches"* ersetzen lässt, z. B.: „Das Glas, *welches* dort steht, ..."

1 *Bilde Satzgefüge mit Relativsätzen. Schreibe ins Heft.*

1 Alek Wek ist ein 30-jähriges Model. Sie kommt aus dem Sudan.
2 Ihr Teint erregt Bewunderung. Er ist dunkler als der von Naomi Campbell oder Tyra Banks.
3 Journalisten schreiben über sie, sie sei ein Model von wilder Schönheit. Sie wurde mitten in Afrika entdeckt.
4 Tatsächlich wurde Alek Wek mit 19 Jahren im Londoner Crystal Palace Park entdeckt. Sie war damals Kunststudentin.

2 *a) Unterstreiche die Relativsätze und setze die fehlenden Kommas.*
b) Umkreise das richtige Relativpronomen.

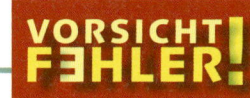

Model aus Afrika

Alek Weks Geschichte (das/die) vor 30 Jahren im Sudan begann ist einmalig und fast unglaublich. Ihre Eltern, Geschwister und Verwandten gehören zum Stamm der Dinka (deren/dessen) Mitglieder für ihre eindrucksvolle
5 Körperlänge sowie ihren majestätischen und kerzengeraden Gang bekannt sind. Ihr erstes Leben (das/dem) sie durch die Bürgerkriegswirren bedingt im Alter von neun Jahren entfloh verbrachte sie in der Kleinstadt Wau (die/das) im Süden des Sudans liegt. Nach der Flucht zu Ver-
10 wandten, während (der/denen) sie quer durch die heiße Steppe laufen musste begann ihr zweites Leben. Mit zwölf Jahren musste sie dann erneut mit ihrer Familie fliehen, diesmal nach Karthoum der Stadt in (die/der) ihr Vater an einem einfachen Hüftbruch verstarb. Ihr drittes Leben begann. Aleks Schwester Ajok (die/der) damals 15 bereits in London verheiratet war verhalf der Halbwaisen zu einem Visum. Mit dem Flug zu Ajok (der/die) für Alek einen Aufbruch in eine neue Welt bedeutete startete sie in ihr viertes Leben – als Model. Aber die Zeiten in (den/denen) sie auf Leopardenfellen als wilde Tarzan- 20 schönheit abgebildet wurde sind vorbei. Alek Wek zählt seit zehn Jahren zu den absoluten Topmodels.

45

Teste dich! – Grammatik und Zeichensetzung

1 *Setze im folgenden Text die fehlenden Kommas. Klammere Kommas ein, die man setzen kann,
aber nicht muss. Achte auch auf Aufzählungen.*

Kalkutta – Die indische Metropole und ihre vergessenen Schätze

Kalkutta ein riesiger Moloch im Herzen von Indien
ist eine Stadt mit fast 15 Millionen Einwohnern die
sich täglich durch den Gestank den Lärm und die
Enge der Stadt schieben.
5 Kaum jemand weiß dass im Norden der Stadt in
dem einst bengalische Kaufleute Babus genannt mit
den britischen Kolonialherren einen florierenden
Handel führten herrliche Prachtbauten mit exotischen Gärten dem schleichenden Verfall anheimge-
10 stellt sind. Wenn sich abends die Sonne über Kalkutta senkt und wenn die Nacht über die Stadt
hereinbricht wenn die Straßenhändler ihre Stoffe
goldenen Armreifen Plastikschüsseln und Gewürze
am Bürgersteigrand zusammenpacken erheben sich
15 über der in Schlaf verfallenden Stadt an ihrem
Nordrand wunderschöne Säulen mit korinthischen
Kapitellen sowie Venusstatuen malerisch gehauene
Blütenfriese und mächtige Stucklöwen die ihre Vorderpfoten nach uns ausstrecken. In ein goldenes
20 Abendrot getaucht prägen sie die Silhouette der
Stadt.

Warum noch nie jemand so richtig auf den Gedanken gekommen ist diese glorreichen Anwesen von
einst retten zu wollen kann sich Kamalika Bose die
26-jährige Geschichtsstudentin kaum erklären. Mit 25
ihr zusammen wandern wir bei 45 Grad im Schatten die Chitpur Road die Verkehrsader im Norden
Kalkuttas entlang. Entlang dieses Boulevards liegen
die kleinen exotischen Paläste verstreut aber auch
in den Seitenstraßen sind einige zu finden und all 30
das wollen wir kennen lernen.

2 *a) Setze, wo nötig, in den nachfolgenden Sätzen Kommas.*
b) Begründe deine Entscheidung in einem vollständigen Satz.

1 Kalkutta war so prächtig dass es im Britischen Empire London fast als ebenbürtig galt.

Begründung: _____

_____

2 Wegen ihrer regen Handelstätigkeit waren die bengalischen Babus im 18. Jahrhundert zu unermesslichem Reichtum gelangt.

Begründung: _____

_____

3 Sie ließen Paläste erbauen die äußerlich die klassizistischen Fassaden der Kolonialherren nachempfanden.

Begründung: _____

_____

4 Mit den aufwändigen Hausfassaden versuchten sie ihre englischen Besatzer zu beeindrucken.

Begründung: _____

_____

3 *Was liegt vor: Hauptsatz (HS), Satzreihe (SR) oder Satzgefüge (SG)?*
Schreibe das richtige Kürzel hinter jeden Satz.

1 Kamalika Bose schreibt in ihrer Diplomarbeit über die Paläste der bengalischen Babus, denn sie möchte vor allem die Erinnerung an die damaligen Prachtbauten konservieren. _____

2 Ursprünglich wollte Kamalika Bose nur fünf Häuser dokumentieren, stattdessen sind bis jetzt aber schon fünfundfünfzig daraus geworden. _____

3 Über zwanzig Studenten der Hochschule für Kunst in Bremen helfen ihr, die zahlreichen Häuser zu vermessen, ihre Friese abzupausen und sie mit der Digitalkamera für die Nachwelt festzuhalten. _____

4 Bei ihrer Arbeit im Straßengewirr Nordkalkuttas hat sie schon vor so mancher unerwarteten, aber schönen Überraschung gestanden. _____

4 *a) Unterstreiche die Attribute im Text und nummeriere sie.*
b) Ordne die Nummern den sich anschließenden Attributarten zu.

Die historischen Wurzeln der vergessenen Reichtümer Kalkuttas liegen im Jahr 1690. Die zentrale Lage der Ansiedlung bewog die Engländer, dort eine Handelsniederlassung von großem Einfluss zu gründen. Nach der Niederschlagung des Sepoy-Aufstandes im Jahr 1857 wurde die ruhmreiche Britische Ostindien-Kompanie aufgelöst. Indien, der gewaltige Subkontinent, wurde britische Kronkolonie. Kalkutta lag nunmehr am östlichen Rand Indiens, seine Bedeutung ging zurück.

Adjektivattribut: _____

Genitivattribut: _____

Präpositionales Attribut: _____

Apposition: _____

5 *Bestimme die Gliedsätze oder satzwertigen Gruppen.*
Ordne die Nummern der Sätze den sich anschließenden Gliedsatzarten zu.

1 Obwohl Kalkutta aus westlicher Sicht in der Regel nicht mit einem positiven Lebensgefühl in Verbindung gebracht wird, bezeichnen seine Bewohner selbst den Ort als „Stadt der Freude". 2 Bedenkt man, dass nur etwa 25 Prozent der Menschen für ihren Lebensunterhalt geregelt aufkommen können, ist dies kaum nachvollziehbar. 3 Unauflöslich scheint für uns Kalkutta mit Mutter Theresa verknüpft zu sein, die sich hingebungsvoll um die vielen
5 Sterbenden in den Straßen dieser Metropole kümmerte. 4 Doch kann man auch anderes entdecken, wenn man sich auf die Stadt erst einlässt. 5 Durch Kalkuttas Straßen streifend entdeckt das Auge sofort den morbiden Charme britischer Kolonialarchitektur, der immer noch einen Großteil des Flairs ausmacht. 6 Auch unternimmt die Metropole Anstrengungen, um den Anschluss an das 21. Jahrhundert zu halten. 7 Verschiedene Callcenter und IT-Firmen haben Einzug in einen neuen Vorort gehalten, der von Kalkuttas Einwohnern „Salt Lake" genannt
10 wird. 8 Wirtschaftlicher Aufschwung und kulturhistorisches Erbe tragen dazu bei, dass die Lebensfreude einer millionenstarken Bevölkerung gedeiht.

Adverbialsatz: _____

Inhaltssatz: _____

Relativsatz: _____

Infinitivsatz: _____

Partizipgruppen: _____

Werte deine Ergebnisse aus, indem du deine Antworten mit dem Lösungsheft abgleichst.
Für jede richtige Antwort bekommst du einen Punkt.

 61–49 Punkte
Gut gemacht!

 48–30 Punkte
Gar nicht schlecht. Schau dir die Merk-
kästen der Seiten 34 bis 45 noch einmal an.

 29–0 Punkte
Arbeite die Seiten 34 bis 45
noch einmal sorgfältig durch.

Groß- und Kleinschreibung

TIPP

Beachte, dass Eigennamen nur **bestimmten, einzigartigen** Lebewesen, geografischen Gegebenheiten, Institutionen und historischen Ereignissen zugewiesen werden.

1 *Prüfe, ob ein Eigenname vorliegt, und schreibe die Ausdrücke in der richtigen Groß- und Kleinschreibung ab.*

DER ZWEITE WELTKRIEG

VEREINIGTE STAATEN VON AMERIKA

SCHWARZER TEE

JOHANN WOLFGANG VON GOETHE

DAS WEISSE HAUS

SCHWARZWÄLDER SCHINKEN

SALZBURGER FESTSPIELE

DIE BONNER BEVÖLKERUNG

DER HEILIGE VATER

FREIE UND HANSESTADT HAMBURG

HOLLÄNDER KÄSE

BADISCHE SPEZIALITÄT

DER SCHIEFE TURM VON PISA

DER BESTE ITALIENISCHE WEIN

FRANZÖSISCHER KÄSE

WESTFÄLISCHER FRIEDEN

GROSSER WAGEN

WALTHER VON DER VOGELWEIDE

KATHARINA DIE GROSSE

DER FRANZÖSISCHE DOM IN BERLIN

DAS BAYERISCHE BIER

2 *Prüfe die Groß- und Kleinschreibung für die im Text markierten Wortanfänge. Streiche jeweils den falschen Buchstaben durch.*

Palmen auf der Zugspitze?

Ragen in hundert Jahren die Spitzen des K/kölner Doms aus dem Meer? Verschwinden die Strände der G/griechischen Inseln? Ist das Skifahren in den S/schweizer Alpen nur noch auf Kunstschnee möglich?

5 Wissenschaftler aus vielen Ländern versuchen seit einigen Jahren, die Veränderungen des Klimas zu erforschen und die drohende Katastrophe zu verhindern. Die V/vereinten Nationen haben wie die E/europäische Gemeinschaft an zahlreiche Institutionen Forschungsaufträge erteilt. Trotz

10 der bekannten Probleme werden die B/brasilianischen Wälder aber weiter abgeholzt, wird auf den K/kanarischen Inseln durch Tourismusprojekte das Grundwasser abgesenkt und durch intensive Viehhaltung in der A/afrikanischen Steppe das Vordringen der Wüsten beschleu-

15 nigt. Die Menschen stellen immer noch eigene, meist W/wirtschaftliche vor die Ö/ökologischen Interessen. Das Weltklima verändert sich somit immer schneller.

Wir merken dies auch in Deutschland, wenn der Sturm Kyrill große Teile des S/sauerländischen Waldes vernichtet, extreme Regenfälle die F/fränkischen Städte 20 unter Wasser setzen oder das Meer an den O/ostfriesischen Inseln die Dünenketten annagt.

Schon jetzt sind viele Tierarten wegen der klimatischen Veränderungen vom Aussterben bedroht. In den A/arktischen Gewässern findet der Eisbär keine Nahrung 25 mehr, der S/sibirische Tiger verliert durch die Abholzungen in der Taiga seinen Lebensraum und die Korallenriffe vor dem G/großen Barriere-Riff in Australien können dem steigenden Meeresspiegel nicht folgen. Die Klimaveränderungen erfordern sofort ein konsequen- 30 tes Handeln von Politik, Wirtschaft und Privatpersonen.

> **TIPP**
>
> Die Schreibung von **Verbindungen aus Adjektiv und Nomen** ist nicht in allen Fällen eindeutig geregelt. Wenn ein Nomen mit einem Adjektiv eine feste Verbindung eingeht, die aber kein Eigenname ist, so wird das Adjektiv in der Regel kleingeschrieben, wie z. B.: „das neue Jahr".
> In den Fachsprachen gibt es hierzu jedoch unterschiedliche Regelungen. Häufig ist sowohl Groß- als auch Kleinschreibung möglich, z. B.: „das gelbe Trikot/das Gelbe Trikot".

3 *Setze die Adjektive (Farbbezeichnungen) in die Lücken ein und ergänze die Worterklärungen. Achte auf die richtige Groß- und Kleinschreibung. Schlage im Zweifelsfall im Wörterbuch nach und informiere dich, in welchen Fällen beide Schreibweisen richtig sind.*

weiß	gelb	schwarz	rot	grün

1 Die _____ Witwe ist ein Fachbegriff der _____.

2 Auf der _____ Liste sind die vom Aussterben bedrohten _____.

3 Eine _____ Karte bedeutet _____.

4 Die _____ Rose ist der Name für _____.

5 Der _____ Star ist ein Fachbegriff _____.

> **!**
>
> **Tageszeiten und Wochentage**
> - ☐ Bezeichnungen für Tageszeiten und Wochentage werden **großgeschrieben,** wenn sie Nomen sind. Man erkennt sie an den Nomensignalen (Artikel, Präposition, vorangestelltes Adjektiv oder Pronomen), z. B.: „der Morgen", „gegen Mittag", „in dieser sternklaren Nacht".
> - ☐ Bezeichnungen für Tageszeiten und Wochentage werden **kleingeschrieben,** wenn sie Adverbien sind, z. B.: „heute", „abends", „montags", „montagmorgens".
> - ☐ Bei zweiteiligen Tageszeitangaben schreibt man die **Adverbien klein** und die **Nomen groß,** z. B.: „gestern Abend", „morgen Mittag", „heute Vormittag".

> **TIPP**
>
> Verbindungen aus Wochentag und Tageszeit werden zusammengeschrieben, z. B.: „Mittwochvormittag", „Sonntagabend".

4 *Schreibe die Wörter in Großbuchstaben in der richtigen Schreibweise in dein Heft.*

Termine über Termine

MARA: Was machst du AMDONNERSTAGNACHMIT-
TAG? Wir haben SEITWOCHEN nichts mehr zusammen unternommen.

TIM: Lass mich mal überlegen, DONNERSTAGABENDS
5   und MONTAGNACHMITTAGS habe ich Handball-
training. Unser Trainer will VONHEUTEAUFMOR-
GEN eine gute Mannschaft formieren. Wie wäre es
stattdessen mit FREITAGGEGENABEND?

MARA: Ich fürchte, das wird nicht klappen, denn ich neh-
10   me MORGENABEND an einer Führung im Natur-
und Umweltpark teil. Darauf freue ich mich schon
SEITTAGEN.

TIM: Und was machst du AMSAMSTAG?

MARA: Der Termin hat gar keine Chance, denn BISZUM-
15   MITTAG muss ich mich auf meine Deutscharbeit
AMNÄCHSTENMITTWOCH vorbereiten und SAMS-
TAGNACHMITTAG bin ich mit Miriam zum Eisho-
ckey verabredet. DERSONNTAG scheidet wegen eines
VORMONATEN geplanten Familienfestes ganz aus.
20 TIM: Ich sehe, du bist ein viel beschäftigtes Mädchen, das
JEDENTAG etwas vorhat.

Ich traue mich schon gar nicht mehr, nach den Ter-
minen INDERNÄCHSTENWOCHE zu fragen ...

MARA: Wie wäre es eigentlich mit HEUTENACHMIT-
TAG etwa GEGENFÜNFZEHNUHR?
25

TIM: Ja, warum nicht, ich treffe mich lieber HEUTEALS-
MORGEN mit dir.

5 *Schreibe eine E-Mail, in der du deinen Freunden oder Freundinnen möglichst konkrete Vorschläge für gemeinsame Unternehmungen am nächsten Wochenende machst. Verwende in deinem Schreiben folgende Zeitangaben und ergänze gegebenenfalls weitere. Schreibe in dein Heft.*

TAGSÜBER	SPÄTABENDS	VOR MITTERNACHT	IN ALLER FRÜHE
AM SAMSTAGVORMITTAG	ALLERFRÜHESTENS		SONNTAGNACHMITTAG

> Liebe/r _____,
> wie wäre es, …

Teste dich! – Groß- und Kleinschreibung

1 *a) Lies den folgenden Text über die Stadt Dresden.*
b) Schreibe zu den mit 1 bis 5 gekennzeichneten Wörtern die Regeln auf, die deren Schreibweise erklären.

Die Stadt Dresden ist wegen ihrer geografischen Lage, ihres künstlerischen Lebens und ihrer berühmten Bauten ein beliebtes Reiseziel. Unter der Regentschaft **1** August des Starken wird der **2** Dresdner Hof schon Anfang des 18. Jahrhunderts zu einem Zentrum der Kunst und Kultur in Europa. Zu den heute noch bedeu- tendsten Dresdner Museen gehören die Gemäldegalerie Alte Meister und das **3** Grüne Gewölbe im Schloss, dem wohl prächtigsten **4** europäischen Schatzkammermuseum. Eine der Brillantgarnituren trägt den **5** größten grünen Diamanten der Welt.

1 _____

2 _____

3 _____

4 _____

5 _____

2 *Streiche im folgenden Text die falschen Buchstaben der markierten Wortanfänge durch.*

Als typische Mitbringsel aus Dresden werden das M/meißener Porzellan, die E/erzgebirgischen Spielzeuge und die Bildbände der S/staatlichen Kunstsammlungen angesehen. Antiquarisches lässt sich am besten auf dem T/typischen Trödelmarkt unterhalb der Albertbrücke oder in einem der Z/zahlreichen Antiquariate erstehen, so z. B. in der S/sächsischen Werk-Kunst-Stube in der Wallstraße. Wer mehr auf K/kulinarische Genüsse schwört, ist mit einem D/dresdner Christstollen oder S/sächsischem Wein gut beraten. In diesem Zusammenhang lohnt sich ein Besuch in der S/sächsischen Winzergenossenschaft Meißen, die auch köstliche K/kulinarische Spezialitäten anbietet, so z. B. die S/sächsische Kartoffelsuppe, die ohne Weiteres mit der E/elsässer Schneckensuppe konkurrieren kann. Besonders schmackhaft sind auch die G/grünen Spreewaldgurken, die man auf Dresdens G/größtem Wochenmarkt am D/deutschen Hygiene-Museum einkaufen kann.

3 *Von den drei Möglichkeiten ist nur jeweils eine richtig. Kreuze sie an.*

1 ☐ Bei der Stadtführung **heute nachmittag** blitzte und donnerte es.

☐ Bei der Stadtführung **heute Nachmittag** blitzte und donnerte es.

☐ Bei der Stadtführung **Heute Nachmittag** blitzte und donnerte es.

2 ☐ Die Busfahrt in die Sächsische Schweiz findet **Dienstag morgens** statt.

☐ Die Busfahrt in die Sächsische Schweiz findet **Dienstagmorgens** statt.

☐ Die Busfahrt in die Sächsische Schweiz findet **dienstagmorgens** statt.

3 ☐ Wir treffen uns am **Sonntagabend** in der Frauenkirche.

☐ Wir treffen uns am **Sonntag abend** in der Frauenkirche.

☐ Wir treffen uns am **sonntagabend** in der Frauenkirche.

Werte deine Ergebnisse aus, indem du deine Antworten mit dem Lösungsheft abgleichst.
Für jede richtige Antwort bekommst du einen Punkt.

| ☺ **24–17 Punkte** Gut gemacht! | ☺ **16–11 Punkte** Gar nicht schlecht. Schau dir die Merkkästen der Seiten 48 bis 50 noch einmal an. | ☹ **10–0 Punkte** Arbeite die Seiten 48 bis 50 noch einmal sorgfältig durch. |

51

Getrennt- und Zusammenschreibung

> **Verbindungen mit Verben**
>
> **Verben und Verben**
> - Verbindungen aus zwei Verben werden getrennt geschrieben, z. B.: „lesen üben".
> - Verbindungen mit „bleiben" und „lassen" als zweitem Bestandteil können zusammengeschrieben werden, wenn sie eine neue, übertragene Bedeutung haben, z. B.: „sitzen bleiben"/„sitzenbleiben" (nicht versetzt werden).
> - Die Verbindung „kennen lernen"/„kennenlernen" darf grundsätzlich getrennt oder zusammengeschrieben werden.
>
> **Verben und Nomen**
> - Verbindungen aus Verben und Nomen werden in der Regel getrennt geschrieben, z. B.: „Diktat schreiben".
> - Verbindungen aus Nomen und Verben werden dann zusammengeschrieben, wenn das Nomen verblasst ist oder in Verbindung mit dem Verb seine Eigenständigkeit verloren hat, z. B.: „eislaufen" (aber: „Eis essen"), „kopfstehen", „teilhaben". Sie sind Verben und werden kleingeschrieben.

1 *Schreibe die zusammengesetzten Verben und Wortgruppen mit Verben richtig in die Lücken. Wenn zwei Schreibweisen möglich sind, so schreibe zusammen und setze einen Strich | für die getrennte Variante.*

Der Deutschunterricht mit seiner Methodenvielfalt kann

bei Schülerinnen und Schülern der Klasse 9 immer wie-

der _____ (STAUNEN?

ERREGEN). Werden Bücher vorgestellt, darf sich keiner _____ (GEHEN?LASSEN) und

5 ein jeder muss dabei frei vor der Klasse _____ (SPRECHEN?LERNEN). Auch sollen

die Schüler und Schülerinnen _____ (GESCHICHTEN?ERZÄHLEN) und dabei

ihre Gedanken frei _____ (LAUFEN?LASSEN). Es gibt weitere Unterrichtsstandards:

_____ (TEXTE?BEARBEITEN) oder auch _____

(THEATER? SPIELEN). Besonders _____ (HAFTEN?BLEIBEN) wird vermutlich die „Auf-

10 wärmrunde", als sie alle, Jungen wie Mädchen, _____ (KARAOKE?SINGEN) sollten.

In Mathematik müssen die Schülerinnen und Schüler nicht nur _____ (RECHNEN?

ÜBEN), obgleich schon dabei nicht alle _____ (STAND?HALTEN). Sie müssen

zudem _____ (EXPERTENRUNDEN?DURCHFÜHREN) und manchmal

auch _____ (REFERATE?HALTEN).

15 Beim gemeinsamen Lernen wird so mancher Inhalt besser _____ (HÄNGEN?BLEIBEN)

und alle können am Lernfortschritt _____ (TEIL?HABEN).

> **!**
> **Verben und Adjektive**
> ☐ Verbindungen aus Verb und Adjektiv werden meistens getrennt geschrieben, z. B.: „kritisch lesen".
> ☐ Haben Adjektiv und Verb zusammen eine neue Bedeutung, so werden sie zusammengeschrieben, z. B.: „blaumachen" (die Schule schwänzen).
> ☐ Bezeichnet das Adjektiv das Ergebnis des Vorgangs, den das Verb benennt, so können Adjektiv und Verb zusammengeschrieben werden, z. B.: „lang ziehen" (zeitlich lange ziehen)/„langziehen" (in die Länge ziehen).

2 *Vervollständige den Text mit den angebotenen Verben und achte auf Getrennt- und Zusammenschreibung. Wenn zwei Schreibweisen möglich sind, so schreibe zusammen und setze einen Strich | für die getrennte Variante.*

groß**?**schreiben	häufig**?**einfordern	schwarz**?**sehen	schnell**?**flüchten	wund**?**schreiben
sauber**?**fegen	laut**?**sprechen	gut**?**zureden	nahe**?**bringen	allein**?**stehen
leicht**?**fallen	fertig**?**machen	wichtig**?**machen	krumm**?**machen	glatt**?**gehen

Lehrertraum: Projektarbeit

Projektarbeit wird in vielen Fächern _____ und deshalb _____

_____. Speziell bei der Präsentation gibt es immer einige Schülerinnen und Schüler, die _____

_____ und am liebsten _____ möchten. Sie würden sich lieber

für einen ellenlangen Aufsatz die Finger _____ oder den gesamten Schulhof _____,

5 _____ als vor der Klasse _____. Dann heißt es in den Projektgruppen,

den Zweiflern _____ und ihnen _____, dass sie nicht _____

_____. Gemeinsam gilt es zu überlegen: Welches Thema könnte wem _____

_____? Bis wann ist alles _____?

Wenn es von keinem heißt: „Der hat doch keinen Finger _____!" und keiner

10 sich besonders _____, dann wird schon alles _____.

3 *Bei neuer, übertragener Bedeutung **können** Verbindungen von Verb und Verb zusammengeschrieben werden. Verb und Adjektiv **müssen** dann zusammengeschrieben werden.*
Gib für die folgenden Verbindungen die übertragene Bedeutung an und formuliere einen Beispielsatz aus dem Themenbereich „Schule". Arbeite nach dem folgenden Muster eine Tabelle in deinem Heft aus.

schleifenlassen	richtigstellen	steckenbleiben	verrücktspielen	sich leichttun

zusammengeschriebene Verbindungen	übertragene Bedeutung	Beispielsatz
haftenbleiben	in der Erinnerung bleiben	Haralds Ausführungen über die Kelten sind ihr im Gedächtnis haftengeblieben.
klarmachen	...	...

53

TIPP

Nominalisierte Verbindungen aus Verb und Verb, Verb und Nomen oder Verb und Adjektiv werden zusammengeschrieben, z. B.: „das Lesenüben", „das Diktatschreiben", „das Lautlesen".

4 Trage die nachfolgenden Verbindungen in der angegebenen Reihenfolge in den Lückentext ein. Achte auf Getrennt- und Zusammenschreibung und auf Nominalisierungen.

① LESEN?ÜBEN	② LESEN?LERNEN	③ LANGSAM?LESEN
④ SCHWER?FALLEN	⑤ TEXTE?LESEN	⑥ SCHRIFTLICH?ÜBERMITTELT

Das _Lesenüben_ ist sehr zu empfehlen. Nicht allen Grundschülerinnen und -schülern fällt das _____

_____ leicht. Sind sie dann einmal ans _____ gewöhnt, kann

es manchen auf der weiterführenden Schule _____, längere Texte zu verstehen.

Aber sie müssen dennoch _____, denn die meisten Informationen werden

_____.

5 Am Ende des Schuljahres schreibt Carola (Klasse 9) an Tim (Klasse 5), für den sie die Patenschaft übernommen hat, einen Brief, in dem sie auf das vergangene Jahr zurückblickt.
In einer Schreibkonferenz sollen die Briefe bezogen auf die Getrennt- und Zusammenschreibung von Verb und Verb, Verb und Nomen sowie Verb und Adjektiv korrigiert werden. Du korrigierst Carolas Text:
a) Unterstreiche die Verbindungen mit Verben im Text.
b) Ist die Schreibweise falsch, so schreibe die korrigierte Fassung und die entsprechende Regel in dein Heft.
c) Ist auch eine andere Schreibweise möglich, so notiere diese ebenfalls im Heft.

VORSICHT FEHLER!

Lieber Tim!

Dein erstes Schuljahr an unserer Schule ist schnellvergangen. Bei der Begrüßung wollte ich gern dein

vertrauenerwecken. Als dein Pate wollte ich dir freundlich begegnen und dir viele Tipps für den Schulalltag geben,

sei es fürs still sitzen im Unterricht, fürs orientieren lernen im Schulgebäude oder für das Mülleinsammeln beim

5 Hofdienst.

Anfangs ist dir das Hausaufgaben machen besonders schwer gefallen. Du musstest lernen, auch am Nachmittag

noch Aufsätzezuschreiben, gleichungenzulösen und Karten zu zeichnen.

Das Theater spielen in unserer Schulgruppe hast du gleich sehr ernst genommen. Gern habe ich anderes liegen

lassen, um mit dir Pantomimen einzustudieren oder betonenzuüben.

10 Ja, wir hatten ein schönes erstes Jahr zusammen. Als ihr Kleinen uns Paten einmal in der Pause mit Wasserpistolen

nassgespritzt habt, konntet allerdings nur ihr lautlachen.

Ich freue mich auf das kommende Schuljahr mit dir. Wenn du ratsuchst, hoffe ich, dir erneut schnell- und guthelfen

zu können.

Deine Carola

schnell vergangen: Verb + Adj. i. d. R. getrennt _____

Verben und Partikeln

Verb und Partikel werden zusammengeschrieben, wenn die Betonung auf der Partikel liegt. Partikeln sind Wortbestandteile,
- ☐ die nicht flektiert werden können, wie z. B. Präpositionen (z. B.: „*ab*halten", „*aus*wählen", „*zwischen*schalten") oder Adverbien (z. B.: „*heraus*nehmen", „*wieder*sehen", „*zusammen*kommen"), oder
- ☐ die Merkmale von frei vorkommenden Wörtern verloren haben (z. B.: „*dar*bieten", „*vorlieb*nehmen").

Verb und Partikel werden getrennt geschrieben, wenn die Betonung auf Partikel und Verb liegt, z. B.: „Nach der OP konnte er *wieder sehen*." Aber: „Sie wollte ihn nie *wiedersehen*."

6 *Kombiniere Partikeln mit Verben. Wähle zehn Zusammensetzungen aus und schreibe damit einen Text zu einem schulischen Ereignis, wie z.B. Sommerfest, Lesenacht, Weihnachtsbasar, Sportfest, Konzert …*
Schreibe in dein Heft.

Präpositionen	Adverbien	Bestandteile, die nicht frei vorkommen	Verben
ab-, an-, auf-, bei-, durch-, entgegen-, ent- lang-, gegen-, hinter-, mit-, nach-, über-, um-, unter-, vor-, wider-, zu-, zwischen-	auseinander-, beisammen-, davon-, dazu-, dazwischen-, fort-, her-, heraus-, herein-, hinterher-, nieder-, rückwärts-, voran-, vorbei-, weg-, weiter-, wieder-, zurück-, zusammen-	abhanden-, anheim-, bevor-, dar-, entzwei-, hintan-, inne-, überein-, überhand-, umhin-, vorlieb-, zurecht-	brechen, kommen, prallen, laufen, sitzen, gucken, rennen, schauen, knien, bücken, räumen, sehen, lernen, stellen, rücken, fallen, stehen, legen, halten, stimmen, nehmen, sprechen, machen, führen, denken, rufen, handeln

7 *Vervollständige die Sätze mit der jeweils passenden Getrennt- oder Zusammenschreibung.*

hinterher?laufen

Auf dem Klassenausflug wollen die Schüler zuerst schwimmen und

_____.

Der Klassenlehrer möchte den Eintrittsgeldern fürs Schwimmbad nicht

_____.

zusammen?arbeiten

Am Projekttag möchte die 9b gerne mit der 9c _____.

Erst wollen sie gemeinsam frühstücken, dann _____.

wieder?geben

Beim Skatwettkampf der Spiel-AG müssen die Zehntklässler _____.

Eine Schülerin sagt: „Du musst mir mein Kartenspiel nachher _____!"

zusammen?tragen

Die Ergebnisse der Vorträge zum Thema „Der menschliche Körper" werden

_____.

Das mannsgroße Skelett müssen die Schüler _____.

Teste dich! – Getrennt- und Zusammenschreibung

1 *Der folgende Text enthält 7 richtige und 4 falsche Schreibweisen von Verb und Verb oder von Verb und Adjektiv. Unterstreiche die richtigen Schreibweisen* grün, *die falschen* rot.

VORSICHT FEHLER!

Abschlussparty für die Austauschschüler

Die Jahrgangsstufe 9 hat es tatsächlich fertiggebracht: eine Party in der Schule! Mit den Austauschschülern aus England ist die Freundschaft nicht schwer gefallen und nun sollen die Gäste angemessen verabschiedet wer-
5 den.

Da an diesem besonderen Abend nichts schief gehen darf, muss von den Schülerinnen und Schülern alles gutgeplant werden. Es ist z. B. klar festgelegt, welches Team kocht und backt oder kleine Geschenke bastelt. Die Küchengruppe darf ein Chili con Carne starkwür-
10 zen und Törtchen mit Guss blau färben, weil Blau als Schulfarbe der Gäste ihrer Stimmung guttun wird. Für Fotocollagen als Andenken wurden Illustriertenbilder kleingeschnitten und auf Pappen eng aufgeklebt.

2 *Streiche die falsche Schreibweise der Verbindungen von Verb und Partikel durch.*

1 Für die Abschlussfeier hat das Klassenzimmer sein Partyflair wieder bekommen/wiederbekommen.
2 Für die Musikanlage wurden Tische in einer Ecke zusammen gerückt/zusammengerückt.
3 Der Tisch fürs Büfett sollte zur Tanzfläche quer gestellt werden/quergestellt werden.
4 Discokugel und farbige Strahler sollten von der Decke herab hängen/herabhängen.

3 *Schreibe die folgenden Sätze mit abgeteilten Wörtern und in richtiger Groß- und Kleinschreibung in dein Heft. Wenn zwei Schreibweisen möglich sind, so schreibe zusammen und setze einen Strich | für die getrennte Variante. Achte auch auf die Satzzeichen.*

1 amfetenabendhabensichtatsächlichalleblickenlassen.
2 imstehenwurdekuchengegessenundcolagetrunken, wasdiemeistenleichtnahmen,auchwennmancheiner lieberdabeisitzenwollte.
3 bereitsnachkurzerzeitwardasbüfettleergefegt,doch dasfröhlichezusammenseinkonntediesleichtwieder wettmachen.
4 durchdasgemeinsameherumtanzenundschlagersin genhabensichgastgeberundgästenochbesserkennen gelernt.
5 nachdiesempartyerfolgwolltensichalledafürstarkmachen,dassnochvieleaustauschgruppenihreschulebe suchenkommen.

Werte deine Ergebnisse aus, indem du deine Antworten mit dem Lösungsheft abgleichst. Für jede richtige Antwort bekommst du einen Punkt.

 28–22 Punkte Gut gemacht!

 21–14 Punkte Gar nicht schlecht. Schau dir die Merk-kästen der Seiten 52 bis 55 noch einmal an.

 13–0 Punkte Arbeite die Seiten 52 bis 55 noch einmal sorgfältig durch.

Die Schreibung von Fremdwörtern

Fremdwörter sind aus anderen Sprachen ins Deutsche übernommene Wörter. Man kann sie an ihren **Suffixen** und **Präfixen** erkennen:
- ☐ **Nomen** haben oft die Suffixe **-(t)ion, -eur, -age, -ie**, z. B.: „Destruk**tion**", „Akt**eur**", „Cour**age**", „Batter**ie**".
- ☐ Bei **Verben** gibt es oft das Suffix **-ieren**, z. B.: „korrig**ieren**", „debatt**ieren**".
- ☐ **Adjektive** haben oft das Suffix **-iv** oder **-(i)ell**, z. B.: „konstrukt**iv**", „konzeption**ell**", „virtu**ell**".
- ☐ **Präfixe**, wie z. B. **in-, inter-, mono-, uni-, ex-**, verweisen auf ein Fremdwort: „**in**opportun", „**inter**national", „**mono**ton", „**uni**versal", „**ex**klusiv".

Doppelschreibungen bei Fremdwörtern
Manche **Fremdwörter aus dem Allgemeinwortschatz** werden eingedeutscht, d. h. in ihrer Schreibweise dem Deutschen angepasst. Die fremdsprachige Schreibung bleibt oft neben der eingedeutschten bestehen. Durch die **Doppelschreibungen** sollen die Fremdwörter ins Deutsche einbezogen und die Schreibung insgesamt erleichtert werden. Die Entscheidung, welche Variante gewählt wird, ist den Schreibenden überlassen. Weil es keine eindeutige Regelung gibt, für welche Fremdwörter eine eingedeutschte Schreibweise möglich ist, hilft in Zweifelsfällen nur der Blick ins Rechtschreibwörterbuch. **Fremdwörter aus Fachsprachen** werden dagegen nicht eingedeutscht und behalten die typisch fremdsprachlichen Buchstabengruppen bei, z. B. „Job".

Suchspiel

1 a) Im folgenden Wortgitter sind senkrecht zehn Fremdwörter und waagerecht eines versteckt. Umkreise diese.
b) Schreibe die Wörter dann auf. Ergänze bei Nomen die Artikel und notiere in Klammern die Bedeutung.

O	I	S	G	E	X	I	V	A	O	X	L
I	N	R	A	X	N	N	N	U	B	F	M
N	T	J	R	P	I	V	K	N	L	O	L
S	R	H	A	O	N	E	B	I	A	R	E
T	I	G	G	S	T	S	N	V	M	M	G
R	G	Z	E	I	E	T	P	E	A	E	A
U	A	B	K	T	R	I	A	R	G	L	T
K	N	J	M	I	V	T	S	S	E	L	I
T	T	M	G	O	I	I	S	A	G	Q	O
I	O	A	E	N	E	O	I	L	Y	R	N
V	N	N	K	C	W	N	V	U	L	T	P
T	I	N	T	E	G	R	A	T	I	O	N

universal (umfassend, weltweit);

2 Suche die in den Buchstabenfolgen versteckten Fremdwörter.

	Fremdwort	Bedeutung
MSROOTNIEA		
GTIALLSIEV		
ILIEANZFLN		
IUOFMRN		

3 Wortschlangen: In den Tabellen sind die Buchstaben horizontal und vertikal mit einer Schlangenlinie (= ununterbrochene Linie) so verbunden, dass entlang dieser Schlangenlinie ein sinnvolles Wort entsteht. Die angrenzenden Felder dürfen nur senkrecht ober-/unterhalb und waagerecht links/rechts liegen.

1

I	T	T
L	X	E
I	E	N

2

E	X	N
L	P	O
O	S	I

3

N	E	E	T
T	V	R	N
I	O	N	I

4

S	V	A	G
A	I	T	O
T	N	T	R
Z	I	E	R

5

E	I	R
U	S	T
D	N	I

6

R	U	–	–
L	T	M	O
U	K	O	N

1 *Textilien*
2 _____
3 _____
4 _____
5 _____
6 _____

4 Streiche die falsch geschriebenen Wörter durch. Präge dir das richtige Schriftbild ein, indem du die Wörter noch einmal richtig in die rechte Spalte schreibst.
Wenn du unsicher bist, schlage im Wörterbuch nach.

inofficiel	inoffiziell	inofiziell	_____
numerieren	numeriren	nummerieren	_____
Sabbotage	Sabotage	Sabotasche	_____
Kommission	Komission	Kommision	_____
aktuel	actuel	aktuell	_____
Regiseur	Regisseur	Regissör	_____

5 Ergänze für jedes Fremdwort die eingedeutschte Schreibweise. Stelle diese aus den folgenden Silben zusammen. Schlage im Zweifelsfall im Wörterbuch nach.

| Del | fik | ti | sche | fon | stan | ~~Fo~~ | Jach | ~~gra~~ | Spa | fi | ~~fie~~ | füm |
| Gra | ~~to~~ | fin | get | ten | ziell | sche | Mi | Sket | Tun | sub | kro | Par |

fremdsprachige Schreibung	eingedeutschte Schreibung	fremdsprachige Schreibung	eingedeutschte Schreibung
Photographie	*Fotografie*	Sketche	_____
Graphik	_____	Thunfische	_____
Delphin	_____	substantiell	_____
Spaghetti	_____	Mikrophon	_____
Yachten	_____	Parfum	_____

Wiederholung: Zeichensetzung

1 a) Unterstreiche im folgenden Text die Hauptsätze.
b) Entscheide, wo Ziffern stehen, ob ein Komma zu setzen ist oder nicht. Schreibe die Nummer der dazugehörenden Regel aus dem Tippkasten in die Randspalte, z.B. R1 für Regel 1.

Friedrich Dürrenmatt

Der Richter und sein Henker (Auszug)

Alphons Clenin ① der in Twann Polizist war ② fand ③ am Morgen des dritten   1 = R1

November neunzehnhundertachtundvierzig dort ④ wo die Straße von Lam-

boing (eines der Tessenbergdörfer) aus dem Walde der Twannbachschlucht her-

vortritt ⑤ einen blauen Mercedes ⑥ der am Straßenrande stand. Es herrschte

5 Nebel ⑦ wie oft in diesem Spätherbst ⑧ und eigentlich war Clenin am Wagen

schon vorbeigegangen ⑨ als er doch wieder zurückkehrte. Es war ihm nämlich

im Vorbeischreiten gewesen ⑩ nachdem er flüchtig durch die trüben Scheiben

des Wagens geblickt hatte ⑪ als sei der Fahrer auf das Steuer niedergesunken.

Er glaubte ⑫ daß der Mann betrunken sei ⑬ denn als ordentlicher Mensch ⑭

10 kam er auf das Nächstliegende. Er wollte daher dem Fremden nicht amtlich ⑮

sondern menschlich begegnen. Er trat mit der Absicht ans Automobil ⑯ den

Schlafenden zu wecken ⑰ ihn nach Twann zu fahren ⑱ und im Hotel Bären

bei schwarzem Kaffee und einer Mehlsuppe nüchtern werden zu lassen.   R

2 Wer Adverbialsätze (▷ S. 37) sicher von adverbialen Bestimmungen unterscheiden kann, vermeidet Kommafehler. Bestimme in den folgenden Satzgefügen die Adverbialsätze und setze ein Komma ein.

1 Nach einem Blick durch die beschlagenen Scheiben ins Wageninnere erkannte Clenin eine männliche Person in gekrümmter Haltung und öffnete mit großer Behutsamkeit die Wagentür.

2 Nachdem Clenin einen Blick durch die beschlagenen Scheiben ins Wageninnere geworfen hatte erkannte er eine männliche Person. Weil diese in gekrümmter Haltung dasaß öffnete er sehr behutsam die Wagentür.

3 An der aus der Manteltasche ragenden gelben Brieftasche stellte Clenin ohne Mühe die Identität des Toten fest.

4 Da eine gelbe Brieftasche aus der Manteltasche herausragte stellte Clenin ohne Mühe die Identität des Toten fest.

Zeichensetzung bei Zitaten

Regeln zum richtigen Zitieren
- ☐ Wörtlich wiedergegebene Textstellen werden durch Anführungszeichen gekennzeichnet.
- ☐ Innerhalb des durch Anführungszeichen gekennzeichneten Zitats darf der Originaltext nicht verändert werden.
- ☐ Geringfügige Änderungen, die z. B. durch die Stellung des Zitats im Satz notwendig sein können, werden in eckige Klammern gesetzt: [ ].
- ☐ Auslassungen werden durch [...] gekennzeichnet.
- ☐ Bei bestimmten Textsorten (z. B. Textanalysen oder Interpretationen) wird hinter dem Zitat in Klammern die Seiten- bzw. auch Zeilenangabe zur Textstelle eingefügt: „..." (Z. xy).
- ☐ Zitate sollten sparsam eingesetzt werden – nur dann, wenn es um eine besonders wichtige Aussage, einen prägnanten Ausdruck oder eine auffällige Formulierung des fremden Textes geht.

1 *Die Klasse 9 b fasst für den Roman „Der Richter und sein Henker" von Friedrich Dürrenmatt den Inhalt des Romanbeginns zusammen. Die dafür verwendeten Zitate sind dem Text auf S. 59 entnommen.*
a) Prüfe, ob richtig zitiert wurde. Unterstreiche ggf. vorhandene Zitatfehler.

Clenin glaubt, „dass der Mann betrunken sei" (Z. 9), was ihn zunächst auf eine falsche Fährte lockt.

b) Prüfe, ob die folgenden Zitate die Aussage des Autors angemessen wiedergeben. Notiere ggf. das korrigierte Zitat.

Nach kurzem Zögern steht für ihn fest, dass er dem Fahrer „amtlich" (Z. 10) begegnen will.

_____

Clenin tritt gegen das Auto („Er trat [...] ans Automobil", Z. 11).

_____

2 *Markus hat in seiner Analyse des Romanbeginns die „Regeln zum richtigen Zitieren" nicht beachtet. Überarbeite seinen Text und korrigiere die Zeichensetzung.*

VORSICHT FEHLER!

Der Roman „Der Richter und sein Henker" von Friedrich Dürrenmatt beginnt mit der Darstellung des Dorfpolizisten Clenin, der durch sein amtliches Verhalten (Z.10) schwere Fehler bei der Tatortsicherung verursacht.

5 Zeit, Ort und Figur einführend beschreibt der Erzähler die Situation, in der der Dorfpolizist Clenin einen Toten in seinem Wagen findet. Der Erzähler charakterisiert Clenin als einen ordentlichen Menschen (S.5), der an Stelle eines Toten zuerst einen betrunkenen Fahrer vermutet (kam er auf das Nächstliegende, S.5) und

10 nicht amtlich, sondern menschlich (S.5) handelt, indem er den vermeintlich betrunkenen Fahrer zur Ausnüchterung in die Stadt fahren möchte. Clenin möchte also dem Fahrer helfen, obwohl eine Anzeige oder Festnahme angemessen und korrekt wäre. Der Erzähler hebt Clenins menschliche Teilnahmsfähigkeit hervor.

Teste dich! – Fremdwörter und Zeichensetzung

1 *Kreuze die richtige/n Schreibweise/n der folgenden Fremdwörter an.*

1 ☐ Biographie   ☐ Biography   ☐ Biografi   ☐ Biografie
2 ☐ Kurage   ☐ Courage   ☐ Kourache   ☐ Curage
3 ☐ Frisör   ☐ Frisöhr   ☐ Friseur   ☐ Frieseur
4 ☐ sufflieren   ☐ suflieren   ☐ soufflieren   ☐ souffliren
5 ☐ potentsiell   ☐ potentiell   ☐ potenziell   ☐ potensiell

2 *Notiere die Regeln zur Zeichensetzung bei den folgenden Sätzen.*

1 Da die Schreibweise von Fremdwörtern manchen Menschen nicht vertraut ist, werden viele Fehler gemacht.

_____

2 Man muss hier jedoch keineswegs raten, sondern kann gezielt nachschlagen.

_____

3 Sich mit Fremdwörtern auszukennen(,) kann bei Klassenarbeiten im Fach Deutsch helfen.

_____

3 *Unterstreiche die Fehler im Zitat.*

Johann Wolfgang Goethe

Mephisto über Worte

(Auszug aus dem Drama „Faust")

Denn eben wo Begriffe fehlen,
Da stellt ein Wort zu rechten Zeit sich ein.
Mit Worten lässt sich trefflich streiten,
Mit Worten ein System bestreiten,
5 An Worte lässt sich trefflich glauben,
Von einem Wort lässt sich kein Jota[1] rauben.

1 **kein Jota:** nicht das Geringste

Faust (Will Quadflieg) und Mephisto (Gustaf Gründgens), 1950er-Jahre

> *Goethe legt Mephisto im Drama „Faust" eine philosophische Definition über die Kraft des Wortes in den Mund.*
>
> *„Worte", so Mephisto, „ersetzen Begriffe" (V. 2). Mit Worten könne man streiten (V. 3), ein System bestreiten (V. 4),*
>
> *glauben (V. 5) und alles klar ausdrücken (V. 6).*

Werte deine Ergebnisse aus, indem du deine Antworten mit dem Lösungsheft abgleichst.
Für jede richtige Antwort bekommst du einen Punkt.

 16–12 Punkte
Gut gemacht!

 11–8 Punkte
Gar nicht schlecht. Schau dir die Merk-
kästen der Seiten 57 bis 60 noch einmal an.

 7–0 Punkte
Arbeite die Seiten 57 bis 60
noch einmal sorgfältig durch.

Texte überarbeiten

1 *Lies den Auszug aus einem Praktikumsbericht aufmerksam durch.*

Kritische Zusammenfassung der Praktikumserfahrungen

Berufskleidung und Freizeitkleidung unterscheidet sich – und das ist gut so. Zu dieser Meinung

bin ich durch mein Berufspraktikum in einer Bankfiliale gekommen. Schon für das Bewerbungs-

gespräch um den Praktikumsplatz hatten meine Eltern mir geraten, statt der Hängehose (so

nennt meine Mutter meine Lieblingshose die immer so aussieht als rutscht sie mir gleich über

5   den Hintern) eine normale Jeans, und dazu ein Hemd anzuziehen. Und das sollte dann auch

während den Praktikumswochen meine tägliche Kleidung bleiben. Ich habe mir dann sogar

noch eine Stoffhose und ein Sakko gekauft (was meine Freundin und meine Clique allerdings

heftig begrinst haben). Das ich mit dieser Umstellung auf andere Klamotten irgendwie keine

Probleme hatte sondern sie sogar nach kurzer Zeit völlig in Ordnung fand hat folgende Gründe.

10 Erstens in einer Bank laufen alle Angestellten so rum, also, ziemlich gut gekleidet, vielleicht ein

bisschen spiessig irgendwie aber voll korrekt. Wenn ich mich in der Bank so anziehen würde,

wie in der Schule, komme ich mir dann als Aussensciter vor, weil, keiner würde dann meinen,

dass ich auch in der Bank arbeite, sondern alle denken dann ich wäre nur irgendwie so da, ein

Kunde eben. Also zweitens, wenn du die richtigen Sachen anhast, fühlst du dich auch gleich

15 besser, irgendwie wichtiger, auch selbstbewußter, weil, du wirst anerkannt und man begegnet

dir mit einem gewissen Respekt. Und dann noch wegen dem Feierabend. Es war irgendwie

echt eine gute Erfahrung, das man so einen echten Wechsel zwischen zwei Welten hat. Über

Tag das arbeiten in der Bank, und dann Nachmittags das heim kommen, man zieht sich um und

entspannt, Freizeit eben. Es ist ein bisschen so, wie zwei Leben, in dem Einen bist du ganz du

20 selbst, in dem Anderen übernimmst du mehr eine Rolle für die du dich gewisser Weise „verklei-

dest". Ich habe nach dem Praktikum überlegt, ob dass mit der Schule nicht auch so geht, aber

das ist irgendwie anders. Hier geht man eben doch lockerer hin. Aber ich werde später sicher

keine Probleme damit haben, wenn mein Beruf eine spezielle Kleidung erfordert.

Sicherlich sind dir gleich beim ersten Lesen viele Fehler oder auch stilistische Mängel aufgefallen. Die folgenden Aufgaben helfen dir, den Text **Schritt für Schritt zu verbessern.**

2 *Markiere alle Rechtschreibfehler, indem du sie* rot *unterstreichst und an den Rand ein rotes* R *schreibst. Berichtige die falsch geschriebenen Wörter unter der jeweiligen Zeile.*

3 *Überprüfe und korrigiere die Stellung der Satzglieder in folgenden Zitaten. Achte auf Kommas und schreibe sie umformuliert in dein Heft.*
„Erstens in einer Bank laufen alle Angestellten so rum [...]"
„Wenn ich mich in der Bank so anziehen würde, wie in der Schule, komme ich mir dann als Aussenseiter vor, weil, keiner würde dann meinen, dass ich auch in der Bank arbeite, [...]"
„[...] wenn du die richtigen Sachen anhast, fühlst du dich auch gleich besser, [...] weil, du wirst anerkannt und man begegnet dir mit einem gewissen Respekt [...]."

4 *Markiere weitere grammatische Fehler im Text auf S. 62, indem du sie* grün *unterstreichst, ein grünes* Gr *an den Rand schreibst und den Fehler unter der Zeile berichtigst.*

5 *a) Überprüfe die Zeichensetzung im Text. Verwende einen* blauen *Stift. Markiere alle Änderungen bei der Zeichensetzung mit einem blauen* Z *am Rand:*
Trage fehlende Kommas ein. Streiche überflüssige Kommas weg.
b) Ersetze den Punkt als Satzschlusszeichen durch ein Ausrufezeichen oder einen Doppelpunkt, wo diese Zeichen der Satzaussage bzw. Satzverknüpfung besser entsprechen.

6 *a) Markiere mit einem* gelben *Textmarker alle umgangssprachlichen Ausdrücke und notiere in der Zeile darunter einen angemesseneren Begriff.*
b) Umkreise die Wörter „dann" und „irgendwie". Bewerte deren Verwendung.

c) Streiche weitere überflüssige Füllwörter aus dem Text.

7 *Im Text lassen sich Sinnabschnitte (z. B. Einleitung, Hauptteil, Schluss) voneinander abgrenzen: Füge an den entsprechenden Stellen ein Absatzzeichen | ein.*

8 *a) Schreibe den Text noch einmal mit allen in den Aufgaben 2–7 erarbeiteten Korrekturen ab (wenn möglich, am PC). Achte darauf, beim Schreiben keine neuen Fehler zu machen.*
b) Lies den abgeschriebenen Text dazu noch einmal sehr konzentriert und überarbeite ihn, falls nötig.

Sachtexte erschließen

Wenn du einen Sachtext, wie z. B. einen Zeitungsartikel, verstehen willst, kannst du ihn mit folgender **Lesetechnik** erschließen:

- ☐ Erfasse beim **ersten Überfliegen** das Thema des Textes (Worum geht es?).
  Achte dabei neben dem **Inhalt** auch auf den **Aufbau** und **besondere Gestaltungselemente,** wie z. B. Überschriften, Absätze, Abbildungen und Grafiken.
  Notiere dir abschließend in Stichworten, welches **Vorwissen** du selbst zu dem Thema hast (Was fällt mir zu dem Thema ein?); das erleichtert das Verständnis beim gründlichen Lesen.
- ☐ Lies nun den Text **intensiv Schritt für Schritt.** Markiere dabei mit verschiedenen Stiften alles, was dir wichtig erscheint, aber auch das, was du nicht sofort verstehst:
  Stelle Fragen an den Text. Kläre **unbekannte Wörter** und **Fachbegriffe.**
- ☐ Gliedere den Text in **Sinnabschnitte** (Wo beginnt ein neuer Gedanke?) und bilde **Überschriften.**
- ☐ Markiere **Schlüsselwörter,** also wichtige Begriffe in jedem Sinnabschnitt.
  Hilfreich ist auch, wenn du eine **bildliche Vorstellung der Hauptaussagen** entwickelst, so festigst du die Gedanken besser (Visualisierung: Welches Bild verbinde ich mit einer Aussage?).
- ☐ Ebenso hilfreich ist, die wichtigen Inhalte des Textes **knapp und verständlich zu paraphrasieren** (in eigenen Worten zusammenzufassen).

Erstes Textverständnis

1 *Der folgende Text informiert über eine Studie der Bertelsmann-Stiftung. Lies ihn zügig und verschaffe dir einen ersten Überblick über Thema, Inhalt und Aufbau.*

Jugendliche – von Erwachsenen beurteilt

In einer Presseerklärung wurden am heutigen Montag (23. Juli 2007) die Ergebnisse der von der Bertelsmann-Stiftung durchgeführten Umfrage der Öffentlichkeit mitgeteilt. Auch wenn die Ergebnisse eine positive Sichtweise der Erwachsenen auf Jugendliche nahelegen, offenbaren die den Jugendlichen zugeschriebenen Eigenschaften eine eher skeptische Sicht auf Jugendliche. […]

5 In der repräsentativen Befragung unter 1000 Erwachsenen (älter als 34 Jahre) geben die Erwachsenen mit großer Mehrheit an, Jugendliche sympathisch zu finden (92,2 Prozent) und ihre Ansichten ernst zu nehmen (91,5 Prozent). Mit der Lebensführung der jungen Generation sind sie hingegen nicht einverstanden. So sind sie der Auffassung, dass Jugendliche übermäßig viel Alkohol trinken (70,5 Prozent) und fremdes Eigentum nicht respektieren (61,1 Prozent). Als weitere negative Eigenschaften werden genannt: Gewaltbereitschaft (57,7 Prozent), Konsum illegaler Drogen
10 (57,7 Prozent) und Neigung zu Vandalismus (57,2 Prozent). Bei der Bewertung von Eigenschaften rangieren „konsumorientiert" (91 Prozent) und „nur auf persönlichen Vorteil aus" (64 Prozent) im oberen Drittel. Zwischen diesen eher negativen Merkmalen liegt die „Kreativität" (75 Prozent). Es folgen „Toleranz" (60 Prozent), „Fleiß und Ehrgeiz" (53 Prozent), „soziales Engagement" (44 Prozent), „Pflichtbewusstsein" (43 Prozent) und „Familienorientierung" (36 Prozent).
15 Fragt man die Erwachsenen, wie sie diese Eigenschaften bei sich selbst bewerten, so ergibt sich ein deutlich positiveres Bild von der eigenen als von der jüngeren Generation. Eine besonders hohe Kompetenz besitzen Jugendliche aus der Sicht der Erwachsenen in technischen Fragestellungen (90 Prozent). Eine deutliche Mehrheit gibt an, dass Jugendliche gut mit anderen Menschen umgehen können (73 Prozent). Finanzielle Kompetenz wird den Jugendlichen dagegen von mehr als
20 zwei Dritteln der Erwachsenen abgesprochen. Ein ähnlich negativer Befund zeigt sich bei politischer Kompetenz und bei Kompetenzen, die das gesellschaftliche Engagement von Jugendlichen betreffen.
Zwar finden 93 Prozent der Erwachsenen das gesellschaftliche Engagement von Jugendlichen
25 wichtig, die Einschätzung des tatsächlichen Engagements ist aber eher niedrig. 67 Prozent der Befragten sehen hier ein Defizit. Insgesamt sind die Erwachsenen also in einer deutlichen Mehr-

Wer? Was?

Wann?

Widerspruch?

heit der Auffassung, dass sich Jugendliche zu wenig für gesellschaftliche Belange engagieren. Während die Erwachsenen den Jugendlichen im familiären Bereich ein relativ hohes Mitspracherecht zubilligen, gilt das nicht für den öffentlichen Bereich. So lehnen über 70 Prozent der Befragten ein Wahlrecht ab 16 Jahren ab. Noch deutlicher ist das Votum gegen einen Erwerb des Führerscheins ab 16 Jahren: Dafür sprechen sich lediglich 15 Prozent der Erwachsenen aus.

30

_____

_____

_____

Den Text intensiv lesen

2 *Bearbeite den Text. Gehe dabei vor, wie im ersten Absatz vorgegeben:*
a) Markiere Schlüsselwörter (Begriffe oder Textstellen) und Fachbegriffe,
b) kennzeichne mit bestimmten symbolischen Zeichen (?, !, +) Textstellen, die dir wichtig erscheinen bzw. noch unklar sind, und
c) nutze die Randspalte für Notizen, Fragen und Überschriften.

Schwierige Wörter und Sätze verstehen

3 *a) Unterstreiche im Text Fremdwörter, deren Bedeutung dir unbekannt ist (die Nomen mit ihren Artikeln).*
b) Notiere sie mit Zeilenangabe und ergänze ihre Bedeutung. Versuche zunächst, den Sinn aus dem Textzusammenhang zu erschließen. Gelingt dies nicht, schlage in einem Wörterbuch nach, z. B. einem Fremdwörterbuch.

skeptisch (Z. 4) = misstrauisch, kühl abwägend; _____

_____

_____

4 *Was bedeuten die folgenden Sätze? Kreuze die richtige Bedeutung an.*

Satz 1: Zwar finden 93 Prozent der Erwachsenen das gesellschaftliche Engagement von Jugendlichen wichtig, die Einschätzung des tatsächlichen Engagements ist aber eher niedrig. 67 Prozent der Befragten sehen hier ein Defizit. (Z. 24 ff.)

☐ **A** Die Mehrheit der Erwachsenen kritisiert das geringe gesellschaftliche Engagement von Jugendlichen.

☐ **B** Die Mehrheit der Erwachsenen freut sich über das Engagement der Jugendlichen.

☐ **C** Das gesellschaftliche Engagement der Jugendlichen ist tatsächlich sehr niedrig.

☐ **D** Eine Minderheit der Erwachsenen sieht im geringen Engagement der Jugendlichen kein Defizit.

☐ **E** Viele Jugendliche schätzen nach Mehrheit der Erwachsenen das gesellschaftliche Engagement als wichtig ein.

Satz 2: Zwischen diesen eher negativen Merkmalen liegt die „Kreativität" (75 Prozent). Es folgen „Toleranz" (60 Prozent), „Fleiß und Ehrgeiz" (53 Prozent), „soziales Engagement" (44 Prozent), „Pflichtbewusstsein" (43 Prozent) und „Familienorientierung" (36 Prozent). (Z. 13 ff.)

☐ **A** Die meisten Erwachsenen sprechen den Jugendlichen Kreativität zu.

☐ **B** Die Erwachsenen kritisieren die fehlende Familienorientierung der Jugendlichen.

☐ **C** Das Merkmal „Familienorientierung" wird negativer als das Merkmal „Kreativität" beurteilt.

☐ **D** Nach Ansicht der Erwachsenen ist das „soziale Engagement" bei Jugendlichen stärker ausgeprägt als die „Familienorientierung".

☐ **E** Eine Mehrheit der Erwachsenen kritisiert das fehlende Pflichtbewusstsein stärker als die geringe Toleranz.

Satz 3: Als weitere negative Eigenschaften werden genannt: Gewaltbereitschaft (57,7 Prozent), Konsum illegaler Drogen (57,7 Prozent) und Neigung zu Vandalismus (57,2 Prozent). Bei der Bewertung von Eigenschaften rangieren „konsumorientiert" (91 Prozent) und „nur auf persönlichen Vorteil aus" (64 Prozent) im oberen Drittel. (Z. 9 ff.)

☐ **A** Das Merkmal „Konsumorientierung" wird von Erwachsenen höher bewertet als „Gewalt".

☐ **B** Das Merkmal „Konsumorientierung der Jugendlichen" wird von Erwachsenen häufiger wahrgenommen als das Merkmal „Gewalt".

☐ **C** Das Merkmal „Gewalt" wird von Erwachsenen sehr stark wahrgenommen, während die „Konsumorientierung" lediglich im oberen Drittel rangiert.

Den Sinn des Textes verstehen: Gliedern und zusammenfassen

5 *Halte die wichtigsten Informationen in einer Mind-Map fest, in der du Ober- und Unterbegriffe zum Thema als Äste und Verästelungen darstellst. Greife dazu auf die markierten Schlüsselwörter zurück (Aufgabe 2a).*

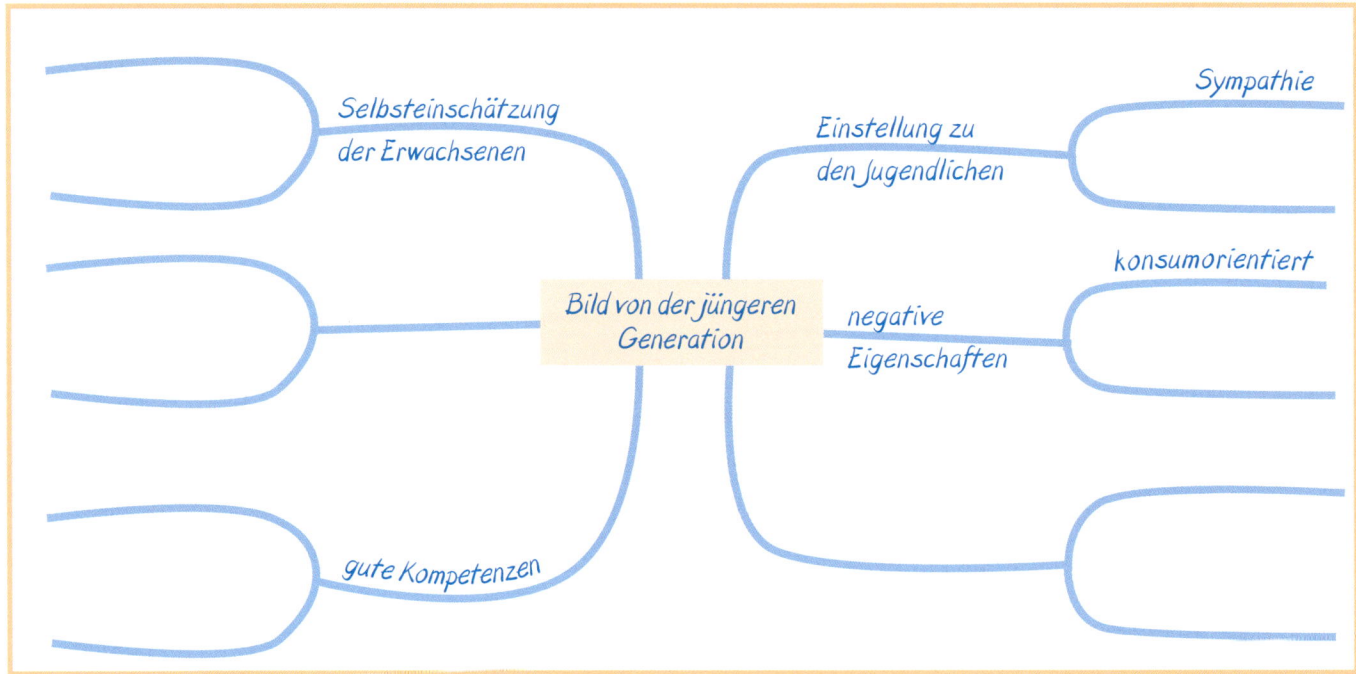

Selbsteinschätzung der Erwachsenen

Einstellung zu den Jugendlichen — Sympathie

Bild von der jüngeren Generation

negative Eigenschaften — konsumorientiert

gute Kompetenzen

6 *a) Gliedere den Text in Sinnabschnitte.*
b) Fasse in Stichworten im Heft deren Inhalte zusammen.

Z. 1–4: Einleitung ...

7 *Welche Schlagzeile passt zur zentralen Aussage des Textes? Kreuze an.*

☐ **A** Erwachsene finden Jugendliche sympathisch

☐ **B** Schlechtes Image von Jugendlichen

☐ **C** Trotz Sympathie verständnislos

☐ **D** Erwachsene schätzen die Jugend

☐ **E** Lebensstil Jugendlicher zunehmend kritisch

8 *Fasse die Textinhalte für deine Mitschülerinnen und Mitschüler paraphrasierend zusammen.*

Diagramme lesen und verstehen

Diagramme stellen **Mengen- oder Größenverhältnisse** dar und veranschaulichen so die Aussagen informativer Texte. Man muss Diagramme in einen Text „übersetzen".

Um Diagramme zu verstehen, liest man zunächst die Überschrift sorgfältig und klärt anschließend folgende Fragen:

- ☐ Zu welchem Thema macht die Statistik eine Aussage?
- ☐ Welche Aspekte werden miteinander in Beziehung gesetzt? Wird die Erhebungsmethode erläutert? Wie groß war die Zahl der Stichproben?
- ☐ Für welche Zeit, welchen Bereich, welche Personengruppe gilt die Statistik?
- ☐ Werden Quellen angegeben? Welche?
- ☐ Finden sich Fußnoten zu einzelnen Werten? Werden Prozentzahlen oder absolute Zahlen angegeben? Zu welchen Sachverhalten werden ggf. Angaben auf der x-Achse, zu welchen Angaben auf der y-Achse gemacht?

9 a) Lies das folgende Balkendiagramm.

Ist der Lebensstil der Jugend heute bedenklicher als früher?

35,2 %	100 %

Die Jugend heute ist gewaltbereiter.

24,4 %

Nein, die ältere Generation schimpft immer über Jugendliche.

22,8 %

Die Jugend von heute ist konsumorientierter als früher.

17,6 %

Die Jugend hat heute mehr Probleme mit Alkohol und Drogen.

Stimmen total: 307 Erwachsene

Quelle: Newsline-Umfrage, Westdeutsche Zeitung v. 31. Juli 2007

b) Lege zu jedem einzelnen Wert ein Kreisdiagramm an. Arbeite mit Annäherungswerten.

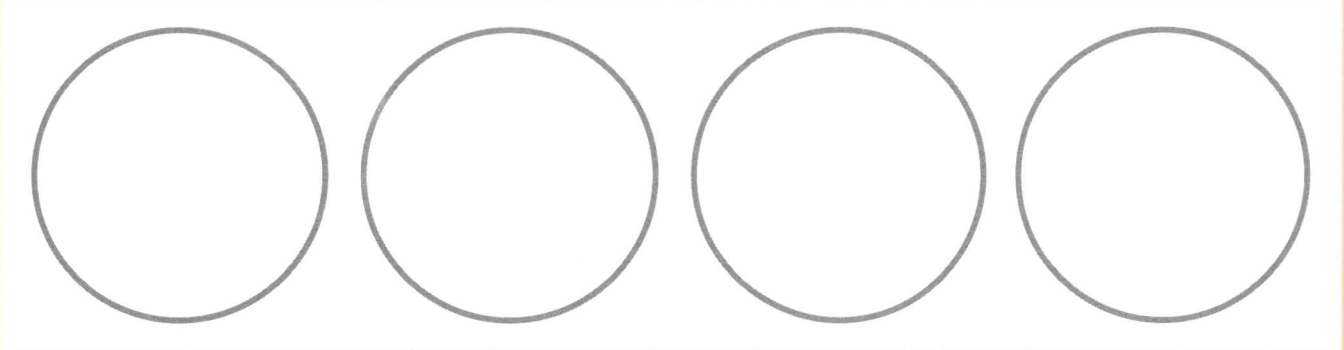

c) Fasse die Tendenzaussage der Befragung in einem Satz zusammen.

10 Markiere die Schlüsselwörter in der Beschriftung des Balkendiagramms.

Beziehungen zwischen Informationsmaterialien herstellen

Beim Vergleich von Materialien musst du sie auf **Gemeinsamkeiten** und **Unterschiede** hin prüfen.
Die markierten Schlüsselwörter geben hier eine gute Orientierung.
Kläre die Verbindungen zwischen Text und Grafik:
- ☐ Ergänzen sich Text und Grafik?
- ☐ Werden Informationslücken geschlossen?
- ☐ Werden Informationen vertieft oder einzelne Aspekte anschaulicher?

11 a) Ergänze die Mind-Map auf S. 66 um zusätzliche Untersuchungsinhalte, die die Grafik darstellt.
b) Notiere Übereinstimmungen oder Abweichungen zwischen Text und Grafik.

_____

_____

_____

_____

12 Die Angaben im Text und im Diagramm lassen sich nur bedingt vergleichen. Begründe.

_____

_____

_____

_____

13 Schreibe auf der Basis aller vorhergehenden Aussagen einen zusammenhängenden Text, der die Informationen aus beiden Materialien verbindet und kurz zusammenfasst. Achte darauf, dass du die Tendenz der Materialien richtig wiedergibst.

_____

_____

_____

_____

_____

_____

_____

_____

Teste dich! – Sachtexte erschließen

Experten befragten Anfang des Jahres 2006 mehr als 2500 Jugendliche im Alter von 12 bis 25 Jahren nach ihren Gewohnheiten, Haltungen und Ansichten. Diese Befragung wird regelmäßig durchgeführt. Informationen findest du unter www.shell.com, weiter unter „Umwelt & Gesellschaft".

Shell-Jugendstudie

Engagement für andere weiterhin auf hohem Niveau

Der Einsatz für gesellschaftliche Angelegenheiten und für andere Menschen gehört für Jugendliche heute, trotz des geringen Interesses an Politik, ganz selbstverständlich zum persönlichen Lebensstil dazu. Jugendliche engagie-
5 ren sich in ihrer Freizeit für die unterschiedlichsten Dinge. Dominierend sind jugendbezogene Fragestellungen, wie etwa der Einsatz für die Interessen von Jugendlichen oder auch für bessere Möglichkeiten einer sinnvollen Freizeitgestaltung. Hinzu kommen Aktivitäten für sozial
10 schwache oder benachteiligte Menschen, für ein besseres Zusammenleben oder auch Sicherheit und Ordnung im Wohngebiet oder für sonstige konkrete Fragestellungen. Übergreifende Ziele oder der Einsatz für unmittelbare gesellschaftspolitische Veränderungen sind für ju-
15 gendliche Aktivitäten nicht typisch. Der Schwerpunkt liegt eindeutig in der jugendlichen Lebenssphäre sowie beim Einsatz für konkrete bedürftige Zielgruppen. Alles in allem 33 Prozent der Jugendlichen geben an, „oft", und weitere 42 Prozent, „gelegentlich" für soziale oder gesell- schaftliche Zwecke in ihrer Freizeit aktiv zu sein. Das 20 Niveau ist damit vergleichbar hoch wie schon im Jahr 2002 ausgeprägt. Typische Räume für Aktivitäten stellen die Vereine sowie die Schulen und Hochschulen dar. Vor allem in diesen Bereichen findet die Breite der Jugendlichen am ehesten Möglichkeiten, aktiv zu werden. 25 Hinzu kommen Kirchengemeinden oder Jugendorganisationen, in denen ein bestimmter Teil aktiv ist. Selbst organisierte Projekte bilden vor allem für höher gebildete Jugendliche ein nicht unwichtiges Feld. Nicht unterschätzt werden sollten aber auch Bereiche wie die Ret- 30 tungsdienste oder die Freiwillige Feuerwehr, die häufig für Jugendliche aus weniger privilegierten Milieus Zugangswege für gesellschaftlich relevante Aktivitäten schaffen. Klassische politische Organisationen, wie zum Beispiel Parteien oder Gewerkschaften, spielen hingegen, 35 genauso wie auch Bürgerinitiativen oder Institutionen wie Greenpeace, Amnesty International oder andere Hilfsorganisationen, quantitativ eine untergeordnete Rolle.

1 *Worum geht es in dem Sachtext? Kreuze das richtige Thema an.*

☐ **A** Große Wertschätzung gesellschaftlichen Engagements bei Jugendlichen

☐ **B** Jugendliches Engagement in niveauvollen Bereichen

☐

2 *Hast du den Text verstanden? Kreuze die richtige Antwort an.*

☐ **A** 33 Prozent der Jugendlichen interessieren sich für parteipolitische Aktivitäten.

☐ **B** Selbst organisierte Projekte sind für Jugendliche eher unwichtig.

☐ **C** 75 Prozent der Jugendlichen engagieren sich in sozialen und gesellschaftlichen Bereichen.

☐

3 *Bestimme die richtige Reihenfolge der folgenden Überschriften zu den Sinnabschnitten. Nummeriere.*

☐ **A** Rolle politischer Organisationen

☐ **B** Aktivitätsarten des jugendlichen Engagements

☐ **C** Aktivitätsräume und -bereiche

☐ **D** Statistische Belege des jugendlichen Engagements

☐ **E** Selbstverständnis des gesellschaftlichen Engagements bei Jugendlichen

☐

Werte deine Ergebnisse aus, indem du deine Antworten mit dem Lösungsheft abgleichst.
Für jede richtige Antwort bekommst du einen Punkt.

☐

☺ *7–5 Punkte*
Gut gemacht!

☺ *4–3 Punkte*
Gar nicht schlecht. Schau dir die Merk- kästen der Seiten 64 bis 68 noch einmal an.

☹ *2–0 Punkte*
Arbeite die Seiten 64 bis 68 noch einmal sorgfältig durch.

Erzähltexte erschließen

Um einen Erzähltext zu erschließen, muss man zunächst ein **genaues Verständnis** von den inhaltlichen Zusammenhängen gewinnen.

Wolf Wondratschek

Mittagspause (1969)

Sie sitzt im Straßencafé. Sie schlägt sofort die Beine übereinander. Sie hat wenig Zeit.

Sie blättert in einem Modejournal. Die Eltern wissen, dass sie schön ist. Sie sehen es nicht gern.

5 Zum Beispiel. Sie hat Freunde. Trotzdem sagt sie nicht, das ist mein bester Freund, wenn sie zu Hause einen Freund vorstellt.

Zum Beispiel. Die Männer lachen und schauen herüber und stellen sich ihr Gesicht ohne Sonnenbrille vor.

10 Das Straßencafé ist überfüllt. Sie weiß genau, was sie will. Auch am Nebentisch sitzt ein Mädchen mit Beinen.

Sie hasst Lippenstift. Sie bestellt einen Kaffee. Manchmal denkt sie an Filme und denkt an Liebesfilme. Alles

15 muss schnell gehen.

Freitags reicht die Zeit, um einen Cognac zum Kaffee zu bestellen. Aber freitags regnet es oft.

Mit einer Sonnenbrille ist es einfacher, nicht rot zu werden. Mit Zigaretten wäre es noch einfacher. Sie bedauert,

20 dass sie keine Lungenzüge kann.

Die Mittagspause ist ein Spielzeug. Wenn sie nicht angesprochen wird, stellt sie sich vor, wie es wäre, wenn sie ein Mann ansprechen würde. Sie würde lachen. Sie würde eine ausweichende Antwort geben. Vielleicht würde

25 sie sagen, dass der Stuhl neben ihr besetzt sei. Gestern wurde sie angesprochen.

Gestern war der Stuhl frei. Gestern war sie froh, dass in der Mittagspause alles sehr schnell geht.

Beim Abendessen sprechen die Eltern davon, dass sie

30 einmal jung waren. Vater sagt, er meine es nur gut. Mutter sagt sogar, sie habe eigentlich Angst. Sie antwortet, die Mittagspause ist ungefährlich.

Sie hat mittlerweile gelernt, sich nicht zu entscheiden. Sie ist ein Mädchen wie andere Mädchen. Sie beantwortet eine Frage mit einer Frage. 35

Obwohl sie regelmäßig im Straßencafé sitzt, ist die Mittagspause anstrengender als Briefeschreiben. Sie wird von allen Seiten beobachtet. Sie spürt sofort, dass sie Hände hat.

Der Rock ist nicht zu übersehen. Hauptsache, sie ist 40 pünktlich.

Im Straßencafé gibt es keine Betrunkenen. Sie spielt mit der Handtasche. Sie kauft jetzt keine Zeitung.

Es ist schön, dass in jeder Mittagspause eine Katastrophe passieren könnte. Sie könnte sich sehr verspäten. Sie 45 könnte sich sehr verlieben. Wenn keine Bedienung kommt, geht sie hinein und bezahlt den Kaffee an der Theke.

An der Schreibmaschine hat sie viel Zeit, an Katastrophen zu denken. Katastrophe ist ihr Lieblingswort. 50 Ohne das Lieblingswort wäre die Mittagspause langweilig.

1 *Lies die Kurzgeschichte „Mittagspause" von Wondratschek zweimal aufmerksam durch und unterstreiche beim zweiten Lesen Schlüsselwörter.*

2 *Notiere deinen ersten Leseeindruck in deinem Heft: Halte vorläufig fest, worum es in der Geschichte geht.*

3 *Im Text ist davon die Rede, dass die junge Frau von einer „Katastrophe" träumt. Was versteht sie darunter? Lies die Zeilen 44–52 erneut. Kreuze die zutreffenden Antworten an.*

- [ ] A Die junge Frau fürchtet sich vor einer peinlichen Situation.
- [ ] B Obwohl sie Angst hat, hofft sie darauf, sich in einen Mann zu verlieben.
- [ ] C Sie wartet darauf, dass ihre alltägliche Langeweile durchbrochen wird.
- [ ] D Sie will nicht, dass sie im Straßencafé von einem Mann angesprochen wird.

4 *a) Gliedere den Text in Sinnabschnitte.*
b) Fasse den Inhalt der Sinnabschnitte als Satz oder als Überschrift zusammen. Schreibe im Präsens und arbeite in deinem Heft.

Z.1–20 Die junge Frau wartet täglich in einem Straßencafé darauf, von einem Mann angesprochen zu werden.

Erzählform und Erzählperspektive
Die Autorin oder der Autor einer Erzählung entscheidet sich für eine Erzählform und eine Erzählperspektive.

Erzählformen:
- die **Er-/Sie-Erzählung** und
- die **Ich-Erzählung,** bei der das Erzählte sehr unmittelbar wirkt, denn der Ich-Erzähler erscheint gleichzeitig als erlebende und erzählende Figur und lässt so die Leser/innen an seinen persönlichen Erfahrungen teilhaben.

Erzählperspektive:
- **auktorial:** Ein allwissender Erzähler erzählt aus einer größeren Distanz heraus. Die auktoriale Erzählperspektive erlaubt es, sowohl die Gefühlswelt der Figuren (Wiedergabe von deren Gedanken, Gefühlen und Eindrücken) als auch die äußere Handlung darzustellen. Der Erzähler greift kommentierend und wertend in das Geschehen ein. Er kann auch zurückschauen oder vorausblicken.
- **personal:** Der Erzähler übernimmt die Sicht einer Figur oder erzählt wechselnd aus der Sicht mehrerer Figuren. Gedanken und Gefühle der Figur(en) werden beim personalen Erzählen aus der **Innenperspektive,** oft in Form des **inneren Monologs,** wiedergegeben.
- **neutral:** Ein neutraler Erzähler beschreibt Fakten und Vorgänge sachlich. Die Figuren kommen durch Wiedergabe ihrer Gedanken, Selbstgespräche oder Dialoge selbst zu Wort.

---

5 *a) Analysiere Erzählform und -perspektive der Kurzgeschichte „Mittagspause" und kreuze zutreffende Aussagen an.*
b) Beschreibe die Wirkung der hier vorliegenden Erzählperspektive. Schreibe in dein Heft.

- [ ] Die persönliche Sichtweise der jungen Frau wird aus der Ich-Erzählperspektive wiedergegeben.
- [ ] Die Gedanken und Gefühle des Mädchens werden teilweise aus der personalen Erzählperspektive wiedergegeben.
- [ ] Der auktoriale Erzähler beleuchtet die Innen- und Außensicht der jungen Frau und beurteilt stellenweise ihren Charakter.
- [ ] Ein neutraler Erzähler gibt das Geschehen wieder.

Inhaltsangabe

Eine Inhaltsangabe fasst mit eigenen Worten einen Text knapp und sachlich zusammen.

Gliedere deine Inhaltsangabe wie folgt:

☐ Nach Nennung von Autor oder Autorin, des Titels und der Textsorte wird **einleitend** das Thema formuliert und in einem Satz zusammengefasst, worum es im Text geht.

☐ Im **Hauptteil** folgen Informationen über die zentralen Figuren und deren Handlungsmotive, den Ort und die Zeit der Handlung und eine kurze Zusammenfassung der Handlungsschritte des Textes.

☐ Bei einer erweiterten oder interpretierenden Inhaltsangabe wird noch ein **Schlussabschnitt** angefügt, in dem man auf offene Fragen und Probleme des Textes eingehen und seine eigene Meinung äußern kann.

Das **Tempus** der Inhaltsangabe ist das Präsens und bei Vorzeitigkeit das Perfekt.

Direkte Rede wird in **indirekte Rede** umgewandelt.

6 Bereite eine Inhaltsangabe der Kurzgeschichte vor, indem du dir in deinem Heft Stichworte zu den einzelnen Schritten des Handlungsverlaufs machst. Orientiere dich an deiner Gliederung in Sinnabschnitte (Aufgabe 4).

7 a) Die folgenden Einleitungssätze für eine Inhaltsangabe sind nicht gelungen. Überprüfe sie mit Hilfe der Tipps im Merkkasten und schreibe in Stichworten auf, was verbessert werden könnte. Achte hierbei besonders darauf, dass du das Thema präzise benennst.

A *In der Kurzgeschichte „Mittagspause" geht es um eine junge Frau, die ihren Beruf ungern ausübt und die sich in der Mittagspause in ein Straßencafé flüchtet.*

B *In dem Text von Wondratschek aus dem Jahre 1969 geht es um Sorgen, die sich Eltern um ihre heranwachsende berufstätige Tochter machen.*

C *Die Geschichte „Mittagspause" handelt von einer jungen berufstätigen Frau, die sich in der Öffentlichkeit in Szene setzt und sich etwas beweisen möchte.*

D *In der Kurzgeschichte „Mittagspause" aus dem Jahr 1969 geht es um die gestörte Beziehung zwischen Eltern und ihrer heranwachsenden Tochter.*

b) Formuliere nun selbst einen Einleitungssatz, der alle notwendigen Informationen enthält. Schreibe in dein Heft.

> **Figurencharakteristik**
> Eine literarische Figur zu charakterisieren bedeutet, sie genau zu beschreiben. Dabei geht man von zentralen Textstellen aus, in denen **wichtige Eigenschaften der Figur** zum Ausdruck kommen. Lebensweisen, Handlungsmuster und Äußerungen der Figur, die auf ihren Charakter hindeuten, können
> ☐ **direkt** über beschriebene Handlungsmuster oder
> ☐ **indirekt** aus Wahrnehmungen und Äußerungen anderer Figuren abgeleitet werden.
> Das Bild einer literarischen Figur entsteht auch durch den Erzähler, der die Figur beschreibt und in Kommentaren bewertet.

8 a) Markiere im Text alle Informationen, die du über die junge Frau erhältst.
b) Beurteile die Informationen: Zeigen sich Widersprüchlichkeiten? Notiere dein Ergebnis.

_____

_____

_____

_____

c) Entwickle eine Charakteristik: Welche Eigenschaften treffen auf die junge Frau zu?
Ergänze weitere gegensätzliche Eigenschaften. Markiere durch ein Kreuz auf der Linie, in welchem Maße eine Eigenschaft zutrifft: sehr zutreffend = nah am betreffenden Begriff.

selbstständig ═══════════════════════════════════ *unselbstständig*

9 Was ist gemeint, wenn es im Text heißt: „Die Mittagspause ist ein Spielzeug"(Z.21)?
Deute den Satz auf der Grundlage deiner bisherigen Ergebnisse.

Die Mittagspause wird von der jungen Frau als eine Möglichkeit gesehen.

_____

_____

_____

10 Sind die Eltern damit einverstanden, dass ihre Tochter die Mittagspause in einem Straßencafé verbringt?
Berücksichtige in diesem Zusammenhang die Zeilen 3–4 und 29–32.

_____

_____

_____

11 Schreibe zur Kurzgeschichte „Mittagspause" von Wolf Wondratschek eine vollständige Inhaltsangabe in dein Heft.
Nutze dazu deine Vorarbeiten auf S. 70–73.

12 Stell dir vor, die „Katastrophe"(Z. 44) tritt ein. Schreibe einen Dialog zwischen dem Mädchen und einem jungen Mann. Verdeutliche durch Regieanweisungen das Verhalten der beiden Figuren.

Teste dich! – Erzähltexte erschließen

1 *Lies die Geschichte „Happy End" von Kurt Marti sorgfältig durch.*

Kurt Marti

Happy End (1983)

Sie umarmen sich und alles ist wieder gut. Das Wort ENDE flimmert über ihrem Kuss. Das Kino ist aus. Zornig schiebt er sich zum Ausgang, sein Weib bleibt im Gedrängel hilflos stecken, weit hinter ihm. Er tritt auf die
5 Straße und bleibt nicht stehen, er geht, ohne zu warten, er geht voll Zorn und die Nacht ist dunkel. Atemlos, mit kleinen, verzweifelten Schritten holt sie ihn ein, holt ihn schließlich ein und keucht zum Erbarmen. Eine Schande, sagt er im Gehen, eine Affenschande, wie du
10 geheult hast. Sie keucht. Mich nimmt nur wunder, warum, sagt er. Sie keucht. Ich hasse diese Heulerei, sagt er, ich hasse das. Sie keucht noch immer. Schweigend geht er und voll Wut, so eine Gans, denkt er, so eine blöde, blöde Gans und wie sie keucht in ihrem Fett. Ich kann doch nichts dafür, sagt sie endlich, ich kann doch wirk- 15 lich nichts dafür, es war so schön, und wenn es schön ist, muss ich einfach heulen. Schön, sagt er, dieser Mist, dieses Liebesgewinsel, das nennst du also schön, dir ist ja wirklich nicht zu helfen. Sie schweigt und geht und keucht und denkt, was für ein Klotz von Mann, was für 20 ein Klotz.

2 *Kreuze den passenden Einleitungssatz für eine Inhaltsangabe zu „Happy End" an.*

☐ **A** Die Geschichte „Happy End" handelt von einem Ehepaar, das sich nach einem Streit wieder versöhnt.

☐ **B** In der Geschichte „Happy End" von Kurt Marti geht es um ein Ehepaar, dessen Beziehung gestört ist.

☐ **C** Die Geschichte „Happy End" von Kurt Marti hat den Inhalt eines Liebesfilms zum Gegenstand.

3 *Untersuche die Erzählperspektive. Beachte, dass die Erzählperspektive innerhalb einer Geschichte wechseln kann.*

☐ personal ☐ neutral ☐ auktorial

4 *Welche emotionalen Reaktionen zeigt der Mann, welche die Frau? Kennzeichne mit M oder mit F.*

☐ Zorn ☐ Hilflosigkeit ☐ Aggression

☐ Trauer ☐ Abwehr ☐ Rührung

5 *Kreuze diejenigen Aussagen an, welche die Beziehung von Mann und Frau treffend kennzeichnen.*

☐ **A** Der Mann und die Frau beachten sich gar nicht.

☐ **B** Der Film ist für das Ehepaar ein Anlass, über ihre gestörte Beziehung zu reden.

☐ **C** Der Mann ist dominant, respektiert die Gefühle seiner Frau nicht und geht nicht auf sie ein.

☐ **D** Die Beziehung des Ehepaares ist gestört und lieblos.

Werte deine Ergebnisse aus, indem du deine Antworten mit dem Lösungsheft abgleichst. Für jede richtige Antwort bekommst du einen Punkt.

😊 **11–8 Punkte**
Gut gemacht!

😐 **7–4 Punkte**
Gar nicht schlecht. Schau dir die Merkkästen der Seiten 71 bis 73 noch einmal an.

☹ **3–0 Punkte**
Arbeite die Seiten 71 bis 73 noch einmal sorgfältig durch.

Dramenszenen untersuchen (Andorra)

Max Frisch

Andorra (viertes Bild, 1961)

Andri ist der Sohn des andorranischen Lehrers Can und einer Frau von den „Schwarzen", den feindlichen Nachbarn der Andorraner. Um dies zu vertuschen, hat der Lehrer behauptet, Andri sei ein jüdisches Kind, das er vor den judenfeindlichen Schwarzen gerettet habe und nun als Pflegesohn großziehe. Im Laufe der Jahre hat sich allerdings in Andorra selbst eine antijüdische Stimmung entwickelt. Niemand weiß von der tatsächlichen Vaterschaft Cans, weder Andri selbst noch Cans Frau noch die Tochter der beiden, Barblin. Alle halten Andri für einen Juden. Die Dorfbewohner verhalten sich ihm gegenüber zunehmend ablehnend.

ANDRI: Ich wollte etwas andres fragen ...
Mutter schöpft die Suppe.
ANDRI: Vielleicht wißt Ihr es aber schon. Nichts ist geschehn, Ihr braucht nicht immer zu erschrecken. Ich
5 weiß nicht, wie man so etwas sagt: – Ich werde einundzwanzig, und Barblin ist neunzehn ...
LEHRER: Und?
ANDRI: Wir möchten heiraten.
Lehrer läßt das Brot fallen.
10 ANDRI: Ja. Ich bin gekommen, um zu fragen – ich wollte es tun, wenn ich die Tischlerprobe bestanden habe, aber daraus wird ja nichts – Wir wollen uns jetzt verloben, damit die andern es wissen und der Barblin nicht überall nachlaufen.
15 LEHRER: – – – heiraten?
ANDRI: Ich bitte dich, Vater, um die Hand deiner Tochter.
Lehrer erhebt sich wie ein Verurteilter.
MUTTER: Ich hab das kommen sehen, Can.
LEHRER: Schweig!
20 MUTTER: Deswegen brauchst du das Brot nicht fallen zu lassen.
Die Mutter nimmt das Brot vom Boden.
Sie lieben einander.
LEHRER: Schweig!
25 *Schweigen*
ANDRI: Es ist aber so, Vater, wir lieben einander. Davon zu reden, ist schwierig. Seit der grünen Kammer, als wir Kinder waren, reden wir vom Heiraten. In der Schule schämten wir uns, weil alle uns auslachten: Das geht
30 ja nicht, sagten sie, weil wir Bruder und Schwester sind! Einmal wollten wir uns vergiften, weil wir Bruder und Schwester sind, mit Tollkirschen, aber es war Winter, es gab keine Tollkirschen. Und wir haben geweint, bis Mutter es gemerkt hat – bis du gekommen
35 bist, Mutter, du hast uns getröstet und gesagt, daß wir gar nicht Bruder und Schwester sind. Und diese ganze Geschichte, wie Vater mich über die Grenze gerettet hat, weil ich Jud bin. Da war ich froh drum und

sagte es ihnen in der Schule und überall. Seither schlafen wir nicht mehr in der gleichen Kammer, wir 40 sind ja keine Kinder mehr.
Der Lehrer schweigt wie versteinert.
Es ist Zeit, Vater, daß wir heiraten.
LEHRER: Andri, das geht nicht.
MUTTER: Wieso nicht? 45
LEHRER: Weil es nicht geht!
MUTTER: Schrei nicht.
LEHRER: Nein – Nein – Nein ...
Barblin bricht in Schluchzen aus.
MUTTER: Und du heul nicht gleich! 50
BARBLIN: Dann bring ich mich um.
MUTTER: Und red keinen Unfug!
BARBLIN: Oder ich geh zu den Soldaten, jawohl.
MUTTER: Dann straf dich Gott!
BARBLIN: Soll er. 55
ANDRI: Barblin?
Barblin läuft hinaus.
LEHRER: Sie ist ein Huhn. Laß sie! Du findest noch Mädchen genug.
Andri reißt sich von ihm los. 60
ANDRI: –!
ANDRI: Sie ist wahnsinnig.
LEHRER: Du bleibst.
Andri bleibt.
Es ist das erste Nein, Andri, das ich dir sagen muß. 65
Der Lehrer hält sich beide Hände vors Gesicht.
Nein!
MUTTER: Ich versteh dich nicht, Can, ich versteh dich nicht. Bist du eifersüchtig? Barblin ist neunzehn, und einer wird kommen. Warum nicht Andri, wo wir ihn 70 kennen? Das ist der Lauf der Welt. Was starrst du vor dich hin und schüttelst den Kopf, wo's ein großes Glück ist, und willst deine Tochter nicht geben? Du schweigst. Willst du sie heiraten? Du schweigst in dich hinein, weil du eifersüchtig bist, Can, auf die 75 Jungen und auf das Leben überhaupt und daß es jetzt weitergeht ohne dich.
LEHRER: Was weißt denn du!
MUTTER: Ich frag ja nur.
LEHRER: Barblin ist ein Kind – 80
MUTTER: Das sagen alle Väter. Ein Kind! – für dich, Can, aber nicht für den Andri.
Lehrer schweigt.
MUTTER: Warum sagst du nein?
Lehrer schweigt. 85
ANDRI: Weil ich Jud bin.
LEHRER: Andri –
ANDRI: So sagt es doch.

LEHRER: Jud! Jud!
90 ANDRI: Das ist es doch.
LEHRER: Jud! Jedes dritte Wort, kein Tag vergeht, jedes zweite Wort, kein Tag ohne Jud, keine Nacht ohne Jud, ich höre Jud, wenn einer schnarcht, Jud, Jud, kein Witz ohne Jud, kein Geschäft ohne Jud, kein Fluch ohne Jud, ich höre Jud, wo keiner ist, Jud und Jud und
95 nochmals Jud, die Kinder spielen Jud, wenn ich den Rücken drehe, jeder plappert's nach, die Pferde wiehern in den Gassen: Juuuud, Juud, Jud ...

MUTTER: Du übertreibst.
LEHRER: Gibt es denn keine andern Gründe mehr?! 100
MUTTER: Dann sag sie.
Lehrer schweigt, dann nimmt er seinen Hut.
MUTTER: Wohin?
LEHRER: Wo ich meine Ruh hab.
Er geht und knallt die Tür zu. 105
MUTTER: Jetzt trinkt er wieder bis Mitternacht.
Andri geht langsam nach der andern Seite.
MUTTER: Andri? – Jetzt sind alle auseinander. R

! Ein **Dialog** ist das Wechselgespräch zweier oder mehrerer Dramenfiguren. Dialoge sind der Hauptbestandteil eines Dramas. In ihnen stoßen die Auffassungen und Interessen der Figuren aufeinander, Konflikte treten zu Tage und die Handlung wird vorangetrieben.

---

1 Verdeutliche durch beschriftete Pfeile, in welcher Beziehung die Figuren grundsätzlich zueinander stehen (z.B. Verwandtschaftsverhältnis).

2 Gliedere den Dialog in Abschnitte und fasse jeden Abschnitt mit Zeilenangabe durch eine kurze Überschrift zusammen.

_____

_____

_____

_____

_____

Can, der Lehrer	Mutter
Andri	Barblin

3 Die Kommunikation zwischen den Figuren misslingt in dieser Szene, weil es außer dem vordergründigen Konflikt auch einen unterschwelligen Konflikt gibt. Belege diesen Deutungsansatz, indem du die beiden Konflikte mit eigenen Worten formulierst.

Vordergründiger Konflikt: _____

Unterschwelliger Konflikt: _____

4 Halte in einem kurzen inneren Monolog mögliche Gedanken des Lehrers nach dem Verlassen des Hauses fest. Schreibe ins Heft.

5 Auf welche der Figuren treffen die folgenden Gefühlsbegriffe jeweils zu? Erläutere deine Zuordnung jeweils kurz. Arbeite in deinem Heft.

Verzweiflung	Hysterie	Verständnislosigkeit	Bitterkeit

Max Frisch

Andorra (1961)

Am Ende wird Andri umgebracht. Der Vater erhängt sich, Barblin wird wahnsinnig. Der chronologische Ablauf der Handlung in zwölf Bildern wird immer wieder durch kurze Szenen unterbrochen, in denen einzelne Figuren aus dem Stück heraus in einen Zeugenstand treten und die Ereignisse sowie die Schuldfrage rückblickend kommentieren.

Vordergrund

Der Doktor tritt an die Zeugenschranke.

DOKTOR: Ich möchte mich kurz fassen, obschon vieles zu berichtigen wäre, was heute geredet wird. Nachher
5 ist es immer leicht zu wissen, wie man sich hätte verhalten sollen, abgesehen davon, daß ich, was meine Person betrifft, wirklich nicht weiß, warum ich mich anders hätte verhalten sollen. Was hat unsereiner denn eigentlich getan? Überhaupt nichts. Ich war
10 Amtsarzt, was ich heute noch bin. Was ich damals gesagt haben soll, ich erinnere mich nicht mehr, es ist nun einmal meine Art, ein Andorraner sagt, was er denkt – aber ich will mich kurz fassen ... Ich gebe zu: Wir haben uns damals alle getäuscht, was ich selbstverständlich nur bedauern kann. Wie oft soll 15 ich das noch sagen? Ich bin nicht für Greuel, ich bin es nie gewesen. Ich habe den jungen Mann übrigens nur zwei- oder dreimal gesehen. Die Schlägerei, die später stattgefunden haben soll, habe ich nicht gesehen. Trotzdem verurteile ich sie selbstverständlich. 20 Ich kann nur sagen, daß es nicht meine Schuld ist, einmal abgesehen davon, daß sein Benehmen (was man leider nicht verschweigen kann) mehr und mehr (sagen wir es offen) etwas Jüdisches hatte, obschon der junge Mann, mag sein, ein Andorraner war wie 25 unsereiner. Ich bestreite keineswegs, daß wir sozusagen einer gewissen Aktualität erlegen sind. Es war, vergessen wir nicht, eine aufgeregte Zeit. Was meine Person betrifft, habe ich nie an Mißhandlungen teilgenommen oder irgend jemand dazu aufgefordert. 30 Das darf ich wohl vor aller Öffentlichkeit betonen. Eine tragische Geschichte, kein Zweifel. Ich bin nicht schuld, daß es dazu gekommen ist. Ich glaube im Namen aller zu sprechen, wenn ich, um zum Schluß zu kommen, nochmals wiederhole, daß wir den Lauf 35 der Dinge – damals – nur bedauern können. ☐R

---

6 *Fasse die Aussage des Arztes so knapp wie möglich zusammen.*

_____

_____

_____

---

7 *Der Arzt versucht, sich zu entlasten. Er wendet dabei unterschiedliche Strategien an, d.h., er stellt Zusammenhänge mit einer bestimmten Absicht dar.*
a) Ordne seinen Strategien eine passende Textstelle (Zeilenangaben) zu:

A dem Opfer eine Teilschuld zuschieben: Z. _____   **B** Gedächtnisverlust vortäuschen: _____

C Bedauern über das Geschehene äußern: _____

b) Benenne zwei weitere Strategien und belege sie am Text.

_____

_____

---

8 *Erläutere, inwiefern die folgende Begriffserklärung (Aussagen ① bis ④) auf die oben abgedruckte Szene zutrifft. Arbeite in deinem Heft.*

Der **Monolog** ist das Selbstgespräch einer Figur auf der Bühne ①. Der Monolog richtet sich meist nicht direkt an das Publikum, sondern allenfalls an eine vorgestellte Person ②. Monologe können Gedanken und seelische Vorgänge einer Figur für die Zuschauer deutlich werden lassen ③ und werden deshalb häufig an Wendepunkten eines Stückes eingesetzt ④.

Teste dich! – Dramenszenen untersuchen

1 a) *Ordne die Stichworte zum Gesprächsverhalten der jeweils passenden Figur durch einen Pfeil zu.*

Drohung
Vermittlungsversuch
Verschweigen von Informationen

Andri
Lehrer
Barblin
Mutter

b) *Beschreibe das Gesprächsverhalten der Figur, der du kein Stichwort zugeordnet hast, mit zwei Sätzen.*

_____

_____

_____

2 *Sowohl Andri als auch die Mutter verstehen die Reaktion des Vaters auf die Bitte um Heiratserlaubnis falsch. Belege diese These, indem du die beiden Missverständnisse benennst.*

Die Mutter glaubt, dass Can den Antrag ablehnt, weil _____

_____

Andri vermutet, dass er Barblin nicht heiraten soll, weil _____

_____

3 *Kreuze die Begriffe an, die das Verhalten des Arztes in der Szene an der Zeugenschranke (S. 77) treffend beschreiben.*

☐ schuldbewusst ☐ widersprüchlich ☐ selbstgerecht ☐ naiv ☐ feige

☐ heuchlerisch ☐ wichtigtuerisch ☐ aggressiv ☐ aufrichtig

4 *Kreuze an, ob die Aussagen richtig oder falsch sind.*

	richtig	falsch
Andris Erklärung zu seinem Heiratswunsch (S. 75, Z. 26–43) kann als Monolog bezeichnet werden.	☐	☐
Durch die Ablehnung des Heiratswunsches bricht der schwelende Konflikt um Andris Identität offen aus.	☐	☐
In der „Heiratserlaubnisszene" des vierten Bildes von „Andorra" haben alle auftretenden Figuren einen vergleichbar wichtigen Anteil am Dialog.	☐	☐
„Bilder" und „Szenen an der Zeugenschranke" sind in „Andorra" in chronologischer Reihenfolge angeordnet.	☐	☐
Die Dialoge in den „Bildern" von „Andorra" treiben die Handlung voran, während in den Monologen der „Szenen in der Zeugenschranke" die Handlung reflektiert wird.	☐	☐

Werte deine Ergebnisse aus, indem du deine Antworten mit dem Lösungsheft abgleichst. Für jede richtige Antwort bekommst du einen Punkt.

☺ **16–12 Punkte**
Gut gemacht!

☺ **11–7 Punkte**
Gar nicht schlecht. Lies die Seiten 75–77 aber noch einmal gründlich.

☹ **6–0 Punkte**
Arbeite die Seiten 75 bis 77 noch einmal sorgfältig durch.

Gedichte analysieren und interpretieren

Kennzeichnend für lyrische Texte ist der Ausdruck **subjektiver Gefühle,** die gebundene Sprache in **Versen** und die **Dichte von sprachlichen Gestaltungsmitteln.**

Um ein eigenes Textverständnis zu gewinnen, über das man sich mit anderen austauschen kann, ist es sinnvoll, ein Gedicht in bestimmten Arbeitsschritten zu analysieren:

1. Schritt: Erstes Textverständnis formulieren **(Verstehensentwurf)**
2. Schritt: Analyse und Interpretation **(Textanalyse:** Inhalt, formaler Aufbau, sprachliche Gestaltung)
3. Schritt: **Schriftliche Ausarbeitung** (Ergebnisse ordnen und verknüpfen, Endfassung schreiben)
4. Schritt: Zum Gedicht **Stellung nehmen** (z. B. Bezüge zu anderen Gedichten, zeithistorische oder biografische Zusammenhänge herstellen)

1 Notiere Assoziationen zum Titel „Am Turme".

Annette von Droste-Hülshoff

Am Turme (1842)

lyrisches Ich steht auf Balkon, genießt den Wind im Haar, möchte mit dem Sturm kämpfen

Ich stéh auf hóhem Balkóne am Túrm,
Umstrichen vom schreienden Stare,
Und lass gleich einer Mänade[1] den Sturm
Mir wühlen im flatternden Haare;
5 O wilder Geselle, o toller Fant[2],
Ich möchte dich kräftig umschlingen,
Und, Sehne an Sehne, zwei Schritte vom Rand
Auf Tod und Leben dann ringen!

Und drunten seh ich am Strand, so frisch
10 Wie spielende Doggen, die Wellen
Sich tummeln rings mit Geklaff und Gezisch,
Und glänzende Flocken schnellen.
O, springen möcht ich hinein alsbald,
Recht in die tobende Meute,
15 Und jagen durch den korallenen Wald
Das Walross, die lustige Beute!

Und drüben seh ich ein Wimpel wehn
So keck wie eine Standarte[3],
Seh auf und nieder den Kiel[4] sich drehn
20 Von meiner luftigen Warte[5];
O, sitzen möcht' ich im kämpfenden Schiff,
Das Steuerruder ergreifen
Und zischend über das brandende Riff
Wie eine Seemöwe streifen.

25 Wär ich ein Jäger auf freier Flur,
Ein Stück nur von einem Soldaten,
Wär ich ein Mann doch mindestens nur,
So würde der Himmel mir raten;
Nun muss ich sitzen so fein und klar,
30 Gleich einem artigen Kinde,
Und darf nur heimlich lösen mein Haar
Und lassen es flattern im Winde!

Reim:
a
b
a
b
c

Metrum:
xx́xx́xx́xxx
...

1 **Mänade:** verzückte Frau im Gefolge des Dionysos, des griechischen Gottes des Weins und der Ekstase
2 **Fant:** verächtlich: unreifer, leichtfertiger Bursche
3 **Standarte:** kleine Fahne
4 **Kiel:** Grundbalken bei Schiffen
5 **Warte:** Wachturm, Aussichtsturm

2 Lies das Gedicht – eventuell laut – und halte dein erstes Textverständnis als zusammenhängenden Text in deinem Heft fest. Beginne z.B. so: *„Für mich enthält das Gedicht folgende Aussage(n): ..."*

3 Fasse mit eigenen Worten stichwortartig zusammen, wovon das Gedicht handelt. Schreibe links neben den Gedichttext.

4 Untersuche den **formalen Aufbau** des Gedichts.
a) Bestimme das Metrum, indem du am Gedichttext jede betonte Silbe und die Reime am Ende der Verszeilen notierst. Orientiere dich am vorgegebenen Muster.
b) Beschreibe die formale Struktur des Gedichts mit Strophenbau, Reimschema und Metrum in deinem Heft.
   TIPP: Wenn der formale Aufbau nicht ganz einheitlich ist (wie hier das Metrum), so benenne die überwiegenden Regelmäßigkeiten.

5 Das Gedicht „Am Turme" von Annette von Droste-Hülshoff ist geprägt von seiner symbolhaltigen Sprache. Untersuche unter diesem Blickpunkt die sprachliche Gestaltung des Gedichts.
a) Markiere die Wortfelder „Bewegung", „Kraft" und „Lautstärke" in unterschiedlichen Farben.
b) Erläutere den Symbolgehalt von „Sturm" (V.3), von „Himmel" (V.28) und von der Handlung „lösen mein Haar" (V.31) stichwortartig.
c) Es heißt: „Nun muss ich sitzen so fein und klar, Gleich einem artigen Kinde" (V.29–30). Setze diese Passage in Beziehung zu deinen Analyseergebnissen aus Aufgabe 5a).

6 a) Beschreibe die Struktur der Strophen 1 bis 3 des Gedichts „Am Turme", die durch den Einschnitt „O ..." im jeweils fünften Vers geprägt wird.
b) Welche Parallelen erkennst du zwischen der erdachten Situation des lyrischen Ichs im Gedicht und der Lebenswirklichkeit von Annette von Droste-Hülshoff?

Annette von Droste-Hülshoff (1797–1848) entstammte einer alten westfälischen, streng katholischen Adelsfamilie und erhielt in ihren Jugendjahren eine sorgfältige Ausbildung. Sie empfand sich als Dichterin und schrieb mit Eifer, lebte aber zurückgezogen im Dienste ihrer Familie. Krankheiten, die sie seit ihrer Geburt begleiteten, und eine enttäuschte Liebe prägten ihre letzten Lebensjahre.

7 Fasse in deinem Heft die Ergebnisse aus den Aufgaben 3–6 zusammen und zeige dabei auf, wie Inhalt und Form sowie zeitgeschichtliche Informationen einander ergänzen. Belege wichtige Aussagen durch Zitate.

8 Formuliere nun die Einleitung.

9 Verfasse einen Schluss.

Teste dich! – Ein Gedicht analysieren

1 *Ordne die folgenden Fachbegriffe zu. Lege dazu im Heft eine Tabelle nach dem gegebenen Muster an.*

rhetorische Mittel   Bildlichkeit   Satzbau   Strophenbau   Gedichtform   Überschrift   Metrum

Motive   Wortwahl   Rhythmus   Reimschema   Situation/Handlung   Haltung des lyrischen Ichs   Thema

inhaltlicher Aufbau	formale Gestaltung	sprachliche Mittel
...	...	...

2 *Analysiere den formalen Aufbau des Gedichts. Notiere am Rand.*

Joseph von Eichendorff

Das zerbrochene Ringlein (1813)

In einem kühlen Grunde
Da geht ein Mühlenrad,
Mein' Liebste ist verschwunden,
Die dort gewohnet hat.

5 Sie hat mir Treu versprochen,
Gab mir ein'n Ring dabei,
Sie hat die Treu gebrochen,
Mein Ringlein sprang entzwei.

Ich möcht als Spielmann reisen
10 Weit in die Welt hinaus
Und singen meine Weisen
Und gehn von Haus zu Haus.

Ich möcht als Reiter fliegen
Wohl in die blut'ge Schlacht,
15 Um stille Feuer liegen
Im Feld bei dunkler Nacht.

Hör ich das Mühlrad gehen:
Ich weiß nicht, was ich will –
Ich möcht am liebsten sterben,
20 Da wär's auf einmal still!

3 *Beantworte im Heft folgende Fragen zu den sprachlichen Mitteln:*
   a) Was symbolisiert der zerbrochene „Ring" (Strophe 2)?
   b) Wofür steht das Bild vom „Mühl(en)rad" (V. 2, 17)?
      Warum tritt es in der ersten und letzten Strophe auf?

Werte deine Ergebnisse aus, indem du deine Antworten mit dem Lösungsheft abgleichst.
Für jede richtige Antwort bekommst du einen Punkt.

☺ *21–17 Punkte*	☺ *16–10 Punkte*	☹ *9–0 Punkte*
Gut gemacht!	*Gar nicht schlecht. Schau dir die Merk-kästen der Seiten 79 und 80 noch einmal an.*	*Arbeite die Seiten 79 und 80 noch einmal sorgfältig durch.*

81

Ich teste meinen Lernstand

TIPP

Mit Hilfe dieses Tests (S. 82–95) kannst du erkennen, ob du die Inhalte und Arbeitstechniken beherrschst, die im Fach Deutsch gefordert sind. Die Aufgaben und Fragestellungen des Grundlagenteils wechseln stetig. Dieser Test deckt alle Bereiche ab. So bist du in jedem Fall gut vorbereitet. Erkennst du Lücken, so kannst du gezielt daran arbeiten. Vorab solltest du überlegen, was du bereits gelernt hast: Wo liegen deine Stärken oder Schwächen im **Textverstehen,** in der **Grammatik,** im **Schreiben** und in der **Textüberarbeitung?**

Diagnose: Meine Stärken und Schwächen im Fach Deutsch

1 *Die Übersicht zeigt dir die Bereiche, die du beherrschen solltest:*
a) Kreuze für jeden Bereich an, wie gut du ihn schon beherrschst.
b) Frische dein Wissen auf und fülle Lücken: Schlage zu den Bereichen, die du nicht gut oder mittelmäßig beherrschst, noch einmal die Übungen auf den angegebenen Seiten nach. Sieh dir dort die Merkkästen an.
Führe Übungen, die du noch nicht gemacht hast, aus.

Bereich	gut	mittel	nicht gut	Übungen auf Seite	Wiederholung erledigt
Textverstehen, z. B.					
Informationen aus Texten schrittweise entnehmen (markieren, Begriffe klären, Fragen und Arbeitshypothesen formulieren, gliedern, zusammenfassen)	☐	☐	☐	S. 3, 16–18, 71	☐
Grafiken, Schaubilder und Tabellen verstehen	☐	☐	☐	S. 67, 88, 91	☐
Merkmale von Texten kennen und unterscheiden (z. B. Kurzgeschichte, Dramenszene, Gedicht, Sachtext)	☐	☐	☐	S. 64–66, 70–73, 75–77, 78–80, 83–87	☐
Texte gliedern (z. B. in Handlungsschritte, in Sinnabschnitte)	☐	☐	☐	S. 64–66	☐
Literarische Figuren charakterisieren (Charakteristik)	☐	☐	☐	S. 73	☐
Erzählerfunktionen erkennen	☐	☐	☐	S. 71	☐
Schreiben, z. B.					
Den Schreibprozess in mehrere Arbeitsschritte gliedern (z. B. Schreibplan, Stoffsammlung, gliedern, überarbeiten)	☐	☐	☐	S. 3, 13–15, 62, 94–95	☐
Sachlich informieren (berichten, beschreiben)	☐	☐	☐	S. 3, 8, 20–23	☐
Argumentieren (Thesen entwickeln, Meinungen begründen)	☐	☐	☐	S. 9–11, 13–15, 16–18, 93	☐
In Anlehnung an literarische Texte schreiben	☐	☐	☐	S. 76	☐
Nachdenken über Sprache, z. B.					
Die Zielrichtung und Wirkung verschiedener Ausdrucksweisen kennen und unterscheiden (z. B. informierende, argumentierende, appellative Texte)	☐	☐	☐	S. 16–18	☐
Wortarten kennen und unterscheiden (z. B. Adjektiv, Verb, Konjunktion, Pronomen)	☐	☐	☐	S. 35	☐
Tempusformen, Aktiv/Passiv und Konjunktiv unterscheiden und anwenden	☐	☐	☐	S. 25, 26–28, 31	☐
Satzbauformen und Satzverbindungen kennen und anwenden (z. B. Satzglieder, Gliedsätze, Subjekt- und Objektsatz, Satzgefüge)	☐	☐	☐	S. 34, 36, 37, 41, 43–45	☐
Wortbedeutungen erschließen und unterscheiden (z. B. Ober- und Unterbegriff, Synonym/Antonym, Metaphern, Fremdwort)	☐	☐	☐	S. 57, 80–81	☐
Stilmittel, rhetorische Mittel erkennen	☐	☐	☐	S. 80–81	☐
Richtig schreiben (Rechtschreib- und Zeichensetzungsregeln)	☐	☐	☐	S. 46, 48–50, 52–55, 59, 60, 62	☐

TIPP

Mit dem folgenden Test kannst du prüfen, wie gut du folgende Bereiche tatsächlich beherrschst:
- ☐ **Verstehen von Texten** (Aufgaben A),
- ☐ **Nachdenken über Sprache** (Aufgaben B),
- ☐ **Schreiben: Erörtern** (Aufgabe C),
- ☐ **Textüberarbeitung** (Aufgaben D).

In dem Test begegnen dir verschiedene Aufgabenarten, z. B. in einer Auswahl an möglichen Antworten die richtige ankreuzen (Multiple-Choice), Lückentexte korrekt ausfüllen, kurze Begründungen formulieren, visuelle Darstellungen (Schaubilder, Grafiken) erklären oder argumentieren.
Lies die Texte und die Aufgabenstellungen immer sehr aufmerksam und überlege, bevor du z. B. vorschnell ankreuzt, ob du jeweils genau verstanden hast, was verlangt wird. Stelle Aufgaben, die du nicht auf Anhieb lösen kannst, erst zurück und bearbeite sie zum Schluss.
Du kannst deine Antworten mit Hilfe des Lösungsheftes selbst prüfen und anhand der erreichten Punktzahl deinen **Lernstand bewerten.** Stelle abschließend deine Fehlerschwerpunkte fest und überlege, welche Bereiche du wiederholen und üben musst.

Beruf und Berufung

A 1 Literarische Texte verstehen

Reiner Kunze

Clown, Maurer oder Dichter (1976)

Ich gebe zu, gesagt zu haben: Kuchenteller. Ich gebe ebenfalls zu, auf die Frage des Sohnes, ob er allen Kuchen auf den Teller legen solle, geantwortet zu haben: allen. Und ich stelle nicht in Abrede, daß der Kuchen
5 drei Viertel der Fläche des Küchentischs einnahm. Kann man denn aber von einem zehnjährigen Jungen nicht erwarten, daß er weiß, was gemeint ist, wenn man Kuchenteller sagt? Das Händewaschen hatte ich überwacht, und dann war ich hinausgegangen, um meine
10 Freunde zu begrüßen, die ich zum Kartoffelkuchenessen eingeladen hatte. Frischer Kartoffelkuchen von unserem Bäcker ist eine Delikatesse. Als ich in die Küche zurückkehrte, kniete der Sohn auf dem Tisch. Auf einem jener Kuchenteller, die nur wenig größer sind als eine
15 Untertasse, hatte er einen Kartoffelkuchenturm errichtet, neben dem der Schiefe Turm zu Pisa senkrecht gewirkt hätte. Ich sparte nicht mit Stimme. Ob er denn nicht sähe, daß der Teller zu klein sei. Er legte sich mit der Wange auf den Tisch, um den Teller unter diesem
20 völlig neuen Gesichtspunkt zu betrachten. Er müsse doch sehen, daß der Kuchen nicht auf diesen Teller passe. Aber der Kuchen passe doch, entgegnete er. Das eine Blech lehnte am Tischbein, und auch das andere war fast leer. Ich begann, mich laut zu fragen, was einmal aus ei-
25 nem Menschen werden solle, der einen Quadratmeter Kuchen auf eine Untertasse stapelt, ohne auch nur einen Augenblick daran zu zweifeln, daß sie groß genug sein könnte. Da standen meine Freunde bereits in der Tür. „Was aus dem Jungen werden soll?" fragte der erste,

meine Worte aufnehmend: Er peilte den Turm an. „Der 30 Junge offenbart ein erstaunliches Gefühl für Balance. Entweder er geht einmal zum Zirkus, oder er wird Maurer." Der zweite ging kopfschüttelnd um den Turm herum, „Wo hast du nur deine Augen?" fragte er mich. Erst jetzt entdeckte ich, daß die von mir geschnittenen Ku- 35 chenstücke geviertelt waren, als wären wir zahnlose Greise. Mein Freund sah die größeren Zusammenhänge. „Siehst du denn nicht, daß in dem Jungen ein Künstler steckt?" sagte er. „Der Junge hat Mut zum Niegesehenen. Er verknüpft die Dinge so miteinander, daß wir staunen. 40 Er hat schöpferische Ausdauer. Vielleicht wird aus ihm

sogar ein Dichter, wer weiß." „Eher ein richtiger oder ein genialer Soldat", sagte der dritte, den ich jedoch sogleich unterbrach. „Soldat? Wieso Soldat?" fragte ich auf die
45 Gefahr hin, dem Sohn die Wörter wieder abgewöhnen zu müssen, die zu erwarten waren, sobald sich dieser Freund seiner Armeezeit erinnerte. Er antwortete: „Ein richtiger Soldat, weil er auch den idiotischsten Befehl ausführt. Und ein genialer Soldat, weil er ihn so aus-
50 führt, daß das Idiotische des Befehls augenfällig wird.

Ein Mensch wie er kann zum Segen der Truppe werden." Ich hoffte, der Sohn würde das meiste nicht verstanden haben. Am Abend hockte er sich jedoch zu Füßen seiner Schwester aufs Bett und fragte sie, was zu werden sie ihm rate: Clown, Maurer oder Dichter. Soldat zu werden, 55 zog er nicht in Betracht, weil er es dann mit Vorgesetzten wie seinem Vater zu tun haben könnte. Seitdem beden-ke ich, wer bei uns zu Gast ist, bevor ich eines meiner Kinder kritisiere. [R]

1 *Worin liegt die Schwierigkeit im Verständnis zwischen Vater und Sohn? Kreuze die richtige Antwort an.*

Der Junge hat anders gehandelt, als der Vater es erwartete, weil

☐ **A** er unfähig ist, Aufgaben richtig zu lösen.

☐ **B** der Vater sich missverständlich ausgedrückt hat.

☐ **C** nur ein Teller auf dem Tisch war.

☐ **D** er niemandem richtig zuhören kann.

2 P.

2 *Warum sollte der Junge Dichter werden? Kreuze an, was **nicht** zutrifft.*

Der Junge sollte Dichter werden, weil er

☐ **A** Alltagsdinge in neuem Zusammenhang zeigen kann.

☐ **B** sich mit Alltäglichem gar nicht erst abgibt.

☐ **C** mit Konzentration kreative Ideen umsetzen kann.

☐ **D** mit Mut Neues, Außergewöhnliches wagt.

2 P.

3 *Kreuze an, welche Aussagen zum Text zutreffen.*

	richtig	falsch
A Der Vater hätte sich gehorsamere Kinder gewünscht.	☐	☐
B Der Vater meint, sich verständlich ausgedrückt zu haben.	☐	☐
C Der Vater schätzt die Talente seines Sohnes richtig ein.	☐	☐
D Die Freunde des Vaters sind Neuem gegenüber offener als dieser.	☐	☐
E Der Junge nimmt seinen Vater beim Wort.	☐	☐
F Der Vater beharrt darauf, recht zu haben.	☐	☐
G Der Junge ist Neuem gegenüber offener als sein Vater.	☐	☐
H Der Vater möchte die Talente seines Sohnes demnächst besser fördern.	☐	☐

4 P.

4 *Kreuze die richtige Antwort an.*

Der Junge könnte ein „genialer Soldat" werden, weil er

☐ **A** die Dummheit von Befehlen aufdeckt.

☐ **B** die Dummheit von Befehlen nicht hinterfragt.

☐ **C** dumme Befehle nicht ausführt.

☐ **D** dumme Befehle ohne Nachfrage ausführt.

2 P.

5 *Kreuze die richtige Antwort an.*

Der Ich-Erzähler hat am Ende gelernt, in Zukunft

☐ **A** besser zu kontrollieren, ob seine Kinder seine Aufträge richtig ausführen.

☐ **B** seine Kinder nicht mehr zu kritisieren.

☐ **C** seine Kinder nur noch zu kritisieren, wenn sich andere nicht einmischen können.

☐ **D** seinen Kindern keine unklaren Aufträge mehr zu geben.

2 P.

B 1 Nachdenken über Sprache

6 *Kreuze die richtige Antwort an.*

„Ich sparte nicht mit Stimme." (Z. 17) bedeutet:

☐ **A** Ich wurde laut.

☐ **B** Ich war sprachlos.

☐ **C** Ich redete stundenlang auf ihn ein.

☐ **D** Ich erklärte alles noch einmal ausführlich.

2 P.

7 *a) Kreuze an, in welchem Modus die unterstrichenen Prädikate in den beiden Sätzen stehen.*

A „Auf einem jener Kuchenteller […] hatte er einen Kartoffelkuchenturm errichtet, neben dem der Schiefe Turm zu Pisa senkrecht gewirkt hätte."

B „Ob er denn nicht sähe, daß der Teller zu klein sei."

Satz A: ☐ Konjunktiv I
☐ Konjunktiv II

Satz B: ☐ Konjunktiv I
☐ Konjunktiv II

3 P.

b) Formuliere Satz B in die direkte Rede um.

2 P.

A 2 Literarische Texte verstehen

Sabine Neumann

Streit (2000, Auszug)

Eine junge Frau, die sich beruflich und privat noch nicht fest-gelegt hat, trifft nach vielen Jahren ihren ehemaligen Freund wieder, den sie seit der Schulzeit kennt. Er hat inzwischen in einer Werbeagentur Karriere gemacht.

Er bat sie, in der Küche sitzen zu bleiben. Nach einer Weile kam er mit ein paar Broschüren zurück, die er auf dem Tisch ausbreitete. Er wollte ihr zeigen, womit sie hier in der Werbeagentur arbeiteten. Sie warben für
5 elektronische Blutdruckmesser, sie machten Prospekte für ein Gartenfachgeschäft, sie sollten das Image einer alteingesessenen örtlichen Firma für HiFi-Geräte aufpolieren. Er blätterte die Prospekte durch, er sagte, das also sei seine Beschäftigung und jedes dieser Projekte liege
10 ihm wirklich am Herzen. Er sagte, es befriedigt mich zu sehen, dass meine Arbeit eine Wirkung hat, dass sie die Wirklichkeit beeinflusst. Man braucht Einfühlungsvermögen, fuhr er fort, man muss den Menschen nahe sein, wenn man Erfolg haben will, und es geht nun einmal
15 darum, Erfolg zu haben, man muss ihre Sprache sprechen, man muss völlig offen sein für neue Trends, man darf nicht im eigenen Saft stecken bleiben. Er sprach mit wachsendem Eifer, er gewann mit jedem Wort an Sicherheit, meinte, sich vor ihr rechtfertigen zu müssen,
20 ihr seine Tätigkeit so schildern zu müssen, dass sie vor ihrem Auge bestehen würde. Er hatte das Gefühl, dass

sie ihn dazu bringen wollte zuzugeben, dass er sein Leben mit einer verwerflichen Beschäftigung verbrachte. Doch wenn man es genau betrachtete, war schließlich jede Arbeit verwerflich.
25 Sie hatte es sich immer so einfach gemacht mit der Behauptung, dass für sie kein Beruf in Frage käme. Sie würde sich lieber in eine Hütte in der Einsamkeit zurückziehen, wo sie ihr eigenes Gemüse ziehen und über den Sinn des Daseins meditieren könnte. Er hatte dann ge-
30 sagt, bei ihr sei bisher auch die anspruchsloseste Grünpflanze (die so genannte Sekretärinnenpflanze, von der er ihr einen Ableger gegeben hatte) eingegangen, sie könne wahrscheinlich nicht einmal eine Karotte großziehen, außerdem könne er sich vorstellen, dass sie
35 schon nach einer Woche ohne warme Dusche bereitwillig in die verabscheute Zivilisation zurückkehren würde, und das sei nur ein kleines Beispiel für den Verzicht, den ein solches Leben ihr abverlangen würde, ganz abgesehen davon, dass das alles pures Gerede sei und er
40 sich gar nicht darauf einlassen wolle. […] Sie überlegte kurz, ob sie ihm erklären sollte, hier, in der Küche seiner Werbeagentur, dass sie inzwischen längst darüber hinaus sei, die verschiedenen mehr oder weniger sinnlosen Tätigkeiten zu verurteilen, zu denen die Menschen
45 mehr aus Zufall denn aus freier Willensentscheidung hingetrieben werden. Er hätte sicher gedacht, sie wolle

85

sessen und am Ende hatte ich nicht mehr geschrieben 65
als einen Satz, den ersten und letzten Satz zu meinem
Buch. Ich habe das Heft wieder zugeklappt und nie wieder in die Hand genommen, ich könnte es dir zeigen.
Von da an war das Kapitel für mich erledigt, für immer,
was für eine Erleichterung das war, was für eine un- 70
glaubliche, unbeschreibliche Befreiung. Ich habe jetzt
jahrelang keine persönliche Zeile mehr geschrieben,
ich bin geheilt, es ist ein paradiesischer Zustand. Ich
muss nicht mehr Schriftsteller sein, was für einen unwi-
derstehlichen Klang das Wort für fast alle von uns hatte, 75
wer wollte eigentlich nicht Schriftsteller werden, Er-
satzheiliger, Verkünder, Messias, berühmt, begehrt, bewundert. Ich muss jetzt nichts mehr beweisen, mein
Leben besteht nicht länger aus dieser überhitzten, größenwahnsinnigen Fantasie. 80
Man kann nur eine Sache im Leben machen und man
sollte sich ihr hingeben mit Haut und Haar, so sagte er.
Man muss es annehmen, wenn diese eine Sache auf-
taucht und Gestalt annimmt. Gut, in meinem Leben war
das die Agentur. Sich in Spekulationen verlieren über 85
das, was möglich wäre, sagte er und leerte seine Kaffee-
tasse, ist die schlimmste Krankheit des menschlichen
Geistes, es ist tödlich, es ist das Gift, von dem die Welt
durchdrungen ist, es ist die Wurzel allen Unglücks. Freilich, so fuhr er fast widerwillig fort, als sie eine Weile 90
schweigend dagesessen hatten und sie keine Anstalten
machte, das Wort zu ergreifen, habe es ihm einen Stich
gegeben, als er vor nicht ganz so langer Zeit in der Zeitung Martins Bild gesehen habe, Martin, im Blitzlicht-
gewitter, mit einem riesigen Blumenstrauß im Arm. 95
Martin, sagte er, unser Freund, hat es also schließlich ge-
schafft. Es habe ihn kurz der Gedanke durchzuckt: Hätte
er selbst weitergemacht, wäre er heute vielleicht auch
so weit. Nun, sagte er und fuhr mit der Hand über den
Tisch, als wollte er etwas wegwischen, offen gestanden, 100
ich habe meine Aufzeichnungen von früher noch einmal angesehen und mich davon überzeugt, dass sie so
schlecht nicht waren. Ich hätte das Zeug dazu gehabt.
Aber ich habe mich nun einmal für etwas anderes entschieden, unterm Strich kann ich froh darüber sein. 105

sich über ihn lustig machen. Er sagte, freilich geht es für
mich nicht unter einer 60-Stunden-Woche ab, die Unab-
50 hängigkeit hat ihren Preis, ich beschwere mich nicht,
mein Job ist mein Leben, da gibt es nicht viel Raum für
anderes, zum Glück sollte ich sagen, keine müßigen
Gedanken, keine Tagträumerei, keine überfliegenden
Pläne.
55 Einmal, so fügte er hinzu und packte die Broschüren zusammen, vor ein paar Jahren, habe ich mir ein Schreib-
heft gekauft, du weißt, eins mit leeren Seiten, so wie wir
sie damals hatten, ich habe mich an den Schreibtisch
gesetzt, ich habe mir gedacht, jetzt oder nie, ich schreibe
60 mein Buch. Irgendwo hat mich der Gedanke ja doch die
ganze Zeit nicht losgelassen. Ich habe meinen alten Füller hervorgeholt, habe schwarze Tinte aufgezogen, ich
habe das Heft geöffnet, meinen Namen auf die erste Seite gesetzt und dann habe ich einen ganzen Abend dage-

8 *In dem Textauszug geht es um die Lebensentwürfe von drei ehemaligen Freunden, die sich in der Berufswahl äußern. Kreuze an, welche Aussage zutrifft.*

☐ **A** Von den dreien hat jeder seinen Traumberuf gefunden.

☐ **B** Die drei sind konkurrierende Schriftsteller geworden.

☐ **C** Von den dreien hat keine/r Erfolg im Beruf.

☐ **D** Die drei hatten früher einen gemeinsamen Traumberuf.

2 P.

9 *Kreuze an, welche Aussage zutrifft.*

☐ **A** Der Mann hat seinen Traumjob gefunden und beneidet niemanden.

☐ **B** Der Mann empfindet Erleichterung über seine Berufswahl.

☐ **C** Der Mann hat seinen Traumjob verloren und muss nun hart arbeiten.

☐ **D** Der Mann lebt seinen Jugendtraum.

2 P.

10 *Schriftsteller war früher der Traumberuf des Mannes. Was verband er mit diesem Beruf?*
Kreuze an, welche drei Begriffe zutreffen.

☐ **A** bekannt, beliebt, bedeutend zu sein   ☐ **C** berühmt, begehrt, bewundert zu sein

☐ **B** begeistert, beseelt, beglückt zu sein   ☐ **D** beneidet, bekämpft, betrübt zu sein   *1 P.*

11 *Der Text ist in zwei Abschnitte geteilt: Z. 1–54 und Z. 55–105.*
Wähle für jeden Teil eine passende Überschrift aus und begründe deine Wahl im Heft.

A Gescheiterter Traum   **B** Erfolgreich im Job   **C** Aussteigen oder anpassen?   **D** Einsicht und Befreiung

☐ Überschrift Teil 1   ☐ Überschrift Teil 2   *6 P.*

12 *Der Mann stellt seinen Lebensinhalt unter das Motto „Mein Job ist mein Leben" (Z. 51).*
a) Ist er damit deiner Ansicht nach zufrieden? Kreuze an.

☐ ja   ☐ nein   ☐ teils/teils   *5 P.*

b) Begründe deine Meinung, indem du dich auf konkrete Textstellen beziehst (gib Zeilen an). Schreibe in dein Heft.

13 *Kreuze an, welche vier Eigenschaften auf den Mann zutreffen.*

☐ einfältig   ☐ ruhig   ☐ selbstüberzeugt   ☐ entschlossen

☐ neidisch   ☐ aufgeregt   ☐ tolerant   ☐ humorvoll   *4 P.*

B 2   Nachdenken über Sprache

14 *Der Text enthält viele Satzreihen, z. B.: „Ich habe meinen alten Füller hervorgeholt, habe schwarze Tinte*
aufgezogen, ich habe das Heft geöffnet, meinen Namen auf die erste Seite gesetzt und dann habe ich einen
ganzen Abend dagesessen und am Ende hatte ich nicht mehr geschrieben als einen Satz, den ersten und
letzten Satz zu meinem Buch." (Z. 61 ff.)
In der Klasse werden verschiedene Ansichten zur beabsichtigten Wirkung des Stilmittels der Satzreihung genannt.
Welche trifft deiner Meinung nach zu? Kreuze an.

☐ **A** Die Sätze sollen dazu beitragen, dass man die erzählende Figur nicht so leicht versteht.

☐ **B** Die Autorin wollte möglichst viel Information auf wenig Raum unterbringen.

☐ **C** Es soll gezeigt werden, wie sinnlos der Erzähler denkt.

☐ **D** Die Sätze geben das Gespräch so wieder, wie gesprochen wurde.   *2 P.*

15 *Im Text heißt es: „Ich muss jetzt nichts mehr beweisen, mein Leben besteht nicht länger aus dieser*
überhitzten, größenwahnsinnigen Fantasie." (Z. 78 ff.) Formuliere den Satz in ein Satzgefüge mit
Konjunktion um, ohne dass sich der Sinn verändert.

_____

_____

_____

_____   *2 P.*

A 3 Sachtexte verstehen

Pilotstudie[1] belegt: Fernsehen stellt verzerrte Berufsrealität dar
Stereotype Berufsdarstellung und bevorzugte „Trendberufe" zeichnen verzerrtes Bild der Arbeitswelt

1

Das Fernsehen öffnet Jugendlichen heute ein komfortables Fenster in die Berufswelt: Es ermöglicht ihnen, sich mit verschiedenen Berufen auseinanderzusetzen, bevor sie eine Berufsentscheidung treffen. So können sie sich ein Bild über mögliche Berufe machen und diese mit ihren Berufswünschen vergleichen. Doch sind sie dadurch auch richtig über ihre Traumberufe informiert? Oder vermittelt das Fernsehen nur grobe – vielleicht sogar falsche – Vorstellungen von so genannten „Trendberufen"? Wenn ja: Welche Informationen werden vermittelt und wo entstehen Wissenslücken oder falsche Bilder bei den jugendlichen Mediennutzern? Diesen Fragen ging das Essener MMB Institut für Medien- und Kompetenzforschung im Auftrag des Instituts für Arbeitsmarkt- und Berufsforschung (IAB) der Bundesanstalt für Arbeit nach. […]

2

Die Frage ist so alt wie das Fernsehen selbst: Kann das Fernsehprogramm die Zuschauer beeinflussen oder nicht? Konsens herrscht unter Medienforschern zumindest darüber, dass Fernsehen Wissen vermitteln und Gesprächsthemen auf die Tagesordnung setzen kann. Gerade Vielseher nutzen das Medium, um sich ein Bild über Lebensbereiche zu machen, die sie selbst nicht erfahren können. Sie beziehen ihr Wissen über bestimmte Sachverhalte zu einem großen Teil aus der Mediennutzung. Bei Jugendlichen der Altersgruppe zwischen 14 und 19 Jahren konzentriert sich die Mediennutzung vor allem auf Daily Soaps, also werktäglich ausgestrahlte Fortsetzungsgeschichten mit Alltagsthemen. Es liegt nahe, in diesen Sendeformaten auch Thematisierungen von Berufen zu vermuten. […]

3

Ein erstes Ergebnis der Studie lautet, dass Fernsehen Berufe hauptsächlich in Unterhaltungsformaten thematisiert. Nur 37,3 Prozent der Berufe werden in Informationssendungen angesprochen oder gezeigt. Damit findet Berufsthematisierung überwiegend in Formaten statt, deren Ziel nicht ausgewogene Berichterstattung und Vermittlung von Informationstiefe ist, sondern unterhaltende Darstellung. Zu 65,3 Prozent findet die Thematisierung von Berufen nur durch zeigende Darstellung (Beispiel: ein Kellner serviert in der Kneipe Getränke) ohne explizite Ansprache (Beispiel: zwei Protagonisten sprechen über den Beruf des Kellners) statt. Diese Präferenz[2] für zeigende statt diskursive[3] Thematisierung ist typisch für das visuelle Medium Fernsehen und dürfte auch für andere Themen gelten. Eine kontroverse Diskussion von beruflichen Themen findet im Fernsehen entsprechend kaum statt. Nur in jeder achten Szene mit Berufsbezug wird mehr als ein Beruf thematisiert. Auch die parallele oder vergleichende Darstellung von Berufen ist die Ausnahme. […]

1 **Pilotstudie:** Untersuchung zu einem bisher nicht erforschten Bereich

2 **Präferenz:** Vorliebe
3 **diskursiv:** ausführlich, schrittweise diskutiert

4

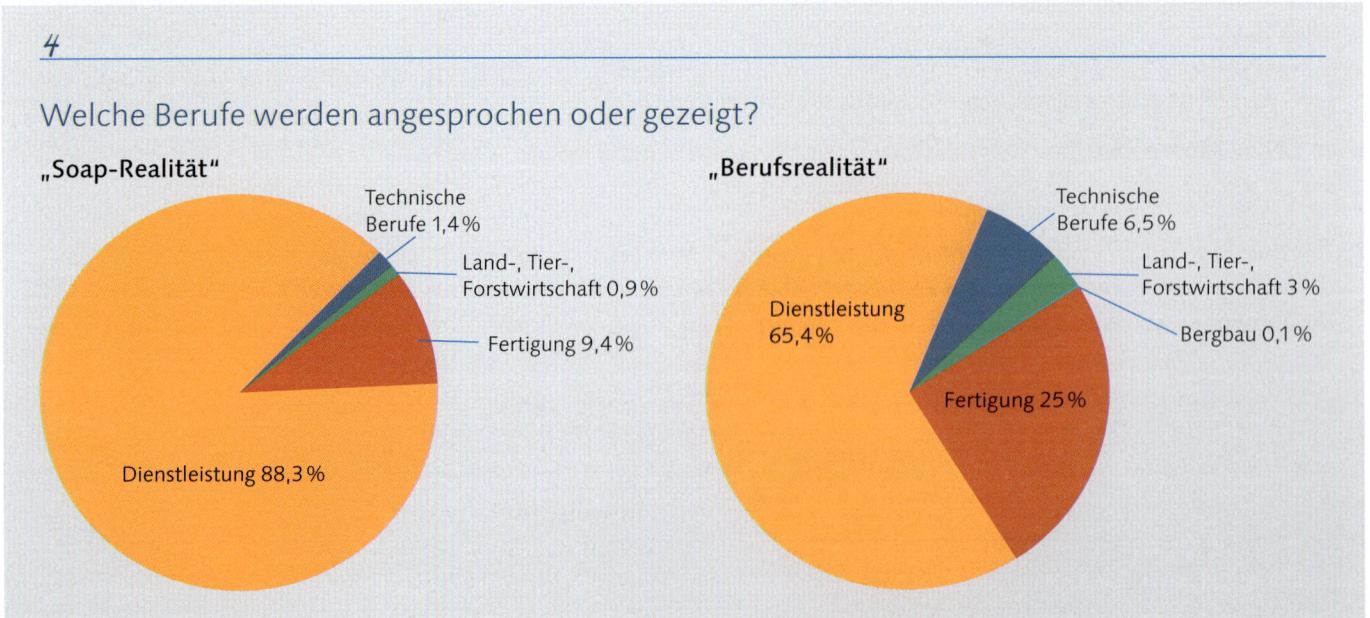

Welche Berufe werden angesprochen oder gezeigt?

„Soap-Realität"

Technische Berufe 1,4%
Land-, Tier-, Forstwirtschaft 0,9%
Fertigung 9,4%
Dienstleistung 88,3%

„Berufsrealität"

Technische Berufe 6,5%
Land-, Tier-, Forstwirtschaft 3%
Bergbau 0,1%
Fertigung 25%
Dienstleistung 65,4%

55

5

„Gute Zeiten, schlechte Zeiten" (RTL) thematisiert sehr häufig journalistische und künstlerische Berufe, „Marien-hof" (ARD) hingegen Gesundheitsdienstberufe, Sozial- und Erziehungsberufe sowie geisteswissenschaftliche

60 Berufe. Das Vorabendprogramm thematisiert, bedingt durch Polizei- und Arztserien, häufiger Ordnungs- und Sicherheitsberufe sowie Berufe im medizinischen Arbeitsumfeld. Von entscheidender Bedeutung für die Ergebnisse der Pilotstudie ist jedoch die sehr viel höhere

65 Sehbeteiligung von Jugendlichen an Seifenopern im Vergleich zum übrigen Fernsehprogramm. […]

6

Ziel dieser Studie war neben einer ersten Erhebung zur Thematisierung von Berufen im Vorabendprogramm

70 und in Daily Soaps auch, aus diesen Befunden konkrete Empfehlungen für die Arbeit von Berufsberatern auszu-sprechen:
– Vorbilder kennen
[…] Jugendliche, die in der Sozialisation[4] die Regeln

75 unserer Gesellschaft kennen lernen, sehnen sich in diesem Prozess nach Vorbildern für die Gestaltung ihres eigenen Lebens. Da in unserer Gesellschaft viele Bedürfnisse durch Medien befriedigt werden, suchen Jugendliche auch in den Medien nach diesen Vorbil-

80 dern und finden sie in zielgruppenadäquatem[5] Zu-schnitt in den Daily Soaps. Auf diese immens wichti-ge Rolle der Medien sollten sich alle einstellen, die mit Jugendlichen und jungen Erwachsenen in Kon-takt treten. Nur wer die nachgeahmten Vorbilder

85 kennt, die als Trendsetter besonders für die Vielseher von TV-Reihen fungieren[6], kann Wünsche und Vor-stellungen von Jugendlichen nachvollziehen. Eine gewisse Kenntnis der Logik, Funktionsweise, Struktur und Ästhetik[7] von Soaps wird Berufsberatern sicher

90 nützen.
– Berufe auf der „Tagesordnung" verfolgen
Angesichts der Fülle von Themen, mit denen wir täg-lich konfrontiert werden, können nicht alle gleich

---

4 Sozialisation: Prozess der Einordnung Heranwachsender in die Gesellschaft
5 zielgruppenadäquat: der Zielgruppe angemessen/entspre-chend
6 fungieren: eine bestimmte Aufgabe haben, für etwas da sein
7 Ästhetik: Schönheit, Sinn für das Schöne

wichtig sein. In Gesprächen mit Freunden und Be-kannten, vor allem aber durch die Medien wird be- 95 einflusst, welche Themen auf unsere aktuelle „Agen-da" – die tägliche Liste aktueller Themen – kommen. […] Als Arbeitsberater muss man damit rechnen, dass plötzlich junge Leute zur Marine möchten, weil die Serie „Nicht von schlechten Eltern" bei Jugendlichen 100 bebliebt ist. Zurzeit dürfte der Wunsch nach einer Sänger-Karriere dominieren, weil gleich auf mehre-ren Kanälen (plus Internet und Mobilfunk) der „Su-perstar" gesucht wird. […]
– Bewertung von Berufen kennen 105
Entscheidend für die Berufswahl ist nicht nur, welche Berufe im Fernsehen präsentiert werden. Auch die Darstellung und Bewertung des Berufs beeinflussen die Berufspräferenz. So kann das hohe Ansehen, das ein Beruf im privaten Umfeld hat (z. B. Bankangestell- 110 ter, Makler), von den Massenmedien durch die Dar-stellung in Magazinsendungen und Serien in sein Ge-genteil verkehrt werden. Die Sendungen stellen diese Bewertung als Mehrheitsmeinung dar, obwohl sie vielleicht rein statistisch nur von einer Minderheit ge- 115 teilt wird. Umgekehrt verhilft das Fernsehen bei-spielsweise durch Serien wie „Nikola" oder „Für alle Fälle Stefanie" dem Beruf der Krankenschwester zu einem ausgesprochen positiven Image. Die Fernseh-präsentation ist so auch in der Lage, das Image eines 120 Berufs gezielt zu beeinflussen.

---

16 *Ordne jedem Textabschnitt die richtige Überschrift zu. Schreibe sie jeweils in eine der Schreibzeilen.*
Achtung: Zwei Überschriften passen nicht! Streiche sie durch.

Berufe in verschiedenen Sendungen	Hinweise für Berufsberater
Beliebte Fernsehserien	Verteilung der Berufe in Soaps und in der Realität
Unterhaltung statt Information	Ursachen beruflicher Fehlentscheidungen
Fragestellung und Ziel der Untersuchung	Erfahrungen durch das Fernsehen

17 *Die Untersuchung bezog sich auf eine Reihe von Fragen. Kreuze an, welche Antwort **nicht** zutrifft.*

☐ **A** Informiert das Fernsehen Jugendliche richtig über Traumberufe?

☐ **B** Vermittelt das Fernsehen falsche Vorstellungen von „Trendberufen"?

☐ **C** Welche Informationen vermittelt das Fernsehen über Berufe und wo bleiben Lücken?

☐ **D** Welche Möglichkeiten der Information über Berufe haben Jugendliche außerhalb des Fernsehens?

2 P.

18 *Die Untersuchung kam zu Ergebnissen über die Thematisierung von Berufen im Fernsehen.*
*Kreuze an, welche Antwort **nicht** zutrifft.*

☐ **A** Berufe werden im Fernsehen eher in Unterhaltungssendungen als in Informationssendungen thematisiert.

☐ **B** Berufe werden im Fernsehen meistens nur gezeigt, aber nicht besprochen.

☐ **C** Berufe werden im Fernsehen häufig diskutiert.

☐ **D** Die vergleichende oder parallele Darstellung von Berufen im Fernsehen ist selten.

2 P.

19 *Welche Aussagen treffen auf die beiden Kreisdiagramme zu?*
Kreuze für jede Formulierung an: Richtig oder falsch?

	richtig	falsch
Die Soaps zeigen ein vollkommen falsches Bild der Berufsrealität.	☐	☐
Die Soaps verstärken den Berufsbereich, der in der Realität am häufigsten vertreten ist.	☐	☐
Der Bergbau wird in Soaps mit zu den Dienstleistungen gezählt.	☐	☐
In der Soap-Realität und in der Berufsrealität ist die Land-, Tier-, Forstwirtschaft am geringsten vertreten.	☐	☐
In der Soap-Realität werden weniger Berufe gezeigt, als es in Wirklichkeit gibt.	☐	☐
Fast 90 % der im Unterhaltungsfernsehen gezeigten Berufe sind Dienstleistungsberufe.	☐	☐
34,6 % der Berufe gehören nicht dem Dienstleistungsbereich an.	☐	☐
Kaum jemand möchte in Wirklichkeit in der Forstwirtschaft arbeiten.	☐	☐

4 P.

20 *Berufsberater erhalten aus der Studie Hinweise für ihre Beratung Jugendlicher. Kreuze an, welche Antwort zutrifft.*

☐ **A** Sie erhalten Informationen über das schlechte Image von Traumberufen.

☐ **B** Sie können die Fernseh-Vorbilder kennen lernen, an denen sich Jugendliche orientieren.

☐ **C** Sie können nachlesen, worüber Jugendliche sich am liebsten unterhalten.

☐ **D** Sie erhalten Informationen über die Berufe, die bei Jugendlichen „out" sind.

2 P.

21 *Die drei Schaubilder zeigen den Einfluss der Berufsdarstellungen im Fernsehen auf die Berufswünsche Jugendlicher im Verhältnis zur Berufsrealität. Welche grafische Darstellung veranschaulicht deiner Meinung nach am besten die Textaussage?*
Wähle ein Schaubild aus und begründe deine Wahl, indem du die Grafik beschreibst und einen Bezug zum Text herstellst. Du kannst jedes der Schaubilder wählen, wichtig ist die Begründung.

A

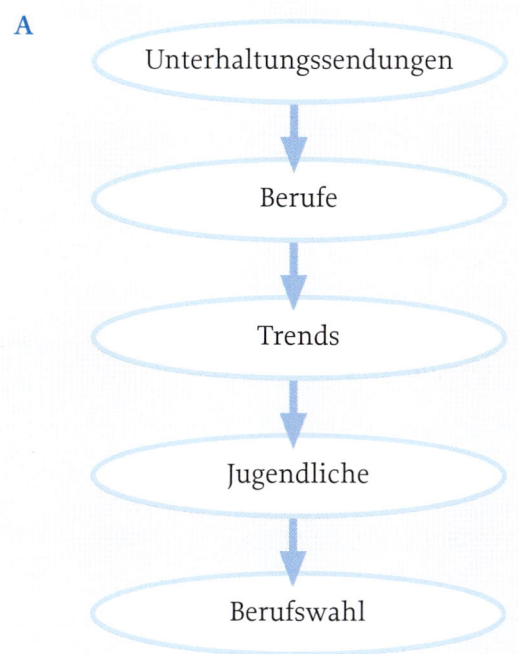

B

C

Trendberufe in der
Darstellung der Medien

Berufswünsche
Jugendlicher

Berufsrealität

Ich entscheide mich für Schaubild_____ , weil _____

_____

_____

_____

_____

_____

_____

_____

6 P.

B 3 Nachdenken über Sprache

22 *Im Text heißt es: „Konsens herrscht unter Medienforschern zumindest darüber, dass Fernsehen Wissen vermitteln und Gesprächsthemen auf die Tagesordnung setzen kann." (Z. 21 ff.)*
Ergänze den folgenden Satz so, dass sich der Sinn der Aussage nicht verändert.

Die Medienforscher sind _____, dass Fernsehen Wissen vermitteln

und Gesprächsthemen auf die Tagesordnung setzen kann.

2 P.

23 *Im Text heißt es: „Auf diese immens wichtige Rolle der Medien sollten sich alle einstellen, die mit Jugendlichen und jungen Erwachsenen in Kontakt treten." (Z. 81 ff.)*
Ergänze im folgenden Satz ein Wort, das den Sinn nicht verändert.

Auf diese _____ Rolle der Medien sollten sich alle einstellen,

die mit Jugendlichen und jungen Erwachsenen in Kontakt treten.

2 P.

24 *„Da in unserer Gesellschaft viele Bedürfnisse durch Medien befriedigt werden, suchen Jugendliche auch in den Medien nach diesen Vorbildern und finden sie in zielgruppenadäquatem Zuschnitt in den Daily Soaps." (Z. 77 ff.)*
In welchem Verhältnis steht der durch „Da" eingeleitete Nebensatz zur Aussage im Hauptsatz?
Kreuze die richtige Antwort an.

Der Nebensatz enthält

☐ **A** die Bedingung. ☐ **C** die Folge.

☐ **B** die Begründung. ☐ **D** den Zweck/die Absicht.

2 P.

25 *„Nur wer die nachgeahmten Vorbilder kennt, die als Trendsetter besonders für die Vielseher von TV-Reihen fungieren, kann Wünsche und Vorstellungen von Jugendlichen nachvollziehen." (Z. 84 ff.)*
In welchem Verhältnis steht der mit „Nur" beginnende Nebensatz zur Aussage im Hauptsatz? Kreuze die richtige Antwort an.

Der Nebensatz enthält

☐ **A** die Bedingung. ☐ **C** die Folge.

☐ **B** die Begründung. ☐ **D** den Zweck/die Absicht.

2 P.

C Schreiben: Erörtern

26 *Nimm kritisch Stellung zu der Frage, ob Soaps bei der Berufswahl eine sinnvolle Orientierung bieten können. Löse folgende vorbereitende Teilaufgaben, bevor du mit der Niederschrift im Umfang von mindestens einer Seite in deinem Heft beginnst.*

a) Kreuze an: Die Fragestellung, ob Soaps bei der Berufswahl eine sinnvolle Orientierung bieten, eignet sich für eine

☐   **A**   lineare Erörterung.   ☐   **B**   dialektische Erörterung.

b) Lies den Text auf S. 88 f. noch einmal aufmerksam und schreibe die Berufe heraus, die in Soaps bevorzugt dargestellt werden. Ergänze weitere Berufe, die du aus Fernsehserien kennst.

_____

_____

_____

_____

c) Notiere, was die Mehrzahl dieser Berufe gemeinsam hat.

_____

_____

_____

d) Markiere im Text verschiedenfarbig die Argumente, die für eine Orientierung an Soaps bei der Berufswahl sprechen, und jene, welche dagegen sprechen.

e) Ergänze die im Text aufgeführten Argumente zu Pro und Kontra um eigene (Stichworte). Notiere Beispiele und Belege zu den Argumenten. Sortiere dann sämtliche Argumente nach ihrer Wichtigkeit, indem du sie nummerierst.

Pro:	Kontra:
_____	_____
_____	_____
_____	_____
_____	_____
_____	_____
_____	_____

f) Überlege dir, wie du deine dialektische Argumentation strukturieren willst. Denke auch an eine sinnvolle Einleitung und einen Schluss für deine Erörterung.

40 P.

D Textüberarbeitung

Schülerinnen und Schüler aus der Jahrgangsstufe 9 gehören dem Redaktionsteam der Schülerzeitung an. Da die Berufspraktika in der 9 bevorstehen, berichten sie über Ergebnisse ihrer Recherchen zu den Berufswünschen Jugendlicher.
Der erste Textentwurf wird in der Redaktionskonferenz kommentiert.

In eurem Bericht gibt es noch einige Stellen, die ihr verbessern müsst. Überarbeitet:

1 falsche Satzverknüpfungen/Satzstellung,
2 Wortwiederholungen,
3 ungenaue Formulierungen,
4 Umgangssprache.

27 *Sieh die markierten Fehler an. Notiere, wie im Beispiel gezeigt, in der rechten Spalte die zugehörige Nummer.*

Fehler Nr.

VORSICHT! FEHLER!

1. Die Vorlieben haben sich seit Jahrzehnten kaum verändert. 1: *3*

2. Technische Berufe sind immer noch der Lieblingsberuf von Jungen, kreative Berufe sind immer noch der Lieblingsberuf der Mädchen. 2: ____

3. Während Jungen ab 14 Jahren am liebsten einen Tag in der Box beim Formel-1-Rennen wären, die meisten Mädchen, die im gleichen Alter sind, bevorzugen einen Tag im Studio ihres Lieblingsmusikers, was die Jungen langweilig fänden. 3: ____

4. Das sind voll die Klischees, aber so sind die Ergebnisse neuer Untersuchungen unter 14- bis 19-jährigen Jugendlichen. 4: ____

5. Die Welten von Jungen und Mädchen sind unterschiedlich, die Jungen und Mädchen interessieren sich immer noch für Gegensätzliches. 5: ____

6. Die junge Generation von heute verhält sich irgendwie genauso wie die ältere. 6: ____

7. Heftig, wenn man sich überlegt, wie unzeitgemäß die Jugendlichen sich für ihre Berufe entscheiden. 7: ____

6 P.

28 *Auch in der Fortsetzung des Berichts gibt es Fehler. Markiere sie und notiere rechts die Nummer des Fehlers. Verbessere nun den Satz, indem du ihn unter dem Satz neu formulierst. Gehe vor, wie es das Beispiel zeigt.*

fehlerhafter Satz: 8. Krass, wie wenig sich geändert hat. **Fehler Nr.:** *4*

verbesserte Formulierung: *Es ist erstaunlich, wie wenig sich geändert hat.*

fehlerhafter Satz: 9. Schon in älteren Generationen beeinflusste das Geschlecht und nicht etwa andere Sachen das Interesse an bestimmten Berufen (Schulbildung, Alter). **Fehler Nr.:** ____

verbesserte Formulierung: _____

_____

_____

fehlerhafter Satz: 10. Das Kölner Institut der deutschen Wirtschaft, das jetzt die Ergebnisse einer Umfrage veröffentlichte, das herausfand, dass das, was Jugendliche privat interessiert, auch in den Traumberufen sich niederschlägt.   **Fehler Nr.:** _____

verbesserte Formulierung: _____

_____

_____

fehlerhafter Satz: 11. Jungen interessieren sich fast nur für technische Berufe. Jungen wollen z. B. Informatiker werden.   **Fehler Nr.:** _____

verbesserte Formulierung: _____

_____

fehlerhafter Satz: 12. Mädchen stehen eher auf uncoole Berufe wie z. B. Stewardess.   **Fehler Nr.:** _____

verbesserte Formulierung: _____

_____

fehlerhafter Satz: 13. Auf den ersten Plätzen der Mädchen-Traumberufe finden sich Traumberufe wie Ärztin oder Designerin.   **Fehler Nr.:** _____

verbesserte Formulierung: _____

_____

fehlerhafter Satz: 14. Die Hälfte der Mädchen gibt in der Umfrage aber an, dass die Beschäftigung mit Technik für den Erfolg in allen wichtig ist.   **Fehler Nr.:** _____

verbesserte Formulierung: _____

_____

_____

fehlerhafter Satz: 15. Das Internet, das hier wohl mit Technik gemeint ist, in allen Berufen spielt es heute eine wichtige Rolle.   **Fehler Nr.:** _____

verbesserte Formulierung: _____

_____

fehlerhafter Satz: 16. Die Mädchen können genauso gut mit dem Internet umgehen wie die Jungen mit dem Internet.   **Fehler Nr.:** _____

verbesserte Formulierung: _____

fehlerhafter Satz: 17. Man kann's voll vergessen, dass die beruflichen Interessen der Geschlechter bald einheitlich werden.   **Fehler Nr.:** _____

18 P.

verbesserte Formulierung: _____

Autoren- und Quellenverzeichnis

S. 6 f.: „Wir gestalten viele schöne Sachen". Interview mit Gärtnerinnen im Garten- und Landschaftsbau. www.lizzynet.de, 09.07.2003; S. 22: „Auf einer Fläche". www.buchhandlung-am-tierpark.de; S. 25: SICK, BASTIAN: Cäsars Kampf gegen die starken Verbier. Aus: Der Dativ ist dem Genitiv sein Tod. Kiepenheuer & Witsch, Köln 2004, S. 183; S. 29 f.: OLIVIER, THOMAS: Gestohlene Schätze. In: Bonner General-Anzeiger, 04./05.08.2007; S. 32, 59: DÜRRENMATT, FRIEDRICH: Der Richter und sein Henker (Auszüge). Aus: Der Richter und sein Henker. Benziger Verlag, Einsiedeln/Zürich/Köln 1962, S. 77, S. 5; S. 33: DÜRRENMATT, FRIEDRICH: Der Auftrag (Auszug) und „Lambert empfing sie in seinem Studierzimmer". Aus: Der Auftrag. Diogenes, Zürich 1988, S. 9 f.; S. 61: GOETHE, JOHANN WOLFGANG: Mephisto über Worte. Aus: Faust I (Szene: Studierzimmer). Reclam, Ditzingen 1986; S. 64 f.: Jugendliche – von Erwachsenen beurteilt. www.uni-protokolle.de/Bertelsmann-Stiftung 2007; S. 67: Ist der Lebensstil der Jugend heute bedenklicher als früher? Newsline-Umfrage, Westdeutsche Zeitung, 31.07.2007; S. 69: Shell-Jugendstudie. Engagement für andere weiterhin auf hohem Niveau. Shell Jugendstudie 2006. www.shell.com; S. 70: WONDRATSCHEK, WOLF: Mittagspause. Aus: Früher begann der Tag mit einer Schusswunde. Hanser Verlag, München 1969, S. 52; S. 74: MARTI, KURT: Happy End. Aus: Dorfgeschichten. Luchterhand, München 1983, S. 20; S. 75 f.: FRISCH, MAX: Andorra (viertes Bild). Aus: Andorra. Suhrkamp, Frankfurt/M. 1999, S. 43–46; S. 77: FRISCH, MAX: Andorra, S. 96 f.; S. 79: DROSTE-HÜLSHOFF, ANNETTE VON: Am Turme. Aus: Echtermeyer. Deutsche Gedichte. Hg. v. Benno von Wiese. Cornelsen Verlag Schwann-Girardet, Düsseldorf 1990, S. 453 f.; S. 81: EICHENDORFF, JOSEPH VON: Das zerbrochene Ringlein. Aus: Echtermeyer. Deutsche Gedichte, S. 377; S. 83 f.: KUNZE, REINER: Clown, Maurer oder Dichter. Aus: Die wunderbaren Jahre. Fischer Verlag, Frankfurt 1976; S. 85 f.: NEUMANN, SABINE: Streit. Aus: Streit. Suhrkamp, Frankfurt/M. 2000, S. 93; S. 88 f.: Pilotstudie belegt: Fernsehen stellt verzerrte Berufsrealität dar. Aus: Die Darstellung von Berufen im Fernsehen und ihre Auswirkungen auf die Berufswahl. www.mmb-institut.de, 2004

Bildquellenverzeichnis

S. 3, 16, 21, 22 rechts, 24, 33, 37, 92 rechts u. links: picture-alliance/dpa, Frankfurt/M.; S. 6, 20, 29, 50, 66: picture-alliance/dpa/dpaweb, Frankfurt/M.; S. 10, 35: corel library; S. 13: mit freundlicher Genehmigung der Glücksband Roth GmbH & Co. KG, Göppingen; S. 22 links: picture-alliance/dpa Themendienst, Frankfurt/M.; S. 32: aus: Friedrich Dürrenmatt: Der Richter und sein Henker. Copyright © 1992 Diogenes Verlag AG ,Zürich; S. 40, 44, 51, 56, 92 Mitte: picture-alliance/ZB, Frankfurt/M.; S. 46, 90: ullstein bild – imagebroker.net/Berlin; S. 52: panama fotoproduktion, Düsseldorf; S. 60: ullstein bild – Heinz Köster; S. 61: picture-alliance/KPA, Frankfurt/M.; S. 89: picture-alliance/SCHROEWIG/Caspar, Frankfurt/M.; S. 91: picture-alliance/KPA/Thomas, Frankfurt/M.; S. 94: picture-alliance/Sander, Frankfurt/M.

Impressum

Redaktion: lüra – Klemt & Mues GbR, Wuppertal

Illustrationen: Maja Bohn, Berlin (S. 39, 48, 49, 58), Sylvia Graupner, Annaberg (S. 25, 27, 70), Sabine Lochmann, Frankfurt/M. (S. 4, 23, 83, 86)
Umschlaggestaltung: Katrin Nehm (Foto: Thomas Schulz, Illustration: Nina Pagalies)
Layoutkonzept: Katharina Wolff
Layout und technische Umsetzung: werkstatt für gebrauchsgrafik, Berlin

www.cornelsen.de

1. Auflage, 8. Druck 2016

© 2008 Cornelsen Verlag, Berlin
© 2015 Cornelsen Schulverlage GmbH, Berlin

Druck: Parzeller print & media GmbH & Co. KG, Fulda

ISBN 978-3-464-68109-1

PEFC zertifiziert
Dieses Produkt stammt aus nachhaltig
bewirtschafteten Wäldern und kontrollierten
Quellen.
www.pefc.de
PEFC/04-31-1308